Ministerio de Evangelismo y Discipulado

Editado por Departamento de Educación Teológica

de la Editorial Universitaria Libertad

Ministerio de Evangelismo y Discipulado

Madrid, España.

PRÓLOGO

Para que el propósito de este ensayo no sea mal interpretado, aclararemos desde un principio lo que no es.

No es una receta para la acción evangelística de nuestros días, aunque sí avanza principios importantes en la formulación de cualquier estrategia evangelística.

No es una aportación a la controversia contemporánea sobre los métodos modernos del evangelismo, aunque sí incluye principios que ayudarían en resolver dicha controversia.

No es una crítica de los principios del evangelismo utilizados por un individuo o por un grupo de individuos, aunque sí abarca principios útiles para evaluar toda actividad evangelística.

Pero, entonces, ¿cuál es el propósito de este ensayo? Es una obra de razonamiento bíblico y teológico que pretende esclarecer la relación entre tres realidades: la soberanía de Dios, la responsabilidad del hombre y el deber evangelístico del cristiano. Este último es el tema; la soberanía divina y la responsabilidad humana se tratan sólo en conexión con el evangelismo. Nuestro propósito es, pues, abolir la sospecha de que la fe en la soberanía absoluta de Dios limita nuestro reconocimiento y nuestra respuesta a la responsabilidad evangelística. Pretendemos mostrar que sólo este tipo de fe puede fortalecer a los cristianos para ganar terreno en la obra evangelística.

INTRODUCCIÓN

Los siervos de Cristo están siempre y dondequiera bajo un mandato estricto de evangelizar. Espero que lo que voy a compartir en estas páginas sea un incentivo a la realización de esta tarea. Espero, también, que cumpla otra función. Entre los cristianos de hoy en día hay un examen de conciencia y una contienda acerca de los medios y los métodos del evangelismo. Quiero discutir los factores espirituales que juegan un papel en el evangelismo, y espero que lo que voy a decir sea útil en resolver algunos de los desacuerdos y debates de la actualidad.

El tema de este ensayo es el evangelismo, y lo abordaré en conexión a la soberanía de Dios. Esto quiere decir que me limito a discutir únicamente los aspectos de la soberanía divina que sean necesarios para pensar correctamente acerca del evangelismo. La soberanía divina es un tema bastante amplio: incluye todo lo que abarca el perfil bíblico de Dios como Señor y como Rey en su mundo, "del que hace todas las cosas según el designio de su voluntad" (Efesios 1:11), dirigiendo y ordenando todo acontecimiento en el mundo para el cumplimiento de su propio plan eterno. Tocar este tema en su totalidad involucra hacer sondeos en las profundidades no solamente de providencia, sino también de predestinación y escatología, y eso es más de lo que podemos y necesitamos intentar aquí. El único aspecto de la soberanía que nos interesará a lo largo de estas páginas es la gracia soberana de Dios. O sea, el acto todopoderoso de Dios de traer pecadores impotentes a Sí mismo, por medio de Jesucristo.

Al examinar la relación entre la soberanía de Dios y el evangelismo cristiano, tengo en mente un propósito fijo. Hoy en día, por todas partes está diseminada la sospecha que una afirmación plena de la soberanía divina socava una concepción sana de la responsabilidad humana. Se ha pensado, además, que una fe robusta en la soberanía de Dios es nociva a la salud espiritual del cristiano, puesto que conduce a un hábito de inercia complaciente. Más específicamente, se piensa que esta fe llega a paralizar el evangelismo, porque le quita al cristiano tanto el motivo de evangelizar como el mensaje del Evangelio. El supuesto es, básicamente, que no se puede evangelizar con eficacia si no está uno preparado para fingir, mientras evangeliza, que la doctrina de la soberanía divina no es cierta. Pretendo mostrar que esto es absurdo. Pretendo poner de manifiesto, además, que lejos de ser un factor nocivo al evangelismo, la fe en la gracia soberana de Dios es lo que sostiene al evangelismo, pues es ella la que nos da fuerza y ánimo para evangelizar con constancia y esmero. El evangelismo no se debilita frente a una fe en la soberanía de Dios. Muy al contrario, el evangelismo sin esta doctrina será siempre débil y falto de poder. En la medida que avancemos espero que esto se haga más patente.

Contenido

EL EVANGELISMO Y SU TEOLOGÍA

I. SOBERANÍA DIVINA

No intentaré probar la verdad general de *la soberanía de Dios en el mundo*, pues no hay necesidad. Sé que si usted es cristiano, esto ya lo cree. ¿Cómo lo sé? Bueno, pues, sé que si usted es cristiano, usted ora, y el fundamento de sus oraciones es la seguridad de la soberanía de Dios en el mundo. En sus oraciones, usted pide y agradece. ¿Por qué? Porque sabe que Dios es el autor y la fuente de todo lo que usted tiene ahora y de lo que espera tener en el porvenir. Ésta es la filosofía básica de la oración cristiana. La oración de un cristiano no es un acto que intenta exigir que Dios actúe según nuestros deseos, sino es un reconocimiento humilde de nuestra dependencia y desamparo total. Cuando nos arrodillamos, sabemos que no estamos en control de los eventos de este mundo; asimismo reconocemos que somos impotentes para satisfacer nuestras necesidades terrenales; todo lo que queremos, ya sea para nosotros o para otros, proviene de la mano todopoderosa de Dios. En el Padre Nuestro vemos que éste es el caso aun con "nuestro pan de cada día." Si la mano de Dios nos provee con nuestras necesidades físicas, sería inconcebible sugerir que no nos provee con nuestras necesidades espirituales. A pesar de lo que postulemos después en discusiones teológicas, todo esto es tan claro cuando estamos orando, como la luz del sol. Efectivamente, lo que hacemos cada vez que nos arrodillamos para orar es reconocer la impotencia de nosotros mismos y la soberanía de Dios. Por lo tanto, el hecho de que un cristiano ore es una confesión positiva de su creencia en la soberanía de Dios.

Tampoco intentaré demostrar la validez de la verdad específica de *la soberanía de Dios en cuanto a la salvación*. Pues esto usted también lo cree. Esto lo afirmo por dos razones. Primero, usted le da gracias a Dios por su regeneración, y ¿por qué hace usted esto? Porque usted sabe que Dios es el único responsable por ella, pues usted no se salvó a sí mismo, sino que Él fue quien lo salvó. En agradecimiento usted reconoce que su conversión no fue el resultado de su propio afán, sino fue obra de la mano todopoderosa de Dios. Reconoce que su conversión no fue producto del azar, la probabilidad, o las circunstancias ciegas. No fue producto de un accidente que usted asistió a una iglesia cristiana, escuchó el evangelio, y vio que su vida carecía del Señor. Si usted se convirtió por medio de sus propias lecturas de la Biblia o por medio de algunos amigos cristianos, o aun por medio de un evangelista, usted sabe que su arrepentimiento y su fe no provienen de su propia sabiduría y prudencia. Quizá usted buscó y rebuscó a Cristo, quizá usted pasó por muchas tribulaciones en su búsqueda de un significado, y quizá usted leyó y meditó mucho tratando de encontrar una orientación, pero ninguna de esas cosas hace que la salvación sea obra suya. Cuando usted se entregó a Cristo, el acto de fe fue suyo, pero esto no quiere decir que usted se salvó a sí mismo. De hecho, ni se le ocurre pensar que la salvación sea obra suya.

Se siente responsable por sus pecados, indiferencias y obstinaciones frente al mensaje del evangelio, y nunca se glorifica por su santificación en Cristo Jesús. A usted nunca se le ha ocurrido dividir el mérito de su salvación entre sí mismo y Dios. Nunca ha pensado que la contribución decisiva de su salvación fue suya y no de Dios. Usted nunca ha dicho a Dios que, aunque Él le diera la oportunidad de la salvación, usted se da cuenta de que no hay que darle gracias a Él porque usted mismo tuvo la astucia de aprovechar la oportunidad. Su corazón se repugna y sus rodillas tiemblan al pensar en hablarle a Dios de esa manera. Pues nosotros agradecemos que Dios nos haya dado un Cristo de quien recibir confianza, consuelo, fe y arrepentimiento. Desde su conversión, su corazón le ha guiado de esta manera. Usted da toda la gloria a Dios por todo lo que Él hizo en salvarle, y usted sabe que sería blasfemia y soberbia no agradecerle por llevarle a la fe. Entonces, en su concepto de la fe y cómo la fe es otorgada, usted cree en la soberanía divina; así también creen todos los cristianos en el mundo.

En conexión a esto, será de gran beneficio escuchar unas palabras de una conversación entre Charles Simeon y John Wesley, anotada el 20 de diciembre de 1784 en el *Diario* de Wesley.

"Señor, entiendo que a usted se le llama un Arminiano, y a mí a menudo me llaman un Calvinista; por lo tanto, entiendo que debemos sacar nuestras espadas. Pero antes del comienzo de la batalla, con su permiso le haré algunas preguntas... Disculpe, buen señor, ¿se siente usted una criatura depravada, tan depravada que nunca hubiera contemplado voltear su rostro a Dios, si Dios no hubiera puesto esa disposición en su corazón de antemano?"

"Sí," contesta el veterano, "definitivamente soy una criatura depravadísima y no puedo hacer nada por mi propia disposición."

"Y ¿se siente usted inquieto al recomendarse a sí mismo a Dios por su propio mérito, o busca usted la salvación sólo por la sangre y justicia de Jesucristo?"

"Sí, no hay otro camino a la salvación que no sea por Cristo."

"Pero suponemos, mi apreciado señor, que usted fue salvado primero por Cristo, ¿no necesitará usted salvarse luego por obras?"

"No, Cristo salva desde el principio hasta el fin."

"Si admite usted que Dios volteó el rostro de usted a Él por medio de la gracia, ¿seguirá usted el camino estrecho de la salvación por sus propios esfuerzos?"

"No."

"Entonces ¿será usted guiado a cada hora y a cada minuto como un bebé en los brazos de su madre?"

"Sí, así me guiará Dios."

"Y ¿está toda su esperanza de llegar al Lugar Santísimo envuelto en la gracia y misericordia de Dios?"

"Sí, toda mi esperanza está en El."

"Entonces, señor, con su permiso guardaré de nuevo mi espada, porque éste es mi Calvinismo, ésta mi elección, mi justificación por fe, mi perseverancia final; en fin, es en sustancia todo lo que creo, y así lo creo; y, por lo tanto, en vez de buscar términos y frases que nos separen, busquemos mejor aquellas cosas en las cuales estamos de acuerdo."

La segunda manera en que reconocemos la soberanía de Dios en la salvación es que oramos por la conversión de otros. Ahora, ¿sobre qué fundamento debemos interceder por ellos? ¿Nos limitamos a pedirle a Dios que los lleve a un punto donde ellos mismos puedan decidir si quieren ser salvos, independientemente de Él? Yo dudo que usted ore así. Creo, más bien, que usted ora en términos categóricos que Dios, simple y decisivamente, los salve; que Él les abra los ojos ciegos, endulce sus corazones amargos, renueve sus naturalezas depravadas e incite sus voluntades para recibir a Jesucristo como su Salvador. Usted le pide a Dios que prepare todo lo necesario para que ellos puedan ser salvos. Usted nunca le pediría a Dios que no los lleve a la fe, porque usted ya sabe que eso es algo que Dios no puede hacer. ¡Nunca haría usted tal cosa! Cuando usted ora por los incrédulos, reconoce que está dentro del poder de Dios llevarlos a la fe. Pide que Él lo haga, y reposa en el conocimiento que Su poder es lo suficientemente grande para cumplir con su petición. El poder de Dios es aún más grande: esta creencia que anima su intercesión es la gran verdad de Dios escrita en nuestros corazones por la obra milagrosa del Espíritu Santo. Entonces, cuando usted ora (y cuando un cristiano ora es de lo más sano y sabio), usted *sabe* que es Dios quien salva al hombre; usted *sabe* que lo que hace a los hombres voltear sus rostros hacia Cristo es la voz misericordiosa de Dios llamándolos hacia Él. Por consiguiente, tanto por la práctica de intercesión para otros como por el hecho de dar gracias por nuestra propia salvación, nos damos cuenta de que la gracia de Dios es soberana, y así es que todos los cristianos en el mundo reconocen la gracia soberana de Dios.

Hay una controversia perenne en la Iglesia concerniente al señorío de Dios en cuanto a la conducta humana y la fe redentora. Lo que se dijo anteriormente debe definir nuestra posición al respecto. La esencia del problema es distinta a lo que aparenta. Pues no es cierto que algunos cristianos creen en la soberanía divina mientras que otros adoptan una perspectiva opuesta. La verdad es que todo cristiano cree en la soberanía divina, pero algunos no saben que lo creen; así, imaginan e insisten que rechazan la doctrina. ¿Cuál es la causa de esta situación inoportuna? La raíz del problema es la misma de casi todos los problemas en la Iglesia —la introducción de especulaciones racionalistas, la pasión por la consistencia sistematizada, el rechazo del misterio, la idea de que Dios no puede ser más sabio que el hombre y la subyugación de las Escrituras a la lógica humana. La Biblia enseña que el hombre es responsable por sus acciones, pero el hombre no ve (ni puede ver) cómo esto puede compaginar con el señorío soberano de Dios. Creen que las dos ideas no pueden co-existir, aunque co-existen en la Biblia y, por lo tanto rechazan la idea bíblica de la soberanía, para preservar la idea de la responsabilidad humana. El deseo de simplificar la Biblia por medio del abandono de doctrinas bíblicas es un acto de lo más natural para nuestras mentes perversas y depravadas. Tampoco nos sorprende que aun los hombres más buenos se encuentren atrapados por esa inclinación. Ésta es la razón por la que esta controversia ha persistido en la Iglesia por tantos siglos. Sin embargo, la ironía de la situación se manifiesta cuando los defensores de cada partido oran. En la oración vemos que aquellos que rechazan la doctrina realmente lo afirman con la misma certeza que aquellos que la defienden.

¿Cómo ora usted? ¿Pide usted su pan de cada día? ¿Usted le agradece a Dios por su salvación? ¿Ora usted por la conversión de otros? Si ha contestado "no", sólo puedo decir que dudo que usted haya nacido de nuevo. Pero si ha contestado "sí", pues eso afirma que, a pesar de cómo usted había pensado antes con respecto a este tema teológico, en su corazón usted cree en la soberanía de Dios, así como cualquier otro cristiano. De pie podemos construir argumento tras argumento, pero de rodillas todos estamos de acuerdo. Y ahora, tomemos este acuerdo como punto de partida.

II. SOBERANÍA DIVINA & RESPONSABILIDAD HUMANA

Realizamos este estudio con el propósito de circunscribir los límites de la obra evangelística del cristiano de acuerdo al supuesto de que Dios es soberano en cuanto a la salvación. Ahora bien, es importante que nos demos cuenta que esta tarea no es nada fácil. Todos los temas teológicos contienen algunas barreras repentinas y obstáculos inesperados, pues la verdad de Dios nunca suele ser lo que el hombre espera. Nuestra tarea es sin duda, una de las más difíciles en toda la disciplina de la teología evangélica. Esto se debe a que tenemos que tratar con una *antinomia* en la revelación bíblica y que, en tales cuestiones, nuestras mentes caídas y finitas son mucho más inclinadas a equivocarse.

¿Qué es una antinomia? El *Diccionario Usual de Larousse* define la palabra de la siguiente manera: "una contradicción entre dos leyes o principios racionales." Sin embargo, conforme a nuestro estudio, esta definición carece de exactitud, pues la definición debería comenzar diciendo, "una contradicción *aparente*." En la teología usamos la palabra antinomia para referirnos a algo que parece contradictorio pero que en realidad no lo es. Queremos decir que dos verdades son *aparentemente* inconsistentes. Una antinomia ocurre cuando dos principios irrefutables no compaginan al verlos juntos. Los dos principios son válidos y hay evidencias claras y convincentes que apoyan a cada uno, pero reconciliarlos es un misterio. Es obvio cómo uno es verdadero aislado del otro, pero juntos no pueden ser conjugados. Permítanos ejemplificar: la física moderna se enfrenta a una antinomia semejante a la nuestra en su estudio de la luz. Hay evidencia convincente en apoyo de la teoría de que la luz consiste de ondas, pero, a la misma vez, existe evidencia tan convincente como la anterior en apoyo de la teoría de que la luz consiste de partículas.

No es claro cómo la luz puede consistir de ondas y de partículas simultáneamente pero la evidencia existe. Entonces, no se puede decir que la luz consiste de ondas y no de partículas, ni tampoco se puede decir que la luz consiste de partículas y no de ondas. Ninguna de las dos teorías puede reducirse a la otra, ni puede definirse una teoría en términos de la otra. Hay que afirmar que las dos teorías incompatibles son verdaderas a la misma vez, puesto que la evidencia lo exige. La necesidad de aceptar algo antinómico escandaliza nuestras mentes bien-ordenadas y bien-definidas, pero no hay otra posibilidad, si hemos de ser fieles a la evidencia.

Antes de seguir, sin embargo, será conveniente demarcar la diferencia entre una paradoja y una antinomia. Una paradoja es un juego de palabras, una figura de dicción. Es una especie de proposición que une dos ideas opuestas o que niega algo por medio de los mismos términos que se han utilizado en afirmarla. Hay muchas verdades de la vida cristiana que se pueden expresar en forma paradójica. Por ejemplo, el hombre se libera cuando se hace esclavo. El Apóstol Pablo destaca varias paradojas acerca de su experiencia cristiana: "como entristecidos, pero siempre gozosos... como no teniendo nada, pero poseyéndolo todo"[1]; "porque cuando soy débil, entonces soy fuerte."[2]

La paradoja crea una contradicción aparente por medio de las palabras usadas y no por los conceptos manejados. La contradicción es verbal, no es real, y con un poco de astucia se puede expresar la misma idea de una forma no paradójica. En otras palabras, una paradoja siempre es *dispensable*. Volviendo a los ejemplos citados: en 2 Corintios 6:10, Pablo pudiera haber dicho que en su experiencia se han mezclado la tristeza por las circunstancias actuales y el gozo en el Señor, y luego que, aunque no era propietario de terrenos ni tenía cuentas bancarias, él sentía que todo le pertenecía a él, porque él pertenece a Cristo y Cristo es Señor de todo. De nuevo en 2 Corintios 12:10, Pablo pudiera haber dicho que Dios le da mayor fuerza cuando está más conciente de su malestar natural. Tales afirmaciones no paradójicas resultan insensatas y áridas en contraste con las paradojas que pretenden reemplazar, pero expresan exactamente lo mismo. La paradoja depende sólo del uso de las palabras; es una forma retórica muy eficaz, pero su uso no implica una contradicción lógica en los hechos acontecidos.

También debemos señalar que la paradoja tiene que ser *entendida*. El escritor u orador viste sus ideas en un ropaje paradójico para hacerlas más memorables o interesantes. Pero el que escucha la paradoja debe ser capaz de descifrar su significado real; de otra manera la paradoja carecerá de efectividad y así de significado. Pues una paradoja que no es entendida es sólo una contradicción en términos; la paradoja, en este caso, pierde su fuerza y se convierte en un disparate.

---

[1] 2 Corintios 6:10.

[2] 2 Corintios 12:10.

Una antinomia, en contraste, no es dispensable ni entendida. No es una figura de dicción, sino es una relación observada entre dos proposiciones verdaderas. No es producida para alcanzar algún propósito, sino que los mismos hechos nos obligan a enfrentarla. No la podemos evitar, ni la podemos resolver. No la inventamos, ni la podemos explicar. La única manera de deshacernos de ella es falsificando los mismos hechos que nos la introdujeron.

¿Qué haremos con una antinomia? Aceptarla y vivir con ella. Ignorar la apariencia convincente de contradicción, y admitir que la misma es producto de nuestra propia ceguera. Pensar que los dos principios inconsistentes se reconcilian y se complementan de una manera misteriosa que nuestras mentes finitas son incapaces de comprender. No debemos crear un dilema, ni debemos suponer cosas que eliminarían la validez de un principio o del otro (pues inferencias de ese tipo, obviamente, serían falsas). Debemos usar cada principio según su marco de referencia, es decir, el contexto en que se recogió la evidencia. También debemos definir las relaciones, tanto entre los dos principios como entre los dos cuadros de referencia, y así podremos crear una realidad donde las dos verdades puedan coexistir, pues en la realidad se nos manifestó la antinomia. Es de esta manera que debemos pensar en las antinomias, tanto en la naturaleza como en las Escrituras. Supongo que es así que la física moderna entiende la antinomia concerniente a la luz, y es así que el cristiano debe entender la antinomia de las enseñanzas bíblicas.

La antinomia que nos interesa es la oposición aparente entre la soberanía divina y la responsabilidad humana, o (en términos más bíblicos) entre lo que Dios hace en Su oficio de Rey y lo que hace en Su oficio de Juez. Las Escrituras enseñan que Dios, en Su oficio de Rey, ordena y controla todas las cosas, incluyendo las acciones humanas, conforme a Su propósito divino.[3]

Las Escrituras también enseñan que Dios, en su oficio de Juez, condena a todos los hombres por sus acciones.[4] Por lo tanto, aquellos que escuchan la Palabra de Dios son responsables por su reacción frente a ella; si lo rechazan serán condenados por incredulidad. "El que cree en Él no es condenado; pero el que no cree ya ha sido condenado, porque no ha creído en el nombre del unigénito Hijo de Dios."[5] Pablo también fue responsable por predicar el evangelio; si rechazara su comisión, sería condenado por infidelidad. "Porque si anuncio el evangelio, no tengo de que jactarme, porque me es impuesta necesidad; pues ¡ay de mí si no anuncio el evangelio!"[6] La Biblia enseña la soberanía de Dios y la responsabilidad humana simultáneamente; y a veces las enseña hasta en el mismo versículo.[7] Los dos principios están garantizados y defendidos por la misma autoridad; por consiguiente, los dos son verdaderos, válidos y autoritarios. Por eso es obvio que los dos principios deben creerse juntos y no se puede poner uno contra el otro. El hombre es un ser responsable moralmente, pero *también* es un ser controlado divinamente. El hombre es controlado divinamente y *también* es responsable moralmente. La soberanía de Dios es real y la responsabilidad humana es real también. Es en términos de esta antinomia revelada, entonces,

---

[3] Génesis 45:8, 50:20; Proverbios 16:9; Mateo 10:29; Hechos 4:27ss; Romanos 9:20ss.

[4] Mateo 25; Romanos 2:1–16; Apocalipsis 20:11–13.

[5] Juan 3:18.

[6] 1 Corintios 9:16.

[7] Ej. Lucas 22:22.

que debemos formular nuestro pensamiento acerca del evangelismo.

Claro que la antinomia parece ser inexplicable a nuestras mentes finitas. Nos parece una contradicción y nos quejamos porque nos parece absurda. Pablo responde a esta queja en Romanos 9. *"Luego me dirás: ¿Por qué todavía inculpa? Porque, ¿quién ha resistido a Su voluntad?"*[8] Si Dios, nuestro Señor, controla todas nuestras acciones, ¿cómo puede juzgarnos por nuestra desdicha?

Fijémonos en la respuesta que da Pablo. El apóstol no intenta justificar las acciones de Dios para con el hombre, sino condena el espíritu maligno en que se expone la pregunta. "Antes que nada, oh hombre, ¿quién eres tú para que contradigas a Dios? Dirá el vaso formado al que lo formó: '¿Por qué me hiciste así?' "[9] El que expone esta pregunta tiene que darse cuenta que él, como criatura y pecador, no tiene el derecho de juzgar las acciones de Dios. Las criaturas no pueden rebelarse contra su Creador. Como dice Pablo, la soberanía de Dios es justa y su libertad para hacer lo que le plazca con sus criaturas no puede ser restringida.[10] Al principio de la epístola, el apóstol muestra que la condenación de los pecadores por Dios es correcta, justa e inapelable.[11] Continúa diciéndonos que debemos reconocer esto y adorar la justicia de nuestro Creador tanto en Su oficio de Rey como en Su oficio de Juez. No nos es dada la libertad para especular sobre la consistencia de Su soberanía y Su justicia, ni nos es proporcionado el derecho de decirle a Dios que Él es injusto, pues noso-

---

[8] Romanos 9:19.

[9] Romanos 9:20.

[10] Romanos 9:20s.

[11] Romanos 1:18s, 32; 2:1–16.

tros somos incapaces de comprender a Dios en toda su naturaleza. La medida de nuestro Dios es mucho más grande que nuestras especulaciones. Nos debemos conformar con que Dios nos haya dicho que es un rey soberano y un juez justo y misericordioso. ¿Por qué resistimos? ¿Por qué no confiamos en Él?

No nos debe sorprender cuando nos encontramos con misterios tales como éste en la lectura de la Biblia. Porque la criatura no puede entender toda la naturaleza de su Creador. Un Dios que pudiéramos entender completamente, un Dios cuya revelación no nos proporcionara ningún misterio, sería un Dios hecho a la imagen del hombre. Este tipo de Dios es imaginario y, definitivamente, no concuerda con el Dios de las Sagradas Escrituras. El Dios de la Biblia dice: "Porque mis pensamientos no son vuestros pensamientos, ni vuestros caminos mis caminos, dice Jehová. Pues así como los cielos son más altos que la tierra, así son mis caminos, y mis pensamientos más que vuestros pensamientos."[12] Nos enfrentamos ahora con una de las muchas antinomias en la Biblia.

Estamos seguros que cada antinomia se reconcilia en la sabiduría y en el santo consejo de Dios, pero mientras nosotros no la podemos entender, tenemos que darle el mismo énfasis a cada uno de los principios aparentemente contradictorios; debemos guardar estas verdades de la misma manera en que Dios nos las reveló; y, finalmente, debemos reconocer que es un misterio irresoluble con nuestra mentalidad finita.

Todo esto es más fácil dicho que hecho, claro está. Nuestras mentes aborrecen las antinomias. Nos gusta el orden y la definición, nos gusta aniquilar el misterio de tal modo que a veces nos encontramos tentados a deshacernos de una antinomia por medios ilegítimos. Usamos una verdad para usurpar a la otra, y

---

[12] Isaías 55:8–9.

otras veces nos deshacemos completamente de las dos, pues añoramos una teología bien-ordenada y bien-definida. Nuestra antinomia no se escapa de tales tendencias. La tentación es socavar y debilitar un principio por la manera en que acentuamos el otro: afirmamos tanto la responsabilidad del hombre que Dios ya no es soberano, o acentuamos tanto la soberanía de Dios que el hombre ya no es responsable. Debemos estar seguros de no caer en ninguno de los dos errores, pero nos interesa más la manera en que estas tentaciones surgen en conexión con el evangelismo.

Hablaremos primero de la tentación de *enfocarse exclusivamente en la responsabilidad del hombre*. Como hemos visto, la responsabilidad humana es un hecho plenamente verdadero. La responsabilidad del hombre a su Creador es algo muy serio, es el hecho fundamental de su vida, es lo que rige la conducta del hombre tanto hacia su Creador como hacia su prójimo. Dios nos hizo seres morales y es de acuerdo a eso que trata con nosotros. Su Palabra se dirige a cada uno de nosotros individualmente, y cada uno es responsable por su reacción a la misma —por su atención o inatención, su creencia o incredulidad, su obediencia o desobediencia. No podemos evadir la responsabilidad de nuestras reacciones hacia la Palabra de Dios. Vivimos bajo Su Ley, y tendremos que responder por la manera en que conducimos nuestras vidas.

El hombre es un pecador, y sin Cristo es culpable y condenado por la Ley de Dios. Por eso necesita el evangelio. Cuando el hombre escucha el evangelio, es responsable por la decisión que hace. El evangelio le da al hombre la elección libre entre la vida y la muerte; es la elección más decisiva que uno puede enfrentar. Cuando presentamos el evangelio a un inconverso, es muy probable que él trate de cegarse a la importancia y urgencia del problema, y así podrá ignorar la advertencia que se le ha dado. En tales casos, nosotros tenemos que insistir que él vea la gravedad de la situación, y que use su elección con prudencia. Cuando predicamos las promesas e invitaciones del evangelio, cuando ofrecemos a los pecadores la sangre redentora de Cristo Jesús, nuestra tarea abarca más que anunciar las buenas nuevas; tenemos que poner y reponer énfasis en la responsabilidad del hombre en cuanto a su reacción al evangelio de la gracia de Dios.

De la misma manera, somos responsables por predicar el evangelio. El mandato de Cristo a sus discípulos fue: "Por tanto, id, y haced discípulos en todas las naciones, bautizándolos en el nombre del Padre, y del Hijo, y del Espíritu Santo."[13] Este mandato se dirigió a los discípulos, pero se extiende a toda la Iglesia. El evangelismo es la responsabilidad no enajenable de todo creyente y toda comunidad de creyentes. Todavía estamos comisionados para predicar el evangelio y para hacer que se escuche por toda la tierra. Por lo tanto, el cristiano debe autoevaluar su conciencia preguntándose si ha hecho todo a su alcance para predicar la Palabra por todo el mundo. Esto también es su responsabilidad y tendrá que responder a Dios por ello.

La responsabilidad humana en cuanto al evangelismo se extiende no sólo al oyente sino al predicador también, y en ambos casos es una responsabilidad seria y pesada. A pesar de lo antedicho, no nos podemos olvidar de la soberanía divina. Mientras estemos conscientes de nuestra responsabilidad de proclamar el evangelio, nunca debemos olvidar que es Dios quien salva. Es Dios quien trae los hombres a escuchar el evangelio, y es Él quien los lleva a la fe en Cristo. Nuestra obra evangelística es el instrumento de la obra salvadora de Dios; el poder de salvar no se encuentra en el instrumento, sino en la mano que utiliza el instrumento. Nunca debemos olvidar eso. Pues si olvidamos que es Dios quien da resultados cuando se proclama el evangelio, intentaremos dar resultados por nuestro propio esfuerzo. Y si

---

[13] Mateo 28:19.

olvidamos que es sólo Dios quien puede dar fe, comenzaremos a pensar que la cantidad de conversiones efectuadas depende de nosotros y nuestros medios y métodos del evangelismo. Si pensamos así, nuestra obra evangelística glorifica a nosotros mismos en vez de glorificar a Dios.

Analicemos esto más a fondo. Si nuestra tarea no es solamente la de presentar las buenas nuevas de Cristo, sino también la de producir conversos —de evangelizar con fidelidad y eficacia— nuestro método de evangelizar debe ser pragmático y calculador. Nuestro equipo, tanto en el evangelismo personal como en la predicación pública, consiste en dos cosas. Además de un entendimiento claro y conciso del significado y la práctica del evangelio, necesitamos una técnica irresistible e infalible para que nuestros oyentes nos escuchen. Entonces, es nuestro deber producir y desarrollar tal técnica. También debemos evaluar la evangelización —la nuestra como la de otros— no sólo por el mensaje que se predica, sino también por los resultados de la predicación. Si nuestra obra no es fructuosa, debemos mejorar nuestra técnica. Debemos pensar en el evangelismo como una lucha entre voluntades, la nuestra contra la de nuestros oyentes, una batalla donde el que tiene las mejores armas gana. Si éste fuera el caso, nuestra filosofía del evangelismo no sería distinta a la filosofía de un lava-cerebros. Tampoco podríamos defender nuestro concepto del evangelismo cuando el mundo nos acusa de hacer lo mismo. Si la producción de creyentes fuera nuestra responsabilidad, entonces ésta *sería* una buena filosofía del evangelismo, pero no lo es, porque Dios se ha otorgado esa responsabilidad a Sí mismo.

Ésta es una muestra lúcida de lo que sucede cuando nos olvidamos de la soberanía de Dios. Es correcto que reconozcamos nuestro deber de evangelizar agresivamente y con mucho fervor. Es correcto que anhelemos ver a los incrédulos voltear sus rostros a Cristo. Es correcto que deseemos que nuestras presentaciones del evangelio sean claras, fructuosas y eficaces. Si no queremos que nuestras proclamaciones sean eficaces, entonces tenemos un problema muy grave. Pero no es correcto atribuirnos más trabajo de lo que se nos ha asignado. No es correcto, por ejemplo, pensar que somos nosotros los que llevamos el incrédulo a la fe. No es correcto elaborar y desarrollar nuestras propias técnicas y métodos para cumplir lo que sólo Dios puede llevar a cabo. Cuando hacemos esto, nos estamos poniendo en el lugar del Espíritu Santo de Dios, y nos estamos auto-exaltando diciendo que la redención proviene de nuestra propia afán. *Sólo podemos esquivar esta blasfemia si dejamos que nuestro conocimiento de la soberanía de Dios controle nuestros planes, nuestras oraciones y nuestra obra en el servicio del Señor.* Pues cuando no estamos confiando conscientemente en el Señor, estamos confiando en nosotros mismos. No hay nada que le haga más daño al evangelismo que el espíritu de la auto-suficiencia. Pero, lamentablemente, esto es lo que sucede cuando nos olvidamos de la soberanía de Dios en la conversión de almas.

Existe otra tentación que es tan peligrosa como la anterior, es decir, la tentación de *enfocarse exclusivamente en la soberanía divina.*

Algunos cristianos piensan incesantemente en la soberanía de Dios. Esta verdad se les hace muy importante. Les ha llegado de súbito y con la fuerza de una revelación tremenda. Dirían que este concepto causó una auténtica revolución copérnica en sus vidas cristianas, pues les ha dado un nuevo centro del universo. Anteriormente, ellos habían creído que el hombre era el centro del universo, y que Dios estaba sólo en la circunferencia. Habían pensado en Dios como el espectador y no como el Autor de los sucesos que acontecen en el mundo. Habían postulado que el factor decisivo en cada situación terrenal era el afán del hombre y no el plan de Dios; y habían supuesto que la felicidad del hombre era lo más interesante e importante en el universo, tanto para el hombre mismo como para Dios. Pero ahora ven que este concepto antropo-céntrico es pecaminoso y anti-bíblico. Ahora ven que el propósito de la Biblia es aniquilar este concepto y que tales libros como Deuteronomio, Isaías, el Evangelio según San Juan y la Epístola a los Romanos, derriban el concepto en casi cada versículo. Ahora se dan cuenta que Dios tiene que ser el centro de sus vidas, así como es el centro de la realidad en su propio mundo. Ahora sienten el golpe de la primera pregunta del *Catecismo Menor* de Westminster:

"¿Cuál es el fin principal del hombre? El fin principal del hombre es glorificar a Dios y (en hacerlo) gozar de Él para siempre."

Ahora entienden que la manera de hallar la felicidad que promete Dios no es buscarla como fin en sí, sino es olvidarse de uno mismo buscando la gloria de Dios, haciendo Su voluntad y verificando Su poder en las penas y en las alegrías de la vida cotidiana. Ellos saben que la gloria y la alabanza a Dios es la que los absorberá desde ahora hasta la eternidad.

Ven que el significado de sus existencias radica en adorar y exaltar a Dios. En cada situación, en cualquier circunstancia, su mayor preocupación es: ¿Cómo glorificaré más al Señor? ¿Cómo puedo exaltar a Dios en esta circunstancia?

Y ahora entienden, cuando hacen esta pregunta, que aunque Dios usa al hombre para llevar a cabo sus propósitos, en última instancia, nada depende del hombre. Todo depende de Dios que usa al hombre para hacer Su voluntad. También reconocen que Dios ha resuelto cada acontecimiento de antemano, aun antes de que el hombre existiera; y que cuando el hombre se encuentra en una situación, Su mano todavía permanece ahí, ordenando todo de acuerdo a Su voluntad. Ven cómo Dios es Autor de todo lo que hacen, ya sean fracasos y errores o éxitos. Son conscientes de que no necesitan preocuparse del arca de Dios como lo hizo Uza, porque Dios sostendrá Su propia causa. Ven que no tienen que cometer el error de Uza de tomar demasiada responsabilidad, y hacer la obra de Dios de una manera prohibida, temiendo que si no fuera hecha así, no se cumpliría.[14] Ya saben que, como Dios está en control, ellos nunca tienen que temer que Dios sufrirá algún daño o pérdida si se limitan a hacer las cosas como Él les ha dicho. Se dan cuenta que hacer las cosas de otra manera sería una transgresión de Su sabiduría y soberanía. Reconocen que el cristiano nunca debe pensar que es indispensable para Dios, ni se debe conducir como si lo fuera. El Dios que lo mandó no lo necesita. Debe entregarse por completo a la obra que Dios le ha asignado, pero nunca debe jactarse de su posición ni pensar que no puede ser reemplazado. Nunca debe decir, "la obra de Dios sería un fracaso si no fuera por mí y el trabajo que yo hago." No hay porqué pensar así. Dios no depende de nosotros ni de nadie. Aquellos que han empezado a entender la soberanía de Dios pueden ver todo esto, y así intentan realizar la obra del Señor humildemente y, a veces, anónimamente. Por lo tanto, atestiguan su creencia que Dios es grande y reina en el mundo, haciéndose pequeños delante del trono del más grande y conduciéndose de una manera que manifiesta su reconocimiento que lo fructuoso de su obra depende de Dios y sólo de Dios. Y hasta aquí no están equivocados.

Sin embargo, la tentación que les atormenta es exactamente lo opuesto a la que describimos anteriormente. En su deseo de glorificar a Dios por medio del reconocimiento de Su soberanía en la gracia y rechazando cualquier noción de su propia indispensabilidad, están tentados a olvidarse completamente de la responsabilidad de la Iglesia en cuanto al evangelismo. La tentación se formula de la siguiente manera: "Reconocemos que el mundo es injusto, pero Dios se glorifica más cuando nosotros hacemos menos, pues así la obra es plenamente de Él. Lo que debemos hacer es siempre dejar la iniciativa en Sus manos."

---

[14] 2 Samuel 6:6.

Están tentados a suponer que cualquier empeño evangelístico, intrínsecamente, exalta al hombre. Les asusta la idea de rebasar a Dios en su plan evangelístico, y por lo tanto, adoptan una posición militante en contra del evangelismo en sí.

El acontecimiento clásico de este punto de vista se llevó a cabo hace dos siglos cuando el director de la fraternidad de ministros reprendió a Guillermo Carey (por su idea de fundar una sociedad misionera) diciendo: "Siéntate, señor. ¡Cuando Dios se plazca en convertir al incrédulo, lo hará sin la ayuda de tí!" La noción de tomar una iniciativa en buscar a hombres de todo el mundo para Cristo le pareció algo presumida.

Antes de condenar al señor director, sin embargo, debemos de analizar un poco. Lo podemos entender, pues él había comprendido que es Dios quien salva, que esto lo hace de acuerdo a Su voluntad, y que Dios no se arrodilla delante de ningún hombre. También había entendido que sin nosotros Dios es tan poderoso como siempre, que Dios no necesita del hombre. En fin, este señor director entendió el significado completo de la soberanía de Dios. No obstante, se equivocó en no entender el mandato que Cristo le dio a la Iglesia, es decir, la responsabilidad evangelística. Se olvidó de que Dios salva al hombre por medio de los testimonios de Sus siervos y que por eso el deber de predicar el evangelio hasta lo último de la tierra se le ha comisionado a la Iglesia.

Pero esto es algo que nunca debemos olvidar. El mandamiento de Cristo significa que debemos dedicar todos nuestros talentos, esfuerzos y dones a proclamar el evangelio en todas las naciones. La inactividad, el desempeño y la despreocupación frente a la comisión de Cristo son inexcusables. Si hemos de ignorar o quitar prioridad y urgencia al imperativo evangelístico, entonces seremos culpables de mal-interpretar la doctrina de la soberanía divina. No se puede usar una verdad revelada como excusa para el pecado. Dios no nos reveló su naturaleza para que la usáramos como pretexto para desobedecer su mandato.

En la parábola de nuestro Señor acerca de los talentos,[15] los siervos "justos y fieles" son aquellos que avanzan con el plan de su amo haciendo uso fructífero de sus talentos. Y aunque el siervo que escondió sus talentos y no hizo nada para refinarlos se creyó justo y fiel, su amo pensó que era "malvado, perezoso e inútil." Pues los dones que Cristo nos ha dado son para usarlos; no los podemos ocultar. Esto lo podemos aplicar a nuestra mayordomía del evangelio. La verdad de la salvación nos es dada gratuitamente; no la debemos esconder sino que la debemos proclamar y compartir con nuestro prójimo. La luz no puede ser ocultada en las tinieblas. La luz tiene que brillar, y es nuestro deber asegurar que así se realice. El Señor ha dicho, "Vosotros sois la luz del mundo...."[16] Por lo tanto, el que no hace todo a su alcance para proclamar el evangelio de nuestro Señor Cristo Jesús, no es un siervo "justo y fiel."

Ya hemos visto dos trampas opuestas, una Escila y Caribdis (escollos a la navegación) del error. Ambas son el resultado de una visión parcial, o sea de una ceguera parcial. Ambas revelan la terquedad del hombre frente a la antinomia bíblica de la soberanía de Dios y la responsabilidad del hombre. Pero mirar las dos juntas y sus trampas implícitas nos advierte que no podemos oponer las dos verdades ni podemos resaltar una a expensa de la otra. Las dos se funden para advertirnos que ir de un extremo al otro es erróneo y peligroso. Debemos navegar nuestra barca por el estrecho que corre entre Escila y Caribdis, es decir, debemos evitar los dos extremos. Estas dos verdades las debemos creer y usar como la guía y el gobierno en nuestras vidas.

En las siguientes páginas examinaremos estas dos doctrinas en su relación positiva y bíblica. No opondremos la una contra la

---

[15] Mateo 25:14–30.

[16] Mateo 5:14–16.

otra, porque la Biblia no las opone. Tampoco calificaremos o modificaremos una en términos de la otra, pues la Biblia no lo hace así. Pero la Biblia afirma las dos doctrinas con énfasis y audacia en términos autoritarios y no ambiguos y, por lo tanto, ésta será nuestra posición. Se le preguntó una vez a Spurgeon si él podía reconciliar las dos verdades, y él dijo: "Ni lo intentaría, yo nunca reconcilio a los amigos." Sí, *amigos*. Éste es el punto que tenemos que entender. En la Biblia, la soberanía divina y la responsabilidad humana no son enemigos.

Tampoco son vecinos molestos ni se encuentran en una perpetua guerra fría. Son *amigos* y trabajan juntos. Espero que mis observaciones sobre el evangelismo clarifiquen este asunto.

III. EVANGELISMO

Ahora pretendemos poner de manifiesto respuestas bíblicas a las siguientes cuatro preguntas acerca de la responsabilidad evangelística del cristiano. ¿Qué es el evangelismo? ¿Cuál es el mensaje evangelístico? ¿Cuál es el motivo del evangelismo? ¿Cuáles son los métodos y medios del evangelismo?

I. ¿QUÉ ES EL EVANGELISMO?

Se supone que los cristianos evangélicos ya saben lo que significa esta palabra. Tomando en cuenta la importancia que tiene el evangelismo para los evangélicos, además, pensaríamos que todos están de acuerdo en cuanto a su significado. Pero, lamentablemente, hoy en día la mayoría de la confusión en los debates sobre el evangelismo nace por falta de acuerdo en este mismo punto. La raíz de la confusión es simple, y en una simple oración la podemos capturar en todas sus expresiones. El problema es que nosotros tenemos el hábito persistente de definir el evangelismo en términos de números, de probabilidades, de estadísticas, en fin, definimos a la obra en términos de resultados observables, en vez de definirla de acuerdo al mensaje que predicamos.

Si queremos una muestra de esta actitud, sólo tenemos que leer la definición que el comité del arzobispo le otorgó en 1918. *"Evangelizar es presentar al Señor Jesucristo de tal manera en el poder del Espíritu Santo, que todos los hombres puedan poner su fe en Dios por medio de Él, lo acepten como su Salvador y le sirvan como su Rey en la comunión de Su Iglesia."*

Ahora bien, esta definición es precisa en cierto sentido. Afirma el propósito del empeño evangelístico y con su afirmación sucinta descarta muchas ideas falsas. Para empezar, dice que el evangelizar consiste en *proclamar un mensaje específico.* De acuerdo a esta definición, no podemos decir que la enseñanza de la existencia de Dios o de la ley moral es evangelismo, pues evangelizar es *presentar al Señor Jesucristo*, es presentar al Hijo de Dios quien vino a la tierra para liberar al hombre de sus pecados. De acuerdo a esta definición, enseñar las verdades históricas de Jesús o aun de su obra redentora no es evangelismo. Tenemos que *presentar a Jesucristo mismo*, el Salvador viviente y el Señor reinante. Presentar la vida de Jesús sin mencionar Su obra redentora no es evangelismo. Debemos *presentar* a Jesús como *Cristo*, el siervo ungido por Dios, cumpliendo Sus deberes de Rey y Sacerdote. "El hombre Jesucristo de Nazaret" debe ser presentado como el "único mediador entre Dios y el hombre"[17] quien "sufrió por nuestros pecados... para que pudiéramos estar con Dios"[18]; como el único en y *por medio de quien* los hombres *pueden confiar en Dios*, pues Él mismo dijo: "Yo soy el camino, y

---

[17] 1 Timoteo 2:5.

[18] 1 Pedro 3:18.

la verdad y la vida; nadie viene al Padre, sino por mí."[19] Se ha proclamado que Él es el *Salvador*, el que "vino a la tierra a salvar los pecadores"[20] y "nos redimió de la maldición de la ley"[21] — "Jesucristo quien nos libra de la ira venidera."[22] Lo hemos de proclamar como *Rey:* "pues a este fin murió Cristo, y vivió de nuevo, para ser el Señor de los vivos y los muertos."[23] Donde este mensaje no se proclama, no hay evangelismo.

La definición anterior también dice que el evangelismo significa proclamar un mensaje *con una aplicación específica.* De acuerdo a la definición, entonces, presentar a Cristo como el objeto de un estudio crítico y comparativo no es evangelismo. El evangelismo es presentar la persona y la obra de Jesucristo en relación con las necesidades del hombre caído, enfatizando que aquel que no tiene a Dios como su Padre lo tiene como su Juez. Evangelizar quiere decir que Jesús, en este mundo o en el otro, ha de ser presentado como la única esperanza del hombre pecaminoso. Es una exhortación al pecador para que *acepte* a Jesús *como su Salvador* y para que reconozca que sin Él está completa e irremediablemente perdido. Esto no es todo. El evangelismo es también el llamado al hombre para recibir a Cristo en cada una de sus múltiples expresiones —de Salvador y de Señor— y *para servirle como su Rey en la comunión de su Iglesia.* Es el compromiso de adorarlo con otros, de atestiguar su grandeza y de hacer

---

[19] Juan 14:6.

[20] 1 Timoteo 1:15.

[21] Gálatas 3:13.

[22] 1 Tesalonicenses 1:10.

[23] Romanos 14:9.

Su voluntad aquí en la tierra. O sea, el evangelismo es el llamado a los pecadores para que volteen sus rostros a Cristo y es también el llamado para que aprendan a confiar en Él; es liberación, no sólo en recibir al Salvador, sino también en el arrepentimiento de los pecados. Donde no hay referencia a la práctica específica del mensaje, no hay evangelismo.

La definición bajo nuestra consideración afirma estos puntos de una manera sucinta y eficaz. Sin embargo, la definición es errónea en un punto fundamental: coloca una cláusula consecutiva donde debería colocar una cláusula final. Si hubiera dicho, "evangelizar es presentar a Jesucristo al hombre pecador *para que* por medio del Espíritu Santo los hombres *vengan...*" no podríamos hallarle error. Pero no dice eso, y lo que sí dice es muy distinto. "Evangelizar es presentar al Señor Jesucristo *de tal manera* en el poder del Espíritu Santo, *que* todos los hombres puedan poner su fe en Dios por medio de Él, *lo acepten* como su Salvador y le sirvan como su Rey en comunión de Su Iglesia." Define el evangelismo en términos del efecto producido en las vidas de otros, o sea el fin del evangelismo es producir creyentes.

Esto no puede ser cierto, pues acabamos de probar su falsedad con las Escrituras. El evangelismo es el afán del hombre, pero llevar los hombres del pecado a la fe es la obra de Dios. A pesar de los deseos del evangelista, es decir, el ver resultados en su ministerio, no podemos medir la cantidad ni la calidad de evangelismo que se ha hecho por sus resultados. Han habido misioneros en el medio oriente que obraron por años entre los musulmanes y no vieron ni un sólo creyente. ¿Podríamos decir que ellos no supieron evangelizar? Ha habido también creyentes evangélicos que decidieron aceptar a Cristo después de oír predicadores que no eran evangélicos y mucho menos bíblicos. ¿Podríamos, entonces, decir que estos predicadores sí supieron evangelizar? La respuesta en ambos casos es no. Los resultados de la predicación no dependen de la astucia y las intenciones del hombre, sino dependen de la voluntad del Dios todopoderoso.

Esto no quiere decir que no debemos buscar fruto en nuestra obra evangelística, sino que cuando no vemos fruto debemos arrodillarnos y buscar la razón con Dios. Sencillamente no podemos definir el evangelismo en términos de sus resultados.

¿Cómo podemos definir el evangelismo? La respuesta del Nuevo Testamento es muy simple: el evangelismo es predicar el evangelio. Es una obra de comunicación en la cual el creyente pregona las Buenas Nuevas que nuestro Padre misericordioso nos enseñó. Cualquier persona que anuncia el evangelio, ya sea en una reunión grande o en una pequeña, desde el púlpito, desde la esquina o desde la cocina, está evangelizando. El clímax del mensaje es que el Creador haya llamado a los pecadores a poner su fe en el Salvador Cristo Jesús para que puedan tener vida eterna. Así que al proclamar el evangelio hay que ofrecer la salvación, y aquel que no quiere traer creyentes a los pies de Cristo, no está evangelizando. Pero la medida del evangelismo nunca debe ser su resultado, sino debe ser la fidelidad con que se predica la Palabra.

El Nuevo Testamento nos da una visión precisa y exacta del evangelismo cuando nos presenta al apóstol Pablo y, específicamente, el relato de la naturaleza de su propio ministerio evangelístico. Esta visión la podemos resumir en tres puntos.

1. *Pablo evangelizó como representante comisionado por Jesucristo.* El evangelismo le fue específicamente encomendado; "Cristo me mandó... para predicar el evangelio."[24] Ahora ¿cómo se autoexaminó con respecto a esta comisión? En primer lugar, pensó que su oficio era el de *servidor* de Jesús. "Que todo hombre nos considere como servidores de Cristo, y administradores de los misterios de Dios."[25] "Por lo cual, si lo hago de buen grado,

---

[24] 1 Corintios 1:17.

[25] 1 Corintios 4:1.

tendré recompensa; pero si de mala gana, es una mayordomía la que me ha sido encomendada."[26] Pablo se vio como un esclavo en una posición de alta confianza, así como se veía el mayordomo en un hogar durante los tiempos del Nuevo Testamento. Él había sido "aprobado por Dios para que se nos confiase el evangelio..."[27] Él tenía que cuidar esa confianza como un mayordomo cuida la suya.[28] Pablo cuida la verdad preciosa que se le ha otorgado, asegurándose de que se distribuya la misma de acuerdo a los mandatos de su Señor, y le aconseja a Timoteo que haga lo mismo.[29] Como esta mayordomía le fue encomendada, él supo que "si anuncio el evangelio, no tengo por qué gloriarme; porque me siento constreñido a hacerlo; y ¡ay de mí si no anuncio el evangelio!"[30] La imagen del mayordomo hace sobresalir la *responsabilidad* evangelística en la vida de Pablo.

Pablo también se vio como el *pregonero* de Cristo. Cuando se describe "puesto como predicador y apóstol (digo verdad en Cristo, no miento), y maestro de los gentiles en fe y verdad,"[31] El sustantivo que usa es **keryx** que significa pregonero, o sea alguien que anuncia noticias para otra persona. Y cuando dice "predicamos el Cristo crucificado"[32] usa el verbo **kerysso** que

---

[26] 1 Corintios 9:17.

[27] 1 Tesalonicenses 2:4; 1 Timoteo 1:11ss; Tito 1:3.

[28] Cf. 1 Corintios 4:2.

[29] 1 Timoteo 6:20; 2 Timoteo 1:13s.

[30] 1 Corintios 9:16.

[31] 2 Timoteo 1:2; 1 Timoteo 2:7.

[32] 1 Corintios 1:23.

denota la obra del pregonero, es decir, de ir a todas partes y proclamar el mensaje que le fue encomendado. Cuando Pablo habla de "mi *predicación*" o "nuestra *predicación*" y afirma que aun después de que la sabiduría del mundo haya dejado al hombre ignorante de Dios "agradó a Dios salvar a los creyentes mediante la locura de la *predicación*,"[33] El sustantivo que usa es *kerygma* que no quiere decir la actividad de anunciar, sino el anuncio, la proclamación o el mensaje en sí. En su propia estimación, Pablo no era un gran filósofo, no era moralista ni era un sabio, sólo era un pregonero de Cristo. Su amo real le había dado un mensaje para proclamar; y empleó, por consiguiente, todas sus fuerzas en proclamar ese mensaje con fidelidad meticulosa y laboriosa; no añadiendo ni quitando ni alterando. Su encomienda fue proclamar el evangelio tal como es; no como se proclaman las ideas nuevas del hombre —disfrazándolas, embelleciéndolas, y poniéndolas de moda. Tenía que proclamar el evangelio como mensaje de Dios, en el nombre y bajo la autoridad de Cristo, y así, dejar que el Espíritu mismo de Cristo Jesús lo ratificara en los corazones de todos sus oyentes. Pablo dice, "Y yo, hermanos, cuando fui a vosotros, no fui anunciándoos el testimonio de Dios con excelencia de palabras o sabiduría. Pues resolví no saber entre vosotros cosa alguna sino a Jesucristo, y a éste crucificado. Y yo me presenté ante vosotros con debilidad, y con temor y mucho temblor; y ni mi palabra ni mi predicación fue con palabras persuasivas de humana sabiduría, sino con demostración del Espíritu y de poder, para que vuestra fe no esté fundada en la sabiduría de los hombres, sino en el poder de Dios."[34] La imagen del pregonero hace resplandecer la *autenticidad* del evangelio que Pablo proclamó.

---

[33] 1 Corintios 2:4; 15:14; 1:21.

[34] 1 Corintios 2:1–5.

En tercer lugar, Pablo se consideraba *embajador* de Cristo. Y ¿qué es un embajador? Un embajador es el representante de un soberano. El embajador habla, no por sí mismo, sino en lugar del gobernante quien lo ha comisionado; su responsabilidad y su deber es el de comunicar las ideas de su patrón con eficacia, exactitud y fidelidad. Pablo utiliza esta imagen dos veces en relación al evangelismo. Desde la cárcel Pablo escribió, "[oren] por mí, a fin de que al abrir mi boca me sea dada palabra para dar a conocer con denuedo el misterio del evangelio, por el cual soy *embajador* en cadenas; que con denuedo hable de Él, como debo hablar."[35] Y de nuevo exclamó, "Así que, somos *embajadores* en nombre de Cristo, como si Dios exhortase por medio de nosotros la palabra de reconciliación."[36] Esto lo afirmó Pablo porque sabía que el mensaje proclamado, los hechos y las promesas del evangelio, y el poder redentor de la muerte de Jesús en el Calvario, era el mensaje de Cristo. La imagen del embajador hace resplandecer la *autoridad* que tenía Pablo para representar al Señor Cristo Jesús.

En su obra evangelística, Pablo actuó como esclavo y mayordomo, como divulgador y pregonero, como representante y embajador del Señor Jesús. Así que fue valiente, autoritario y firme, frente a la burla y la indiferencia, y rehusó las posibilidades de modificar o alterar el evangelio frente a las demandas circunstanciales. Estas dos actitudes gozaban de una liga íntima, pues Pablo se consideró representante fiel de Cristo sólo cuando proclamaba el mensaje puro e inalterado de Dios.[37] Pablo fue encomendado por Cristo a declarar su mensaje, y por lo tanto, habló con autoridad y con el derecho de que la gente le oyera.

---

[35] Efesios 6:19s.

[36] 2 Corintios 5:19s.

[37] Gálatas 1:8ss.

Pero la comisión de proclamar el evangelio y hacer discípulos no fue sólo para los Apóstoles de ayer ni es sólo para los predicadores de hoy, sino que fue y es para toda la Iglesia: todo el cuerpo glorioso de nuestro Señor y Salvador Cristo Jesús. Como la comisión se extiende a toda la comunión de los santos, es decir, a toda la Iglesia, se extiende también a cada individuo que se considera parte de dicha comunión. Todos los cristianos deben hacer como hicieron los filipenses. "...seáis irreprensibles y sencillos, hijos de Dios sin mancha en medio de una generación tortuosa y perversa, en medio de la cual resplandecéis como luminares en el mundo; manteniendo en alto la palabra de vida..."[38] Todo cristiano está comisionado por Dios para proclamar el evangelio. Y cualquier cristiano que lo proclame, debe hacerlo como embajador y representante de Cristo, observando el mandato de proclamar un evangelio puro y exacto. Tal es, entonces, la autoridad y la responsabilidad de la Iglesia en cuanto al evangelismo.

2. El segundo punto de la manera en que Pablo entendía su propio ministerio está ligado al primero. *Su tarea principal era enseñar la verdad del Señor Cristo Jesús*

Como embajador, pues, tenía que presentar el evangelio. Él dijo, "Cristo me mandó" —¿para qué?— "para predicar el evangelio."[39] La palabra griega que usa aquí es **evangelizomai** que quiere decir publicar el **evangelion**, o sea "las Buenas Nuevas." De eso consistía el evangelio que predicaba Pablo. Buenas nuevas habían llegado al mundo; buenas nuevas de Dios. Fue algo que nadie esperaba pero que todos necesitaban (y todavía necesitan). ¿Qué son las buenas nuevas? ¿Qué quiere decir "la palabra de

---

[38] Filipenses 2:15s.

[39] 1 Corintios 1:17.

Dios" en el Nuevo Testamento?[40] ¿Cuál es la "verdad" de la que nos habla Pablo? Es la revelación final de lo que ha hecho el Creador para salvar a los pecadores. Es el desarrollo completo de los acontecimientos espirituales en el mundo apóstata de Dios.

Y ¿qué eran estas buenas nuevas que predicaba Pablo? Eran las noticias acerca de Jesús de Nazaret. Era el acontecimiento de la encarnación, la expiación y el reino —la cuna, la cruz y la corona— del Hijo de Dios. Era la historia de cómo Dios "glorificó a Su siervo Jesús"[41] haciéndolo el Cristo, el "Príncipe... y Salvador"[42] que por tanto tiempo el mundo había esperado. Era el relato de cómo Dios había encarnado a Su Hijo y de cómo lo había hecho Rey, Profeta y Sacerdote. El relato de cómo en Su oficio de sacerdote se sacrificó por los pecados del hombre; en Su oficio de profeta dio la Ley a Su pueblo; y en Su oficio de rey tomó la posición de juez que en el Antiguo Testamento pertenecía exclusivamente a Jehová. En breve, las buenas nuevas fueron estas: que Dios llevó a cabo Su plan eterno de glorificar a su Hijo exaltándolo como el gran Salvador de los pecadores.

Estas son las buenas nuevas que fueron encomendadas a Pablo para que las predicara. Era un mensaje que exigía la enseñanza; pues antes de vivirlo hay que aprenderlo y antes de aprenderlo hay que *entenderlo*. Así que Pablo el predicador era también Pablo el maestro. Él mismo admite esto cuando dice: "...ahora ha sido manifestada mediante la aparición de nuestro Salvador Jesucristo, el cual abolió la muerte y sacó a luz la vida y la inmor-

---

[40] Hechos 4:31, 8:14, 11:1, 13:46; 2 Corintios 2:17; Colosenses 1:25; 1 Tesalonicenses 2:13; 2 Timoteo 2:19.

[41] Hechos 3:13.

[42] Hechos 5:31.

talidad por medio del evangelio, para el cual yo fui puesto como predicador, apóstol y *maestro* de los gentiles."[43]

Nos dice que el fundamento de la predicación evangelística es la enseñanza; habla de "Cristo... a quien predicamos... *enseñando a todo hombre* en sabiduría."[44] En ambos textos, Pablo explica lo que quiere decir con la palabra "predicar" señalando su sinónimo "enseñar." Es decir, el predicador cumple con su ministerio enseñando el evangelio. *Enseñar* el evangelio es su primera responsabilidad; debe reducirlo a sus unidades más esenciales, analizando cada punto con cuidado, definiéndolo en términos sucintos, contrastando sus interpretaciones positivas y negativas, perfilando todo el mensaje de una manera nítida, y asegurándose que todos sus oyentes le comprenden.

Cuando Pablo predicaba —ya sea en la calle o en la sinagoga, a judíos o a gentiles, a un sólo hombre o a una multitud— lo que hacía fue *enseñar*. Lucas describe la enseñanza de Pablo como *"disputó"*[45] o *"razonó,"*[46] *"enseñó"*[47] o *"persuadió."*[48] Pablo dice que su ministerio a los gentiles es dar una serie de instrucciones: "A mí, que soy menos que el más pequeño de todos los santos, me fue dada esta gracia de anunciar entre los gentiles el evangelio de las inescrutables riquezas de Cristo, y de *aclarar a todos* cuál sea la administración del misterio escondido desde los

---

[43] 2 Timoteo 1:10s.

[44] Colosenses 1:28.

[45] Hechos 9:29.

[46] Hechos 27:2, 17.

[47] Hechos 28:11.

[48] Hechos 28:4.

siglos en Dios..."[49] Sin duda, entonces, el deber principal de Pablo fue comunicar sus conocimientos, es decir, trasplantar la verdad del evangelio de su mismo raciocinio a los raciocinios de los demás. La enseñanza para él fue el ingrediente básico del ministerio evangelístico, por lo tanto, la única manera de evangelizar es enseñar.

3. *La meta de Pablo era convertir a sus oyentes en seguidores de Cristo*

La palabra "convertir" es una traducción de la palabra griega **epistrepho**, que significa "volver." Nosotros pensamos que la conversión es obra de Dios y en cierto sentido lo es, pero la palabra **epistrepho** ocurre tres veces en el Nuevo Testamento en forma de verbo transitivo donde el sujeto no es Dios sino un predicador. El ángel dijo de Juan el Bautista: "y a muchos de los hijos de Israel les hará volver al Señor su Dios."[50] Santiago dice: "Hermanos, si alguno de entre vosotros se ha extraviado de la verdad, y alguien le hace *volver*, sepa que el que haga *volver* al pecador del error de su camino, salvará de muerte un alma, y cubrirá una multitud de pecados."[51] Y Pablo le relata a Agripa cómo lo mandó Cristo: "librándote de tu pueblo, y de los gentiles, a quienes ahora te envío, para que abras sus ojos a fin de que se *conviertan* de las tinieblas a la luz, y de la potestad de Satanás a Dios..."[52] Estos pasajes dan a entender que la obra de convertir a otros la efectúa el Pueblo de Dios por medio de un llamamiento al arrepentimiento y a la fe.

---

[49] Efesios 3:8.

[50] Lucas 1:16.

[51] Santiago 5:19.

[52] Hechos 26:17ss.

Cuando las Escrituras indican esto, no están negando el hecho de que Dios, efectivamente, convierte y salva a sus escogidos. Lo que sí dicen estos pasajes es que la meta de un cristiano debe ser el de ganar almas para Cristo. El predicador debe obrar para convertir a sus oyentes, asimismo, la esposa debe obrar para convertir a su esposo incrédulo.[53] Los cristianos son enviados al mundo para convertir y, como representantes de Cristo, no se deben satisfacer haciendo menos. El evangelismo, pues, es más que enseñar y dar información a la mente. Es mucho más. Evangelizar es buscar la reacción a las verdades enseñadas; evangelizar es comunicar a fin de *convertir*, es invitar a la vida eterna, es *ganar* a nuestro compañero. Nuestro Señor lo compara con la obra de un pescador.

Usemos de nuevo a Pablo como el modelo. Él no sólo fue encomendado para enseñar las verdades del evangelio, sino también para hacer a sus oyentes voltear sus rostros a Cristo exhortándolos y aplicando esas verdades a sus vidas cotidianas. Su meta, entonces, no fue sólo el de proclamar el evangelio, sino también fue de convertir a los pecadores: "para que yo pueda salvar algunos."[54] Así que su predicación abarcaba no sólo la enseñanza, sino que también involucraba la súplica. Su responsabilidad no era sólo hacia al evangelio que predicaba y preservaba, sino que era también una responsabilidad hacia todos los necesitados que le escuchaban y que, en ausencia de ese mensaje, ciertamente perecerían.[55] Como apóstol de Cristo, Pablo fue mucho más que maestro de la verdad, fue un Pastor de almas enviado al mundo para amar a los pecadores, no para condenarlos. Primero

---

[53] 1 Corintios 7:16.

[54] 1 Corintios 9:22.

[55] Romanos 1:13ss.

era un cristiano y luego era un apóstol, y como cristiano tenía que amar a su prójimo. Esto significa que en cada situación buscaba primero el bien de los otros y luego su propio bien. Su orden de convertir a gentiles y fundar iglesias era sólo la forma que Cristo había determinado para que amara a su prójimo. Así que su predicación nunca podía ser presumida, arrogante o mal dada, y nunca podía justificar sus injurias contra su prójimo con su lealtad a la verdad. Si se hubiera conducido de tal manera, no hubiera sido buen cristiano y mucho menos buen predicador. Pablo tenía que presentar la verdad en el espíritu de amor; la tenía que presentar como una expresión y un cumplimiento de su deseo de salvar a sus oyentes. Su actitud fue simplemente ésta: "...porque no busco lo vuestro, sino a vosotros, pues no están obligados los hijos a atesorar para los padres, sino los padres para los hijos. Y yo con el mayor placer gastaré lo mío, y aun yo mismo me desgastaré del todo por amor de vuestras almas, aunque amándoos más, sea amado menos."[56]

Todo nuestro evangelismo debe ser realizado en este mismo espíritu. Amando a nuestro prójimo implica y demanda que evangelicemos. Y el mandamiento que nos obliga a evangelizar es sólo una consecuencia lógica y práctica del segundo de los grandes mandamientos: que amemos a nuestro prójimo.

El amor hizo que Pablo evangelizara con cariño, ternura y afecto. "Sino que fuimos amables entre vosotros, como la nodriza que cuida con ternura a sus propios hijos. Tan grande es vuestro afecto por vosotros, que hubiéramos querido entregaros no sólo el evangelio de Dios, sino también nuestras propias vidas; porque habéis llegado a sernos muy queridos."[57] Así también el amor le hizo comprensible y abierto a las circunstancias y situa-

---

[56] 2 Corintios 12:14–15.

[57] 1 Tesalonicense 2:7–8.

ciones de sus oyentes, aunque, claro está, repetidamente se negó a cambiar el evangelio para agradar al hombre.[58] Sin embargo, Pablo tomaba mucho cuidado en no ofender a sus oyentes y en no crear barreras insignificantes entre ellos y el evangelio. "Por lo cual, siendo libres de todos, me he hecho siervo de todos para ganar al mayor número. Me he hecho a los judíos como judío, para ganar a los judíos; a los que están bajo la ley (aunque yo no esté bajo la ley), como si estuviese bajo la ley, para ganar a los que están bajo la ley; a los que están sin ley, como yo estuviera sin ley (no estando yo sin ley de Dios, sino dentro de la ley de Cristo), para ganar a los que están sin ley. Me he hecho como débil a los débiles, para ganar a los débiles; a todos me he hecho todo, para que de todos modos salve a algunos."[59] Pablo quiso salvar a los hombres; y como los quiso salvar, no estaba satisfecho en simplemente darles la verdad, sino que siempre trató de buscarlos en el lugar donde estaban, desviándose de su propio camino para atravesar otro sendero con ellos, para pensar como ellos pensaban, y para hablares en términos que ellos pudieran entender. Pero el evangelismo paulino se caracteriza más bien por lo que no hizo que por lo que hizo, es decir, Pablo siempre evitó presentar las cosas que podían provocar recelo contra el evangelio y aún más, supo relacionarse con la gente porque nunca perdió contacto con el hombre ordinario que él antes fue. Su meta siempre fue de ganar almas convirtiendo a su prójimo a la fe en Cristo.

Así es el evangelismo según Pablo: salir al mundo en amor como representante de Cristo para enseñar la verdad del evangelio a los pecadores con el deseo de convertirlos. El evangelismo, pues, sólo ocurre en este espíritu, con esta meta y con este mensaje. La

---

[58] Véase Gálatas 1:10; 2 Corintios 2:17; 1 Tesalonicenses 2:4.

[59] 1 Corintios 9:19ss.

manera en que evangelizamos no importa, si lo hacemos según el recién mencionado criterio.

Vimos anteriormente que una definición muy amplia del evangelismo conduce al error; específicamente, refutamos la idea de que la responsabilidad de producir creyentes corresponde a nosotros. Ahora debemos señalar que una definición demasiada estrecha del evangelismo también conduce al error. Por ejemplo, podemos definir el evangelismo en términos institucionales. El evangelismo se realiza en una reunión informal. En esta reunión se presentan testimonios, se cantan coritos y se espera una muestra visible de la conversión de las personas, ya sea levantando la mano, poniéndose de pie, pasando al frente, etc. Las siguientes objeciones rechazan esta noción.

1. En primer lugar, hay muchas formas de presentar el evangelio a los inconversos y el método de reuniones evangelísticas es sólo una de ellas. Otra forma sería el evangelismo personal por la cual Andrés ganó a Pedro, Felipe a Natanael, y Pablo a Onésimo.[60] También hay reuniones pequeñas en los hogares y grupos de estudio bíblico. Pero la forma más importante del evangelismo es el culto que se lleva a cabo domingo tras domingo en cantidades de iglesias locales. Y si la predicación en esas iglesias es bíblica, entonces, allí hay evangelismo genuino. Es un error pensar que sermones evangelísticos son distintos a otros sermones, pues no tienen nada especial; sermones evangelísticos son nada menos que sermones bíblicos. Si alguno predica la Palabra de Dios, no puede evitar que la predicación sea evangelística. Los buenos sermones sirven para exponer lo que dice la Biblia, pero lo que dice la Biblia es el consejo de Dios acerca de la salvación del hombre; cada palabra y cada tema en la Biblia se refieren de una manera u otra a Cristo. Pero no se puede presentar a Cristo

---

[60] Véase Juan 1:40–43ff.; Filemón 10.

como lo hace la Biblia, como la única respuesta que da Dios en cuanto a la relación de los pecadores con Él, sin evangelizar. Roberto Bolton dice: "El Señor Jesucristo es presentado gratuitamente y sin excepción alguna cada Sabbath (domingo) y en cada sermón, ya sea directamente en términos claros o por lo menos indirectamente en términos implícitos."[61] Así que donde hay la predicación de la Biblia, inevitablemente hay evangelismo. Es más, la iglesia o el ministerio que no se caracteriza con la generalización de Bolton tiene problemas muy graves. Si las "reuniones" y los "sermones evangelísticos" en nuestras iglesias son algo fuera de lo común, si el evangelismo no se ve todos los domingos en cada sermón predicado y en cada himno cantado, si todo esto no sucede, nuestros cultos de adoración no son dignos de tal nombre. Entonces, si creemos que el evangelismo abarca sólo aquellas horas en que hacemos reuniones (o como se llaman popularmente hoy en día "avivamientos" o "unciones"), no hemos entendido el propósito de nuestros cultos semanales.

2. Imagínese una iglesia local o una comunidad de cristianos quienes se dedican enteramente a los otros métodos de evangelismo, es decir, evangelismo personal, reuniones en hogares y la predicación del evangelio cada domingo, pero nunca se les ha ocurrido tener o unirse a una reunión evangelística como la que estamos examinando. Si definiéramos el evangelismo en base a tales reuniones, tendríamos que concluir que nuestra iglesia o comunidad de fe no está evangelizando, porque las rechazó. Pero eso sería como si dijera que uno no puede considerarse inglés si no vive en Frinton-on-Sea. ¿Cómo se puede condenar a alguien por no hacer algo que no se indica en la Biblia? Y como esto no se indica en el Nuevo Testamento, ¿podemos concluir que en el Nuevo Testamento tampoco había evangelismo?

---

[61] *Instructions for a Right Comforting Afflicted Consciences*, 3a ed. (1640), p. 185.

3. Una reunión o un culto no es evangelístico sólo por el hecho de que haya testimonios, coritos y una invitación abierta y visible que exige una respuesta pública. Para saber si una reunión es evangelística no debemos averiguar si hay una invitación que exige respuesta, sino debemos asegurarnos de que se esté enseñando la verdad. Si el evangelio no se enseña, las respuestas exigidas valen poco, pues al oír el evangelio puro y completo, el dar una respuesta sincera es menester.

Estos detalles no los afirmamos para afilar nuestra hacha polémica, sino que lo hacemos para abrir la puerta al pensamiento claro y conciso sobre estos asuntos. No nos estamos burlando ni juzgando por inútil a las reuniones evangelísticas y las campañas de avivamiento. No estamos insinuando que estas campañas no abren los ojos de miles de personas rodeadas por el paganismo. Pero lo que sí estamos diciendo es que hay otros métodos eficaces del evangelismo. El hecho de que Dios haya usado estas reuniones en el pasado, hace que éstas se perciban como el método normal, necesario y único para el evangelismo en el presente y en el porvenir. Éste no es el caso. Efectivamente, hay evangelismo donde no hay reuniones y campañas. Estas no son esenciales a la práctica del evangelismo. Dónde y cómo no importa; cuando se comunica el evangelio con el deseo de una conversión, hay evangelismo. El evangelismo no se debe definir en términos institucionales —es decir, el dónde y el cómo— sino en términos teológicos —en lo que se enseña y para qué.

¿Cuál es el criterio para evaluar métodos de evangelismo? ¿Cuál es, exactamente, la responsabilidad del cristiano en cuanto al evangelismo? Estas preguntas las contestaremos más adelante.

II. ¿QUÉ ES EL MENSAJE EVANGELÍSTICO?

En breve, el mensaje evangelístico es el evangelio de Cristo y su crucifixión; el mensaje del pecado del hombre y de la gracia de Dios, de la culpabilidad humana y del perdón divino, del nuevo nacimiento y de la vida nueva por medio del regalo del Espíritu Santo. Es un mensaje compuesto de cuatro ingredientes básicos.

1. El evangelio es un mensaje acerca de *Dios*. Nos dice quién es, Su carácter, Su Ley, Sus mandatos para con nosotros, Sus criaturas. Nos revela que le debemos aún nuestra propia existencia; que por bien o por mal siempre estamos en Sus manos y al alcance de Sus ojos; que nos hizo para que le glorificáramos y para que le sirviéramos, para que hiciéramos resplandecer Su alabanza y para que viviéramos por Su gloria. Estas verdades son la base de la religión teísta, y si no se entienden desde un principio, el evangelio es insignificante e incomprensible. El drama cristiano empieza aquí; empieza cuando uno reconoce su dependencia total, completa y perpetua en su Creador.

En este punto también podemos aprender de Pablo. Cuando él predicaba a los judíos en Antioquía de Pisidia[62] no mencionó el hecho de que el hombre es criatura de Dios; esto ya lo sabían, pues estaba predicando a una audiencia de creyentes en el Antiguo Testamento. De entrada comenzó hablándoles de Cristo y les mostró cómo Jesús cumplió las profecías del Antiguo Testamento. Pero cuando predicaba a los gentiles, los cuales no sabían nada del Antiguo Testamento, Pablo comenzaba en el principio. Este principio para él fue establecer la doctrina que Dios es el Creador de los cielos y de la tierra, y el hombre es hechura suya. Así que cuando los atenienses le pidieron que explicara lo que significaba el mensaje de Cristo y de la resurrección, él comenzó hablándoles de Dios el Creador y del propósito de Su creación. "El Dios que hizo el mundo y todo lo que hay en él, siendo Señor del cielo y de la tierra, no habita en templos hechos por manos humanas, ni es servido por manos de hombres, como si necesitase de algo; pues Él es quien da a todos vida

---

[62] Hechos 13:16ss.

y aliento y todas las cosas. Y de una misma sangre ha hecho toda nación de los hombres, para que habiten sobre toda la faz de la tierra; y les ha prefijado el orden de las estaciones, y las fronteras de sus lugares de residencia; para que busquen a Dios..."[63] Esto no fue, como algunas han dicho, una apologética filosófica, lo cual denunció después, sino que fue la primera lección de la fe teísta. El evangelio comienza con el principio axiomático de que nosotros, como criaturas, dependemos absolutamente de Dios, y que Él, como Creador, puede hacer con nosotros lo que a Él le agrada. Si no entendemos esto, no podemos entender lo que es el pecado, y si no entendemos lo que es el pecado no podemos entender por qué necesitamos la salvación. Debemos pensar en Dios como creador antes de que podamos pensar en Él como Redentor. No se gana nada hablando del pecado y de la salvación, si primero no se asimila esta verdad fundamental.

2. El evangelio es un mensaje acerca del *pecado*. Nos dice cómo hemos fracasado ante la Ley de Dios, cómo somos culpables, sucios, depravados y desvalidos en el pecado, y cómo ahora estamos bajo la ira de Dios. Nos dice por qué somos pecadores por nuestra propia naturaleza y que somos incapaces de reconciliarnos con Dios. Nos muestra nuestro reflejo en los ojos de Dios. Nos lleva a la auto-desesperación. Éste es un paso necesario, pues hasta que deseemos reconciliarnos con Dios y nos demos cuenta de que por nuestras propias fuerzas es imposible, no necesitamos a Cristo. Tenemos que tomar una precaución aquí. En las vidas de todos hay cosas que causan pena, insatisfacción y dolor. Todos tenemos una mala conciencia por algún acontecimiento de antaño; tenemos, quizá, una meta que nunca alcanzamos o hemos desilusionado a otros por no cumplir con sus deseos. El peligro es que en nuestro evangelismo a veces estamos satisfechos en evocar estos sentimientos y hacer que la gente se

---

[63] Hechos 27:24ss.

sienta incómoda con ellos. Entonces les convencemos que es Cristo quien nos salva de nosotros mismos, pero nunca mencionamos el asunto de nuestra relación con Dios. No podemos olvidar esto: es el eje central de nuestro discurso sobre el pecado. En la Biblia, aun la idea del pecado es ofensiva contra Dios, y crea una ruptura en la relación del hombre con Él. Si no miramos nuestra desdicha a luz de la Ley y la santidad de Dios, no podemos saber lo que es el *pecado*. El pecado no es un concepto social, es un concepto teológico. Aunque el hombre peca, y muchos de sus pecados son en contra de la sociedad, no se puede definir el pecado en términos del hombre ni de la sociedad. Para saber lo que realmente es el pecado, hay que mirarlo como lo mira Dios, y hay que medirlo, no por la medida humana sino por la regla de la Ley y la santidad de Dios.

Lo que tenemos que entender es que la mala conciencia del hombre no es lo mismo que el reconocimiento del pecado. Entonces, no podemos decir que uno reconoce sus pecados cuando siente la angustia de su propia debilidad y desdicha. Sentirse desesperado consigo mismo no es lo mismo que reconocer sus pecados. Tampoco es redención cuando acudimos al Señor Jesucristo sólo para consolarnos a nosotros mismos en Él o para redescubrir el gozo y la autoestima. No estamos predicando el evangelio si presentamos a Cristo exclusivamente en términos de los deseos del hombre. (¿Está usted feliz? ¿Está usted satisfecho? ¿Le gustaría tener paz y quietud en su vida? ¿Ha fracasado usted? ¿Está fastidiado consigo mismo? ¿Desea usted un amigo?) Este método de evangelismo implica que Cristo es una hada madrina o un súper-psiquiatra. No, nuestro mensaje es mucho más profundo que eso. Predicar sobre los pecados no es usar la desdicha de otros a nuestro favor (como lo hacen los lavacerebros), sino es medir la conducta de acuerdo a Ley de Dios. Reconocer que somos pecadores no quiere decir que uno se sienta mal, sino que uno se dé cuenta de que ha ofendido a Dios, que se ha burlado de Él, que se ha ido en contra de Él y que ahora necesita reconciliarse. Predicar el evangelio es presentar a

Cristo como la única manera en que uno puede llegar a Dios. La fe en Cristo es depender totalmente de Él para que nos reconcilie y nos lleve nuevamente a la comunión con Dios.

Claro está, no negamos que el Cristo verdadero y bíblico, el que nos ofrece reconciliación con Dios, da gozo, paz, fuerza moral y el privilegio de Su amistad a aquellos que creen en Él. Pero el Cristo que se ofrece sólo para elevar la autoestima y para ayudar a reconciliarnos con nosotros mismos es un Cristo mal representado, mal concebido e imaginario. Si nosotros hemos de presentar a un Cristo imaginario, no podemos esperar que la gente sea salva. Debemos, por lo tanto, tener mucho cuidado en no confundir la mala conciencia natural con el reconocimiento auténtico del pecado. Si no le decimos al hombre la condición en que está, es decir, aislado de Dios y condenado por Él, nunca podremos hacerles reconocer que su necesidad más básica es restaurar su relación con su Creador y su Dios.

¿Cómo podemos distinguir entre el reconocimiento auténtico del pecado y la mala conciencia natural? Hay tres señales que indican la diferencia.

(a) Reconocimiento del pecado es saber que *uno está mal con Dios*; no sólo consigo mismo o con su conciencia pero con su Creador y con Su mismo sostén. El reconocimiento no es simplemente un sentimiento general de carencia, sino es una necesidad en particular, es decir, la restauración y reconciliación para con Dios. Es saber que el hombre está en una condición horrible que sólo produce el rechazo, la retribución, la ira, el dolor y la angustia en el presente y en el porvenir. Es también el querer con todas las fuerzas salir de esa condición. El reconocimiento del pecado puede enfocarse en la culpabilidad delante de Dios, la suciedad y el aislamiento ante Él, pero siempre es la necesidad de reconciliarse, no con uno mismo, sino con Dios.

(b) Reconocimiento del pecado siempre incluye un reconocimiento de pecados; un sentimiento de culpabilidad por pecados específicos que hemos cometido de los cuales uno tiene que arrepentirse si quiere estar bien con Dios. Así fue que Isaías reconoció el pecado de la lengua[64] y Zaqueo sus pecados de extorsión.[65]

(c) Reconocimiento del pecado siempre incluye un reconocimiento de la *pecaminosidad*, un reconocimiento de la naturaleza corrupta, perversa y depravada del hombre y, consecuentemente, de su necesidad, o sea, de lo que Ezequiel llamó "un corazón nuevo,"[66] y lo que nuestro Señor llamó "un nacer de nuevo",[67] una reforma moral. El autor del Salmo 51 —acerca de David y su pecado con Betsabé— confiesa no sólo su pecado en particular, v. 1–4, sino también su naturaleza pecaminosa, v. 5–6, y luego pide perdón y restauración de la culpabilidad y contaminación de ambas transgresiones, v. 7–10. La manera más segura de saber si uno en realidad reconoce sus pecados es de leerle el Salmo 51 y ver si su corazón responde de la misma manera que el del salmista.

3. El mensaje del evangelio se trata de *Cristo*, del Hijo unigénito de Dios, del Dios Encarnado; de Cristo la oveja de Dios, quien murió por los pecados del hombre; de Cristo el Señor resucitado, de Cristo el Salvador perfecto. Pero señalamos dos puntos acerca de este eje central del mensaje evangelístico.

(a) *Debemos presentar a la persona de Cristo junto con Su obra*

---

[64] Isaías 6:5.

[65] Lucas 19:8.

[66] Ezequiel 34:26.

[67] Juan 3:3.

A menudo se dice que presentando a la persona de Cristo y no sus doctrinas es más eficaz para llevar pecadores a sus pies. Claro está, ninguna teoría de la expiación puede reemplazar la obra redentora del Cristo viviente. Sin embargo, cuando esto se afirma, por lo regular se piensa que la instrucción doctrinal es dispensable y que el evangelista sólo tiene que pintar un cuadro bonito de Cristo para ganar almas, es decir, relatar la historia del Hombre de Galilea quien hizo todo bueno. No podemos decir que tal mensaje es el evangelio. Mejor llamaríamos a este mensaje un acertijo que sirve únicamente para mistificar a sus oyentes. ¿Quién fue Jesús? y ¿cuál es su posición ahora? Éstas son las preguntas que debemos avanzar. Un mensaje que se limita al relato de Cristo al hombre no propone estas preguntas, sino más bien las oculta y así deja al oyente pensante totalmente confundido.

En realidad no hay explicación del hombre Jesús aparte de la *encarnación*, es decir, Jesús es el Hijo de Dios y vino al mundo a morir por pecadores de acuerdo al propósito eterno de Dios. No tiene sentido la vida de Jesús divorciada de la *expiación*. Él vivió como hombre para morir como hombre para los hombres y Su pasión y Su asesinato fueron su manera de liberar al pueblo de Dios del pecado. Tampoco tiene sentido la vida cristiana hasta que se haya explicado Su *resurrección*, Su *ascensión* y Su *sesión celestial*. Jesús regresó de la muerte y fue hecho Rey para dar vida a todos aquellos que creen en Él. Estas doctrinas son de importancia fundamental para el evangelio. Sin ellas no hay evangelio. Separar las doctrinas de Cristo y de Su vida es un error fatal, pues las doctrinas sirven para aclarar el significado de la vida de Jesús. En la vida diaria, cuando queremos presentar una persona a otra, comenzamos diciéndole algo acerca de la otra persona. Lo mismo pasa cuando presentamos a Jesús. El Nuevo Testamento muestra que los apóstoles predicaban estas doctrinas para poder predicar a Cristo. ¡Sin estas doctrinas no hay evangelio!

(b) *Debemos presentar la obra de Cristo junto con Su persona*

Los predicadores evangelísticos y los evangelistas personales frecuentemente cometen este error. Al querer aclarar que sólo la muerte expiatoria de Cristo puede salvar al hombre, han reducido el evangelio a las siguientes palabras: "Crean que Cristo murió por sus pecados." Esto produce la noción de la obra redentora de Cristo en el pasado y su persona en el presente, distanciando así la una de la otra. Este tipo de llamamiento a la fe no se encuentra en el Nuevo Testamento. El llamamiento del Nuevo Testamento es tener fe en (*en* o *eis*) o hacia (*epi*) Cristo Jesús, es decir, debemos confiar en el Salvador viviente ahora. El objeto de la fe, por lo tanto, no es necesariamente la expiación, sino que es Cristo Jesús quien lo realizó. Nunca debemos separar la cruz de aquel quien se sacrificó en ella. Pues para recibir los beneficios de la cruz hay que creer, no sólo en la muerte redentora, sino también en *Él*, en la persona del Cristo viviente. Pablo destaca, "Cree en *el Señor Jesucristo*, y serás salvo, tú y tu casa."[68] Y Jesucristo mismo convoca, "Venid a *mí* todos los que estáis fatigados y cargados, y yo os haré descansar."[69]

Debemos aclarar de una vez que la cuestión de expiación limitada no es esencial al contenido del mensaje evangelístico hasta ahora. No pretendo discutir este asunto aquí, pues lo he hecho anteriormente.[70] No estoy diciendo que Cristo murió por todo el mundo, pero tampoco afirmo que murió sólo por unos pocos. Lo

---

[68] Hechos 16:31.

[69] Mateo 11:28.

[70] Véase la introducción al libro

The Death of Death in the Death of Christ. (Vida por Su Muerte, publicado por Publicaciones Faro de Gracia).

que sí sugiero es que independientemente de que si usted se inclina más bien hacia a la primera o hacia a la última, su presentación de Cristo debe ser igual.

Es obvio que si un predicador cree que la proposición "Cristo murió para todo el mundo" no es verificable y, a lo mejor, que es falso, no lo diría desde el púlpito. Pues esta proposición no se encuentra en los sermones de tales predicadores como George Whitefield y Charles Spurgeon. Lo que quiero decir es que si algún predicador cree que la proposición es verdad, no hay necesidad de declararlo cuando está predicando el evangelio. Predicar el evangelio es invitar a los pecadores que vengan a Cristo, que vengan al único que los puede salvar y reconciliar con Dios. En la predicación de la cruz sólo hay que decir que el perdón se recibe por la muerte de Cristo. Esto es todo lo que hay que decir. La mención del alcance de la expiación no tiene lugar en nuestra predicación del evangelio.

En el Nuevo Testamento nunca se llamó un hombre al arrepentimiento a base de que Cristo murió sólo y específicamente por él. Jesús y los apóstoles llamaron a los hombres al arrepentimiento a base de que lo necesitaban: necesitaban a Cristo y Cristo se ofreció a ellos, Él les aseguró que todos los que creyeran en Él tendrían vida eterna. La invitación a la fe y la promesa de la salvación a todos los que creen es la materia prima del mensaje del Nuevo Testamento.

Nuestro afán como evangelistas es hacer una reproducción fidedigna del énfasis del Nuevo Testamento. Añadir, quitar o alterar el mensaje del Nuevo Testamento es un error fatal. Por lo tanto, como ha dicho James Denney: "No separaríamos la obra (de Cristo) de aquel que la cumplió. El Nuevo Testamento conoce sólo al Cristo viviente, y toda la predicación apostólica proclama este Cristo al hombre. Pero el Cristo viviente es el Cristo que murió y siempre se predica junto con ello y con Su poder reconciliador. *El Cristo viviente junto con Su muerte redentora* definía el mensaje apostólico... el afán del evangelista es predicar *a Cristo... tanto en Su persona como en Su obra.*"[71] El evangelio no es "creer que Cristo murió para todo el mundo y, consecuentemente, para usted," pero tampoco es "creer que Cristo murió para unos pocos y quizá para usted." El evangelio es "creer en el Señor Jesucristo quien murió por los pecados del hombre y que ahora se le ofrece gratuitamente como su Salvador." Éste es el mensaje que tenemos que llevar a todo el mundo. No es nuestra responsabilidad ni nuestro empeño pedirles a nuestros oyentes que crean en alguna doctrina del alcance de la expiación; sólo debemos predicar a Cristo, al Cristo viviente quien prometió la salvación a todos los que creen en Él.

Fue por el reconocimiento de esto que John Wesley y George Whitefield se consideraban hermanos en el evangelismo, aunque tenían ideas opuestas en cuanto a la expiación. Sus conjeturas no interfirieron con sus predicaciones del evangelio. Ambos estaban satisfechos en predicar el evangelio tal como aparece en la Biblia, es decir, en proclamar al Cristo viviente en conexión con Su obra redentora, en ofrecerles a los pecadores para que ellos pudieran ser salvos y así encontrar vida.

4. Esto nos lleva al ingrediente final del mensaje evangelístico. El evangelio es una convocación a *la fe y al arrepentimiento*

Todos los que escuchan el evangelio son convocados por Dios a creer y a arrepentirse. Pablo declaró a los atenienses, "Por tanto, Dios, habiendo pasado por alto los tiempos de esta ignorancia, ahora manda a todos los hombres en todo lugar, que se *arrepientan*;"[72] Y cuando le preguntaron a Jesús "¿Qué debemos hacer para poner en práctica las obras de Dios?," Él les respondió, "Ésta

---

[71] *The Christian Doctrine of Reconciliation* p. 287.

[72] Hechos 17:30.

es la obra de Dios, que *creáis* en el que Él ha enviado."[73] La Biblia también declara, "Y éste es Su *mandamiento*: Que creamos en el nombre de Su Hijo Jesucristo, y nos amemos unos a otros como nos lo ha mandado."[74] Arrepentimiento y fe son deberes del hombre de acuerdo al mandato de Dios, y por lo tanto, impenitencia e incredulidad son pecados de los más atroces.[75] Junto con estos mandamientos universales van promesas universales a los que obedecen. "De éste dan testimonio todos los profetas, que *todo el que crea* en Él, recibirá perdón de pecados por Su nombre."[76] "Y el Espíritu y la Esposa dicen: Ven. Y el que oye, diga: Ven. Y el que tiene sed, venga; y *el que quiera*, tome del agua de la vida gratuitamente."[77] "Porque de tal manera amó Dios al mundo, que ha dado a Su Hijo unigénito, para que *todo aquel que cree* en Él, no perezca, sino que tenga vida eterna."[78] Estas palabras son las promesas de Dios que durarán para siempre.

La fe no es sólo un sentimiento optimista y el arrepentimiento no es simplemente un sentimiento de contrición y remordimiento. La fe y el arrepentimiento son hechos, no de una parte o de un aspecto del hombre, sino del hombre total. La fe es mucho más que creencia. La fe es reposar y depender totalmente de la confianza en las promesas misericordiosas que Jesucristo ha

---

[73] Juan 6:28–29.

[74] 1 Juan 3:23.

[75] Lucas 13:3, 2 Tesalonicenses 2:11.

[76] Hechos 10:43.

[77] Apocalipsis 22:17.

[78] Juan 3:16.

dado a los pecadores. Igualmente, el arrepentimiento es mucho más que pena y tristeza por lo pasado. El arrepentimiento es un cambio drástico de la mente y del corazón, es una nueva vida de auto-negación y servicio al Rey y Salvador Jesús. Creencia sin confianza y remordimiento sin cambio no salvan. "Tú crees que Dios es uno; haces bien. También los demonios lo creen y tiemblan."[79] "Porque la tristeza que es según Dios produce un arrepentimiento para salvación, del que no hay que tener pesar; pero la tristeza del mundo produce muerte."[80]

Debemos señalar dos puntos adicionales.

(a) El mandato es de *fe y arrepentimiento*. No basta huir del pecado, dejar los vicios malos, tratar de poner en práctica las enseñanzas de Cristo y ser un "Don Perfecto." Aspiración, resolución, moralidad y religiosidad no sustituyen a la fe. Martín Lutero y John Wesley tuvieron todas estas cualidades mucho antes de que tuvieran fe. La fe requiere una fundación de conocimiento: un hombre tiene que conocer a Cristo, la cruz y las promesas antes de poder recibir la fe salvadora. En nuestro evangelismo necesitamos aclarar todo esto para que los pecadores puedan abandonar toda su confianza en sí mismos y confiar totalmente en Jesús y en el poder de Su sangre redentora para reconciliarlos con Dios. Para eso sirve la fe.

(b) El mandato es *arrepentimiento y fe*. No basta creer que sólo por medio de Cristo y Su muerte pueden los pecadores ser justificados y aceptados delante de Dios, que uno por su propio mérito está condenado a la muerte, y que la salvación es posible sólo por medio de la obra redentora de Cristo Jesús. Conocimiento y creencia ortodoxa del evangelio no sustituyen el arre-

---

[79] Santiago 2:19.

[80] 2 Corintios 7:10.

pentimiento. El arrepentimiento también requiere una fundación de conocimiento. Uno debe saber que, en las palabras de la primera de Las Noventa y Cinco Tesis de Martín Lutero, "nuestro Señor y Maestro Jesucristo dijo '**poenitentiam agite**' quiso que toda la vida de los creyentes fuera arrepentimiento," y también deben saber lo que significa arrepentirse. Cristo declaró en más de una ocasión lo que significa el arrepentimiento en su nueva definición. "Y decía a todos: Si alguno quiere venir en pos de mí, *niéguese a sí mismo*, tome su cruz cada día, y sígame. Porque todo el que quiera salvar su vida, la perderá; y todo el que *pierda su vida por causa de mí*, éste la salvará."[81] "Si alguno viene a mí, y *no aborrece* a su padre, y madre, y mujer, e hijos, y hermanos, y hermanas, y aun también su propia vida, *no puede ser mi discípulo*."[82] "Así, pues, cualquiera de vosotros que no renuncia a todo lo que posee, *no puede ser mi discípulo*."[83] El discípulo de Cristo no pone límite alguno en lo que Él le pide. Nuestro Señor supo qué tan difícil es rehusar nuestros propios deseos y entregar la vida y la voluntad a otro. Por eso, Cristo siempre les dio la oportunidad a Sus discípulos de pensar y meditar sobre su compromiso con Él. Él nunca quiso hacer discípulos sólo por hacer discípulos, sino que les advirtió todo lo que abarcaba el discipulado de antemano. No se interesaba en reunir miles de personas que no estaban dispuestas a entregarle la vida completamente. Así también, en nuestro evangelismo debemos presentar este aspecto del discipulado con veracidad. Debemos asegurarnos de que los pecadores se enfrentan al arrepentimiento con sobriedad antes de presentarles el perdón gratuito. No debemos ocultar que el perdón gratuito, en cierto sentido, cuesta todo; si lo

---

[81] Lucas 9:23–24.

[82] Lucas 14:26.

[83] Lucas 14:33.

ocultamos, nuestro evangelismo es sólo una trampa, y aún más: es una mentira. Pues donde no hay conocimiento, no hay arrepentimiento y donde no hay arrepentimiento no puede haber salvación.

Éste es el mensaje evangelístico que se nos ha encomendado para proclamar por toda la tierra.

III. ¿CUÁL ES EL MOTIVO DEL EVANGELISMO?

Hay dos motivos que nos deben de impulsar hacia a un evangelismo constante. El primero es el amor a Dios y la preocupación por Su gloria; el segundo es el amor al hombre y la preocupación por su bienestar.

1. El *primer* motivo es lo principal y lo fundamental. El fin principal del hombre es glorificar a Dios. La regla bíblica para la vida es: "Así pues, ya sea que comáis, que bebáis, o que hagáis cualquier otra cosa, hacedlo todo para la gloria de Dios."[84] Los hombres glorifican a Dios obedeciendo Su Palabra y cumpliendo con Su voluntad revelada. Igualmente, el mandamiento primero y más grande es: "Amarás al Señor tu Dios con todo tu corazón, con todo tu alma, y con toda tu mente."[85] Mostramos nuestro amor al Padre y al Hijo guardando Sus mandamientos. "El que tiene mis mandamientos, y los guarda, ése es el que me ama; y el que me ama, será amado por mi Padre, y yo lo amaré, y me manifestaré a él."[86] Juan escribió, "Pues éste es el amor de Dios, que guardemos Sus mandamientos; y Sus mandamientos no son

---

[84] 1 Corintios 10:31.

[85] Mateo 22:37.

[86] Juan 14:21.

gravosos."[87] Ahora bien, el evangelismo es uno de los mandamientos de nuestro Señor. "Y será predicado este evangelio del reino en todo el mundo, para testimonio a todas las naciones; y entonces vendrá el fin."[88] Antes de Su ascensión, el Señor comisionó a sus discípulos: "Por tanto, id, y haced discípulos en todas las naciones, bautizándolos en el nombre del Padre, y del Hijo, y del Espíritu Santo; enseñándoles a guardar todas las cosas que os he mandado; y he aquí que Yo estoy con vosotros todos los días, hasta el fin del mundo."[89] La promesa que nos hace Jesús por cumplir con Su comisión nos señala qué tan importante es. La frase "hasta el fin del mundo" nos muestra que la comisión no fue dada exclusivamente a los once discípulos: la promesa se extiende a toda la Iglesia Cristiana dentro de la historia. Se extiende a la gran comunidad que fue fundada primero por Cristo y luego por los once discípulos. Por consiguiente, la promesa es tan real para nosotros como lo era para ellos. Es una promesa de gran consuelo para todos los cristianos en todos los siglos. Pero si la promesa es para nosotros, la comisión también es para nosotros. La promesa fue dada para animar a los once frente a la tarea enorme que les fue comisionada. Si es nuestro privilegio tomar de la fuente riquísima que nos provee esta promesa, también es nuestra responsabilidad obrar incesantemente para cumplir con la comisión. El empeño dado a los once discípulos es el empeño de todo el cuerpo glorioso de Cristo, de toda la Iglesia Universal. Y como es el empeño de la Iglesia en general, es el empeño de nosotros en particular. Por lo tanto, si amamos a Dios y nos preocupamos por glorificarle, tenemos que cumplir con Su mandamiento de evangelizar.

---

[87] 1 Juan 5:3.

[88] Mateo 24:14.

[89] Mateo 28:19–20.

Otro hilo de este argumento es que glorificamos a Dios con el evangelismo, no sólo por obediencia sino también porque estamos anunciando al mundo las maravillas que Dios ha hecho para los pecadores. Dios se glorifica cuando se anuncian Sus obras todopoderosas. El salmista nos exhorta: "Cantad a Jehová, bendecid Su nombre; anunciad de día en día Su salvación. Proclamad entre las naciones su gloria, en todos los pueblos Sus maravillas."[90] Cuando un cristiano habla con otro acerca de las maravillas de Cristo, él está glorificando a Dios.

2. El *segundo* motivo que nos debe de motivar hacia al evangelismo asiduo es el amor a nuestro prójimo, el deseo que nuestro prójimo sea salvo. La esperanza de ganar a los perdidos para Cristo es una muestra inefable que proviene del corazón de todos los que hayan nacido de nuevo. El Señor Jesucristo reafirma el mandamiento del Antiguo Testamento que dice que debemos amar a nuestros prójimos como nos amamos a nosotros mismos.[91] El apóstol Pablo declara: "Así que, según tengamos oportunidad, hagamos el bien a todos..."[92] ¿Qué necesidad más grande puede tener un hombre muerto en sus pecados que conocer a Cristo el Salvador y Redentor? ¿Qué bien podemos hacer más bondadoso que compartir el evangelio del Señor Jesucristo? Si verdaderamente amamos a nuestro prójimo como a nosotros mismos, vamos a aprovechar cada oportunidad que tengamos para compartirle las buenas nuevas de la salvación en Cristo Jesús. Esto no debe ser algo que tengamos que pensar y mucho menos alegar. El impulso de evangelizar debe salir de nuestros corazones espontáneamente cuando veamos la necesidad de nuestro prójimo.

---

[90] Salmos 96:2–3.

[91] Marcos 12:31, Lucas 10:27.

[92] Gálatas 6:10.

Y ¿quién es mi prójimo? Cuando el abogado hizo esta pregunta a nuestro Señor, Él le contestó diciendo la parábola del Buen Samaritano.[93] La parábola enseña que cualquier persona necesitada es su prójimo. Dios lo ha puesto en nuestro camino para que usted lo ayude y es nuestra responsabilidad saciar su necesidad, no importa cual sea. "Ve, y haz tú lo mismo" le dice Jesús al abogado, y dice lo mismo a cada uno de nosotros. El principio abarca todo tipo de necesidad, ya sea física o espiritual. Así que cuando nos encontramos con hombres y mujeres que no conocen a Cristo (y que, por lo tanto, están muertos espiritualmente) es nuestro deber compartir con ellos (nuestros prójimos) cómo Jesús les puede dar vida nueva.

De nuevo afirmo que si nosotros conocemos algo del amor que Cristo tiene por nosotros, y si nuestros corazones sienten la gratitud por la gracia que nos salvó de la muerte y del infierno, entonces esta actitud de compasión y caridad por nuestro prójimo espiritualmente necesitado la debemos sentir automáticamente, espontáneamente, como un sueño en la medianoche. Ligado a esta actitud del evangelismo agresivo, el Apóstol Pablo declara que "Porque el amor de Cristo nos apremia, habiendo llegado a esta conclusión: que si uno murió por todos, luego todos murieron."[94] Es trágico y abominable cuando los cristianos carecen del deseo de compartir lo que a ellos les fue dado. Fue normal que Andrés, cuando escuchó las noticias del Mesías, haya ido en busca de su hermano Simón, y que Felipe haya buscado frenéticamente a su amigo Natanael para compartirle las buenas nuevas.[95] Nadie les dijo que compartieran las noticias con otros;

---

[93] Lucas 10:29ss.

[94] Gálatas 5:14.

[95] Juan 1:40ss.

lo hicieron automática y espontáneamente. Lo hicieron de la misma manera que uno comparte noticias importantes con sus familiares y con sus amigos. Si nosotros no sentimos este deseo automáticamente, tenemos problemas muy graves. Evangelizar es un privilegio; es algo maravilloso compartir con otro las buenas nuevas de Cristo sabiendo que son necesitados espiritualmente y que no hay conocimiento en el mundo que les sirva de más bien. Por lo tanto, debemos aprovechar cada oportunidad que tengamos para evangelizar al nivel personal e individual y debemos ser gozosos y ansiosos por hacerlo. Nunca debemos rehusar estas oportunidades y excusarnos por lo mismo. Si evitamos esta responsabilidad nos estamos entregando al pecado y a Satanás. A veces tememos que nos rechazarán en ciertos círculos sociales si hablamos del evangelio y otras veces rehusamos la oportunidad porque nos sentimos ridículos hablando de la religión en ciertas circunstancias. Si éste es el caso debemos arrodillarnos y preguntarle a Dios si estas cosas justifican que no amemos a nuestro prójimo. Y si no es pena, lo que nos impide es orgullo, un orgullo ciego y malvado, y en fin, un odio a nuestro prójimo. Si éste es el caso, debemos hacernos la pregunta ¿qué importa más, la reputación mía o la salvación de ellos? Dios no acepta la pena y el orgullo, la cobardía y la presunción, como excusas para no cumplir sus mandamientos. Tenemos que pedir gracia para que de veras podamos avergonzarnos de nosotros mismos y así inundarnos con el amor de Dios, para poder inundar a nuestro prójimo con el mismo amor. Sólo así podremos compartir el evangelio con espontaneidad, gozo y ansia.

Espero que usted haya entendido cómo debemos enfrentarnos con la responsabilidad de evangelizar. El evangelismo no es el único mandamiento que nos ha dado el Señor y no todos estamos llamados a realizarlo de la misma manera. No todos estamos llamados a ser predicadores; no a todos se les han otorgado dones especiales para poder comunicar efectivamente con los hombres y las mujeres que necesiten a Cristo. Pero todos tenemos alguna responsabilidad de evangelizar si no hemos de fracasar en nuestro amor a Dios y a nuestro prójimo. Para empezar, todos debemos orar por la salvación de los incrédulos; y especialmente debemos orar por aquellos incrédulos que son miembros de nuestra familia, nuestros amigos, y nuestros compañeros de la vida diaria. Luego debemos buscar oportunidades, medios y métodos para evangelizar entre ellos. Si usted ama a alguien, usted siempre está pensando cómo le puede ayudar, agradar y dar placer. Entonces, si amamos a Dios —Padre, Hijo y Espíritu Santo— por todo lo que han hecho por nosotros, debemos enfocar todo nuestro esfuerzo en tratar de hacerlo todo para glorificarles. La manera principal de hacer esto es ir al mundo, evangelizar y hacer discípulos. Igualmente, si amamos a nuestro prójimo, debemos enfocar todo nuestro esfuerzo en hacerle el bien. Y la manera principal de hacer esto es compartirle las buenas nuevas de Cristo Jesús. Si amamos a Dios y a nuestro prójimo evangelizaremos y todo nuestro esfuerzo lo dedicaremos a ese afán. El evangelismo no nos será una pesa grandísima que cargar; aprovecharemos las oportunidades en nuestros medios y lo haremos con gozo, amor, caridad y espontaneidad. No trataremos de satisfacer los requisitos mínimos de este mandamiento, sino oraremos y buscaremos medios para poder proclamar el evangelio entre los hombres. Y cuando se nos han presentado los medios y las posibilidades, nos dedicaremos totalmente a realizar esta obra magnífica.

Sin embargo, debemos señalar otra cosa si lo que hemos dicho no ha de ser mal interpretado y mal aplicado. Nunca debemos olvidar que el empeño que nos encomienda el evangelismo es el empeño del amor; es un empeño que surge de nuestro interés genuino y real por los que hemos de ganar. Debemos preocuparnos por su bienestar y expresar esta preocupación con respeto y amistad. Algunos evangelizan, ya sea del púlpito o personalmente, estando sólo interesados en condenar y juzgar. Esto es ignominioso. Esto nos sorprende, y nos debe sorprender, pues puede hacer un daño irreparable a las almas débiles y sensibles. Es ignominioso porque refleja arrogancia, presunción y el placer en tener poder sobre las vidas de otros, en vez de reflejar amor, caridad y el deseo de ayudar. Pero si el amor mueve y gobierna nuestra obra evangelística, el espíritu en que lleguemos al hombre será totalmente distinto. Si en realidad nos interesa su bienestar y si en nuestros corazones los amamos y tememos a Dios, siempre proclamaremos a Cristo de una manera que honra a Dios y respeta a ellos. No intentaremos violarles sus personalidades, ni explotar sus debilidades, ni ignorar sus sentimientos. Lo que intentaremos hacer es mostrarles la realidad de nuestra amistad e interés compartiéndoles nuestro conocimiento más valioso. Y este espíritu de amistad e interés resplandecerá en todo lo que le comuniquemos, ya sea desde el púlpito o en privado, y no importará qué tan drásticas sean las verdades que les revelemos.

Hay un libro famoso acerca del evangelismo personal titulado **Tomándolos Vivos** por C. G. Trumbull. En el tercer capítulo de ese libro el autor nos cuenta la regla que su padre, H. C. Trumbull, se hizo en cuanto a este asunto. Decía lo siguiente: "Cuando me justifico en escoger los temas de mis conversaciones con otros, el tema de temas (Cristo) tendrá eminencia, para que pueda analizar su necesidad y si es posible, ayudarle." La clave aquí es "*cuando me justifico en escoger los temas de mis conversaciones con otros.*" Esto nos recuerda que el evangelismo, así como toda conversación con otros, debe ser cortés. También nos recuerda que el evangelismo personal tiene como fundamento la amistad. Por lo regular, uno no se justifica en escoger los temas de conversaciones con otros hasta que ha establecido una amistad con ellos. Establecer una amistad quiere decir que los dos se respetan mutuamente, se interesan el uno por el otro y se tratan como seres humanos y no como especies de un estudio psicológico. Con algunas personas este tipo de amistad se puede hacer en cinco minutos, pero con otras puede tomar meses o años. Sea como sea, el principio es igual. El derecho de hablar de Jesucristo de una forma íntima se gana, y se gana convenciendo a su oyente que en realidad usted es su amigo y que usted toma un interés en él. Por lo tanto, la indiscriminada insistencia en hablar, la intervención en lo privado de otro, la predicación forzada a aquellos que quieren huir, son métodos ajenos al evangelismo personal, pues estos métodos son más *impersonales* que nada. De hecho, este tipo de evangelismo deshonra a Dios, porque crea resentimiento y prejuicios contra Cristo. La verdad es que el evangelismo personal genuino requiere mucho trabajo, pues su fundamento es una verdadera relación personal con otro. Tenemos que entregarnos a una amistad real, si queremos alguna vez estar justificados en hablarles de Cristo y de sus propias necesidades espirituales sin faltarles el respeto. Si usted quiere practicar evangelismo personal —y espero que sí— usted debe orar por el don de amistad. Una amabilidad genuina es la marca básica de uno que está aprendiendo a amar su prójimo como a sí mismo.

IV. ¿CUÁLES SON LOS MÉTODOS Y LOS MEDIOS DEL EVANGELISMO?

Hay una controversia patente en nuestros días acerca de los métodos del evangelismo. Algunos critican y otros defienden los métodos evangelísticos que se han empleado en Inglaterra y en Norteamérica durante los últimos cien años. El método más popular es la reunión evangelística. Las luces brillosas y los cantos y gritos son producidos con el propósito de atraer aquellos que en condiciones ordinarias no se interesarían en el evangelio. Todo está coordinado de antemano para crear un ambiente de ternura, buen humor y felicidad. Se le da un énfasis principal a la realidad de la experiencia cristiana por medio de cantos y testimonios. El clímax de la reunión es la exigencia de una decisión. El desenlace consiste en algunos momentos para consejería y oraciones individuales con los decididos.

Las críticas más fuertes (sin examinar su validez) de tales reuniones son las siguientes: "se dice que la actitud de ingeniosa jovialidad de estas reuniones es irreverente delante de Dios. El enfoque de tales reuniones, se dice, es de añadir un valor de entretenimiento al evangelio de Cristo y haciendo esto tiende a disminuir la majestad de Dios, a rechazar el espíritu de la adoración y a violar la imagen del Todo Santo y Todo Sabio Creador; aún más, es una de las peores maneras de preparar a los recién convertidos para los cultos ordinarios de cada semana. Los testimonios que añaden un elemento fantástico a la experiencia cristiana son pastoralmente irresponsables y dan un sentido falso de romanticismo en lo que es ser cristiano. Esto junto con la decisión obligatoria y el uso de música espiritualista para llamar a las emociones más íntimas produce una conversión falsa que es el producto de trastornos psicológicos, emocionales y sentimentales, en vez de producir una conversión que proviene del arrepentimiento y la renovación espiritual. Como estas reuniones son escasas u ocasionales, las decisiones hechas usualmente son ciegas. Es decir, por lo regular no se le puede indicar al pecador lo que implica una conversión a Cristo en dos o tres horas de excitación y trastorno psicológico. El deseo de justificar las reuniones con los resultados implica que el Pastor o consejero tratará de llamar a los pecadores a una conversión prematura. Después, cuando se intenta enseñarles las verdades y los requisitos de una vida cristiana, los "nuevos creyentes" suelen sentirse amenazados y traicionados. Dicen que este método del evangelismo a la larga hace más daño que bien en el cumplimiento de la Gran Comisión. Los partidarios de este punto de vista sugieren que, si el evangelismo ha de avanzar, hay que restaurar la iglesia local como centro evangelístico y realizar las reuniones evangelísticas todos los domingos; en vez de incorporar varias iglesias y denominaciones y realizar grandes reuniones."

La respuesta ordinaria es que las críticas mencionadas son válidas pero se pueden evitar en una reunión bien organizada. Tales reuniones se han mostrado útiles en el pasado; la experiencia verifica que Dios todavía las usa y no hay razón suficiente para abandonarlas. Las reuniones se justifican porque debido a la escasez de obras evangelísticas en todas las denominaciones grandes, mucha gente nunca tiene la oportunidad de escuchar el evangelio. La manera de avanzar, por lo tanto, es de reformar estas reuniones y eliminar los abusos que existen en ellas.

El debate continúa. No cabe duda que continuará por mucho tiempo. Yo no me quiero meter en la controversia, sino que me quiero meter detrás de ella. Quiero aislar el principio fundamental que nos guía en escoger este o cualquier método del evangelismo.

¿Cuál es el principio fundamental? Lo siguiente lo hará brillar como la luz del sol al amanecer.

Como ya hemos aclarado, el evangelismo es un acto de comunicación con el fin de convertir. Por lo tanto, en última instancia, hay un sólo medio de evangelismo. Este medio es el evangelio de Cristo Jesús explicado y practicado. La fe y el arrepentimiento ocurren como producto del evangelio. Pues Pablo nos dice: "Luego la fe es por oír; y oír por la palabra de Dios."[96]

También hay un sólo *agente* del evangelismo, es decir, el Señor Jesucristo. Es Cristo que por Su Espíritu Santo hace que Sus siervos puedan explicar el evangelio verosímilmente y practicarlo con poder y eficacia. Asimismo, es Cristo Jesús quien abre las mentes[97] y los corazones[98] de los hombres para recibir el evangelio y así los redime, los salva y los trae a su lado.[99] Pablo habla del evangelista triunfante diciendo: "Porque no osaría hablar alguna cosa que *Cristo no haya hecho por mí* para la obediencia

---

[96] Romanos 10:17.

[97] Lucas 24:45.

[98] Hechos 16:14.

[99] Juan 12:32.

de los Gentiles, con la palabra y con las obras, con potencia de milagros y prodigios, *en virtud del Espíritu de Dios...*"[100] San Agustín señaló que Cristo es el verdadero administrador de los sacramentos del evangelio y que el celebrante humano sólo actúa en lugar de Su mano. Lo mismo es cierto con la Palabra del evangelio, sólo que ahora el ministro o testigo humano actúa en lugar de Su boca.

Otra vez, en el análisis final hay un sólo *método* del evangelismo, es decir, la explicación eficaz y la práctica fiel del mensaje evangélico. Éste es el principio fundamental que hemos estado buscando. Una consecuencia lógica de este principio es que debemos medir cualquier estrategia, técnica o estilo evangelístico con la regla de la Palabra de Dios. ¿Servirá esta estrategia para avanzar la Palabra de Dios? ¿Será una manera fiel y eficaz de explicar el evangelio en todos sus aspectos? Si la respuesta a estas dos preguntas es sí, el método de evangelismo es bueno y agrada a Dios; pero si la respuesta es no o no tanto como debe, el método es malo y será condenado por Dios.

Esto quiere decir que tenemos que reexaminar todas nuestras prácticas evangelísticas —las misiones, las campañas, los desfiles, los sermones, las reuniones pequeñas y las reuniones grandes, las charlas, los testimonios, las presentaciones personales del evangelio, los tratados que repartimos, los libros que prestamos o vendemos, las cartas que escribimos— y de cada uno de ellos debemos hacer las siguientes preguntas:

¿Enfatiza este método el evangelio de Cristo como *mensaje de Dios*? ¿Es su propósito dar al oyente una visión clara y precisa de Dios y de su verdad en vez de una visión distorsionada por las cosas humanas? ¿Presenta el evangelio como algo proveniente de la boca de Dios o como una producción humana? ¿Carece

---

[100] Romanos 15:18–19.

esta presentación de la soberbia y la presunción humana? Si no, ¿glorifica al hombre? El mensaje debe tener la claridad y sencillez del mensajero que sólo quiere asegurar que el mensaje es comunicado; el mensajero que no se interesa en llamar la atención a sí mismo; el mensajero que desea ocultarse detrás de su mensaje temiendo que el hombre lo admirará, exaltará o aplaudirá cuando debieran estar arrodillados solemnemente humillándose delante de su Dios y Creador omnipotente.

¿Impide o promueve este método la obra de la Palabra en las *mentes* humanas? ¿Va a clarificar el mensaje o lo va a ocultar, enigmatizar y encerrar en las polémicas piadosas y fórmulas oraculares? ¿Va a hacer que la gente piense, que piense en Dios y en sus relaciones con Él? O ¿impedirá el pensamiento porque se enfoca exclusivamente en las emociones? ¿Despertará la mente como una pesadilla horrorosa o la dormirá como un bebé en su cuna? ¿Es este método empleado para mover el hombre hacia Cristo por medio de la verdad o por medio del sentimiento? No hay nada inherentemente malo con la emoción, es más, es difícil pensar que alguien se haya convertido sin ella; lo que sí es malo es cuando las emociones se usan como instrumento del evangelismo y sustituto de la enseñanza doctrinal.

De nuevo tenemos que hacernos la pregunta: ¿Estamos enseñando con este método toda la *doctrina* del evangelio? Enseñando parte de la doctrina no es suficiente; hay que enseñarla completamente —la verdad acerca de nuestro Creador y sus planes, de nuestra condición pecaminosa, perdida, depravada y culpable necesitando nacer de nuevo, y del Hijo de Dios que se hizo hombre y murió como hombre para pagar por los pecados del hombre y llevarlos a Dios. O ¿es este método inferior en este aspecto, enseñando medias verdades y dejando a la gente con un entendimiento incompleto de la doctrina, para apresurarles y exigirles una decisión? ¿Es exigirles la fe y el arrepentimiento cuando no saben de qué tienen que arrepentirse o qué deben creer?

También nos tenemos que preguntar: ¿Está nuestro método comunicando toda la aplicación del evangelio? Comunicando parte de la práctica del evangelio tampoco es suficiente, tenemos que comunicarla todo —tenemos que comunicarles a nuestros oyentes que tienen que mirarse y conocerse como Dios los mira y conoce, es decir, como criaturas pecaminosas, que tienen que reconocer la severidad de su mala relación con Dios y que tienen que enfrentarse al costo y las consecuencias de recibir a Cristo como Salvador. ¿Es nuestro método inferior en este aspecto también, dando una impresión inadecuada y distorsionada de lo que requiere ser discípulo de Cristo? Por ejemplo ¿sabrán que están obligados a responder a Cristo inmediatamente? o ¿supondrán que todo lo que se les requiere es confiar en Cristo como pecadores sin negarse a ellos mismo y colocar a Cristo en el trono de sus vidas como Señor de todo? (Yo le llamo a este error "sólo-creencia") ¿Podrán creer que todo lo que tienen que hacer es tener a Cristo como Señor de sus vidas, sin recibirlo también como Salvador? (A este error le llamo "la buena resolución") Tenemos que recordar que espiritualmente es peor si el oyente mal interpreta el evangelio y de su mala interpretación surgen prácticas erróneas, que si el oyente simplemente no crea. Si a un Publicano lo convertimos en un Fariseo, hemos perdido mucho más de lo que hemos ganado.

Otra vez, tenemos que avanzar la pregunta: ¿es nuestra presentación de Cristo lo suficiente *seria*? ¿Hará que la gente sienta que está enfrentando una situación de vida y muerte? ¿Verán la majestad de Dios, la gravedad de sus pecados y la grandeza de la gracia en Cristo? ¿Les hará sentir y experimentar la santidad y la magnificencia de Dios? ¿Se darán cuenta que entregarse a las manos de Dios es algo temible? Cuando vulgarizamos y trivializamos el evangelio con nuestras presentaciones de ello, estamos insultando a Dios y perjudicando al hombre. Esto no quiere decir que cuando hablamos de las cosas espirituales debemos poner nuestras máscaras de seriedad, pues no hay nada más frívolo que una seriedad falsa. Nuestros oyentes se volverán hipócritas si empleamos esta máscara. Necesitamos orar constantemente pidiéndole a Dios que nos llene nuestros corazón con el deseo de adorarle y glorificarle, con el gozo de estar en comunión con Él y con la angustia de tener que enfrentarnos a la eternidad sin Él. Debemos orar que Dios nos capacite para hablar honestamente y con franqueza en estos asuntos. Sólo así podremos presentar el evangelio con seriedad y sin barreras.

Con este tipo de pregunta podemos examinar y, donde es necesario, reformar nuestros métodos evangelísticos. El principio es que el mejor método de evangelismo es el que concuerda con el evangelio completamente. Es aquel que presenta el evangelio como un mensaje divino y como una cuestión urgente de suma importancia. Es aquel que explica la doctrina de Cristo encarnado, crucificado y resucitado, y que comunica con exactitud la práctica que va con ella. Es aquel que anuncia con eficacia la situación real del individuo para con Dios. Es aquel que desafía el pensar. El mejor método es relativo a estas preguntas.

IV.   SOBERANÍA   DIVINA   &
EVANGELISMO

Comenzamos este capítulo con un resumen de lo que hemos aprendido acerca del evangelismo.

El evangelismo es una tarea encomendada a todo el pueblo de Dios en todas partes del mundo. Es la obra de comunicar el mensaje del Creador a la humanidad rebelde. El mensaje comienza con información y termina con una invitación. La información se trata de cómo Dios dio a Su Hijo unigénito a los pecadores como Salvador perfecto. La invitación es el llamamiento de Dios a la humanidad para venir al Salvador y hallar vida eterna. Dios exige el arrepentimiento de todos los hombres en todas partes del mundo, y en cambio les promete perdón y restauración. El cristiano es mandado al mundo como el pregonero de Dios y el embajador de Cristo para anunciar este mensaje. Esto es tanto su deber (porque Dios lo ordena y el amor al prójimo lo requiere) como su privilegio (porque es una gran maravilla hablar para Dios y llevar a nuestro prójimo la única solución a su problema espiritual). Nuestra tarea es, por lo tanto, ir a toda la humanidad y proclamarles el evangelio de Cristo; debemos explicarlo de la manera más clara y concisa posible; debemos remover toda inconsistencia y dificultad que ellos encuentran en él; debemos exponerlo con seriedad; debemos advertirles que es una cuestión de urgencia y sugerirles que respondan a ella. Ésta es nuestra responsabilidad; es un componente básico de nuestro llamamiento cristiano.

Ahora llegamos a la pregunta que nos ha amenazado desde el comienzo de este libro. ¿Cuáles son las implicaciones de esto en cuanto a la soberanía de Dios?

Vimos anteriormente que la soberanía divina es una de las verdades antinómicas en el pensamiento bíblico. El Dios de la Biblia es el Señor y Legislador de Su mundo, es el Rey y el Juez del hombre. Por consiguiente, si hemos de ser bíblicos en nuestro pensamiento, tenemos que afirmar la soberanía divina y la responsabilidad humana juntos e inequívocamente. El hombre es, sin duda, responsable ante Dios, pues Dios le da Su Ley y lo juzga por sus acciones de acuerdo a la misma. A Dios también le pertenece la soberanía sobre el hombre, pues Él controla y ordena todos los acontecimientos humanos de la misma manera que controla y ordena todo lo que sucede en Su universo. Entonces, la responsabilidad humana y la soberanía de Dios son reales e incontrovertibles.

El apóstol Pablo, en una epístola breve, nos obliga a ver esta antinomia cuando habla de la voluntad, *thelema*, de Dios ligado a la contradicción aparente en estas dos maneras que el Creador se relaciona con Su criatura. En los capítulos cinco y seis de Efesios, él desea que sus lectores sean "entendidos de cuál sea la *voluntad* del Señor"[101] y "como siervos de Cristo haciendo de ánimo la *voluntad* de Dios."[102] La voluntad de Dios como Legislador es que el hombre conozca la Ley y que la obedezca. Pablo escribe a los tesalonicenses: "Porque la *voluntad* de Dios es vuestra santificación: que os apartéis de fornicación."[103] Sin embargo, en el primer capítulo de Efesios, Pablo habla de cómo Dios había escogido a él y a todos los cristianos desde antes de la fundación del mundo "según el puro afecto de Su *voluntad*."[104] Luego dice que la intención de reunir todas las cosas en Cristo es "el misterio de Su *voluntad*."[105] También dice, "En Él digo, en quien asimismo tuvimos herencia, habiendo sido predestinados conforme al propósito del que hace todas las cosas según el consejo de Su *voluntad*."[106] Es obvio que aquí la *"voluntad"* de Dios es Su propósito eterno para con los hombres; Su voluntad como el Señor soberano del mundo. Ésta es la voluntad que se cumple con todo lo que se lleva a cabo —incluyendo el pecado del hombre.[107] Anteriormente se distinguía entre la voluntad de Dios como *precepto* y Su voluntad como *propósito*. La anterior es la declaración pública de Dios en cuanto a lo que Él espera del hombre, y la última es lo que Él mismo hará (esta voluntad es oculta). La distinción es entre la *Ley* de Dios y Su *plan*. La ante-

---

[101] Efesios 5:17.

[102] Efesios 6:6.

[103] 1 Tesalonicenses 4:3.

[104] Efesios 1:5.

[105] Efesios 1:9.

[106] Efesios 1:11.

[107] Génesis 14:5 ss; Romanos 1:10, 15:32; Apocalipsis 4:11.

rior le dice al hombre lo que debe ser, y la última le dice lo que será. Ambos aspectos de la voluntad de Dios son hechos incontrovertibles, pero la manera en que se relacionan dentro de la mente de Dios no está al alcance del entendimiento de nuestras mentes finitas. Ésta es una de las razones por la cual decimos que Dios es incomprensible.

Todo ocurre bajo el dominio de Dios, Él ha fijado el porvenir con Su decreto y ya ha decidido quién será salvo y quién perecerá. Ahora la pregunta es: ¿qué relación tiene esto con nuestra responsabilidad de evangelizar?

Muchos cristianos en nuestros días están perplejos frente a la pregunta. Hay algunos que han aceptado la soberanía de Dios de la manera incalificable e incontrovertible en que la Biblia la enseña. Estos se enfrentan ahora con unos métodos evangelísticos, heredados de sus antepasados, que necesitan modificación para hallar armonía plena con la soberanía de Dios. Dicen que estos métodos fueron inventados por los que no creían en la soberanía absoluta de Dios. ¿No es eso razón suficiente para rechazarlos? Los que no están tan convencidos de la verdad doctrinal, los que no la toman en serio, creen que esta nueva preocupación pondrá fin al evangelismo. Creen que quitará el sentido de urgencia necesario para un evangelismo eficaz. Satanás, claro está, hará todo lo posible para impedir el evangelismo y para dividir a los cristianos; por lo tanto, tienta al primer grupo para que sean desconfiados y cínicos en la cara de cualquier empeño evangelístico, y al segundo grupo los tienta para que pierdan la cabeza en un pánico y una alarma extrema. A ambos los tienta para que sean presumidos, jactanciosos y amargados, mientras se critican el uno al otro. Ambos grupos necesitan cuidarse de las trampas del diablo.

La pregunta exige una respuesta y lo exige ahora mismo. De la misma Biblia surgió el problema (pues enseña la relación antinómica de Dios con el hombre), así que la solución la buscaremos en la Biblia también.

La respuesta bíblica se puede expresar en dos proposiciones, una negativa y otra positiva.

1. *La soberanía de la gracia de Dios no afecta en nada lo que hemos dicho sobre la naturaleza y la responsabilidad del evangelismo*

El principio empleado en este caso es que la regla de nuestro deber y la medida de nuestra responsabilidad son reveladas en la voluntad de precepto de Dios, y no ocultadas en la voluntad de propósito. Tenemos que ordenar nuestras vidas a la luz de Su Ley y no a nuestras adivinanzas acerca de Su plan. Moisés aclaró este principio cuando terminó enseñando la Ley, el desafío y las promesas de Dios a Israel. "Las cosas secretas pertenecen a Jehová nuestro Dios: más las reveladas son para nosotros y para nuestros hijos por siempre, para que cumplamos todas las palabras de esta ley."[108] Las cosas que Dios no ha revelado (como el número y la identidad de los elegidos, y cuándo los piensa convertir) no tienen nada que ver con el deber del hombre. No tienen lugar en la interpretación de cualquier parte de la Ley de Dios. Ahora bien, el mandato de evangelizar es parte de la Ley de Dios; pertenece a la voluntad revelada de Dios para Su pueblo. Por lo tanto, nuestras especulaciones acerca de Su voluntad oculta en cuanto a la elección y el llamamiento no pueden cambiar o invalidar la Ley de Dios. Podemos contar con que (en las palabras del Artículo XVII de la Iglesia de Inglaterra) Dios "ha constantemente (decisivamente y con firmeza) decretado por Su consejo que nos es oculto rescatar de la muerte y la maldición todos aquellos que Él ha escogido en Cristo de la humanidad, y por Cristo les dará la salvación eterna como vasijas hechas para honrar." Pero esto no nos ayuda en determinar la tarea evangelística, y tampoco tiene importancia en cuanto a nuestro deber

---

[108] Deuteronomio 29:29.

de evangelizar universalmente e indiscriminadamente. La doctrina de la soberanía de la gracia de Dios no tiene implicaciones en estos asuntos.

Por lo tanto, podemos decir:

(a) La creencia que Dios es soberano en Su gracia no afecta la necesidad del evangelismo. No importa lo que creamos acerca de la elección, el evangelismo siempre es y siempre ha sido necesario, pues nadie será salvo sin el evangelio. Pablo dice, "Porque no hay diferencia de judío y de griego; porque el mismo que es Señor de todos, rico es para todos los que le invocan: Porque todo aquel que invocare el nombre del Señor, será salvo."[109] Sí, pero el que no invoca al Señor no será salvo, y tiene que haber un cierto conocimiento de Él antes de poder invocarlo. Así que Pablo continúa diciendo, "¿Cómo, pues, invocarán a aquel en el cual no han *creído*? ¿Y cómo creerán a aquel de quien no han *oído*? ¿Y cómo oirán sin haber *quien les predique*?"[110] Hay que decirles de Cristo antes de que puedan confiar en Él, y tienen que confiar en Él antes de que puedan ser salvos por Él. La salvación depende de la fe y la fe de conocer el evangelio. Dios salva a los pecadores llevándoles a la fe por medio de su contacto con el evangelio. De la manera que Dios organizó las cosas, el evangelismo es necesario si alguno ha de ser salvo.

Debemos darnos cuenta de que cuando Dios nos manda a evangelizar, nos está usando para cumplir Su propósito eterno de salvar a los elegidos. El hecho de que tiene un propósito inalterable no quiere decir que nuestros esfuerzos evangelísticos no se necesiten para cumplirlo. La parábola de nuestro Señor dice, "un hombre rey, que hizo bodas a su hijo; y envió sus

---

[109] Romanos 10:12–13.

[110] Romanos 10:14.

siervos para que llamasen a los llamados a la boda"[111] "y saliendo los siervos por los caminos, juntaron a todos los que hallaron, juntamente malos y buenos: y las bodas fueron llenas de convidados."[112] Es de la misma manera y por medio de semejante acción de los siervos de Dios que los elegidos vienen a la salvación que el Redentor les ha ganado.

(b) La creencia que Dios es soberano tampoco afecta la *urgencia* del evangelismo. Los hombres sin Cristo están perdidos e irán al infierno, sea la que sea nuestra opinión sobre la predestinación. "Os digo; antes si no os arrepintiereis, *todos pereceréis* igualmente... Os digo; antes si no os arrepintiereis, todos pereceréis asimismo."[113] Y los que somos de Cristo tenemos que ir y decirles de Él —del único que los puede salvar de la perdición. La necesidad de aquellos es urgente, y por lo tanto nuestra tarea evangelística es una de urgencia. Si usted conociera a un hombre dormido dentro de un edificio en llamas, usted pensaría que es urgente advertirle del peligro en que está; usted intentaría rescatarlo. El mundo está lleno de personas que no saben que están mal con Dios y condenados por Su ira. ¿No es esta situación de tanta urgencia como la anterior? ¿No lo trataríamos de rescatar?

Nunca debemos de usar la excusa de que si no son elegidos, no nos escucharán como quiera y todos nuestros esfuerzos serán en vano. Esto es cierto, pero no nos interesa y no debe afectar nuestro ministerio. En primer lugar, no es correcto rehusar hacer el bien sólo porque creemos que no nos será agradecido. En segundo lugar, los elegidos y no-elegidos de este mundo son

---

[111] Mateo 22:2.

[112] Mateo 22:10.

[113] Lucas 13:3, 5.

anónimos en nuestras mentes. Sabemos que existen pero no sabemos, ni podemos saber, quiénes son y tratando de adivinar es fútil e impío. La identidad de los no-elegidos es una de las "cosas ocultas" de Dios y no nos es dado la capacidad mental ni el privilegio moral de saberlo. En tercer lugar, como cristianos estamos llamados a amar no sólo a los elegidos, sino a nuestro prójimo, ya sean elegidos o no. Ahora, la naturaleza del amor es hacer bien y saciar necesidad. Si nuestro prójimo es un inconverso, debemos mostrarle nuestro amor compartiendo con él las buenas nuevas que necesita para salvarse de la perdición. Es por eso que encontramos a Pablo, "amonestando a todo hombre, y enseñando en toda sabiduría, para que presentemos a todo hombre perfecto en Cristo Jesús."[114] No lo hizo sólo porque era apóstol, sino porque todo hombre era su prójimo. La medida de la urgencia del evangelismo es, por lo tanto, la necesidad de nuestro prójimo y el peligro en que está.

(c) La creencia que Dios es soberano en su gracia no afecta lo genuino de la invitación ni la *verdad* de las promesas del evangelio. En el evangelio Dios promete justificación y vida a todo aquel que cree. "Porque *todo aquel* que invocare el nombre del Señor, será salvo."[115] Dios ordena que todo hombre se arrepienta, de la misma manera los invita a todos a que vengan a Cristo y encuentren allí la misericordia y la vida eterna. La invitación es para todos los pecadores; no sólo para los pecadores reformados o para aquellos cuyos corazones sienten una tristeza mínima por sus transgresiones, pero para todos. El himno lo expresa de una manera muy clara:
No dejes que la conciencia te demore
Ni soñar de la aptitud

---

[114] Colosenses 1:28.

[115] Romanos 10:13.

Pues la aptitud que Él requiere
Es sentir tu necesidad de Él.[116]

Que la invitación es libre e ilimitada —*Pecadores Jesús recibirá* (el título de un libro fantástico por Juan Bunyan)— es la gloria del evangelio como revelación de la gracia divina.

En la comunión de la Iglesia de Inglaterra, primero la congregación confiesa sus pecados a Dios con unas palabras agudas ("nuestros numerosos pecados y desdichas...provocando justificablemente su ira...la carga de ellos es intolerable. Ten misericordia de nosotros, ten misericordia de nosotros"). Luego, el ministro alza sus manos y proclama las promesas de Dios.

"Oigan las palabras de consuelo que nuestro Salvador Jesucristo dice a *todos* que verdaderamente vienen a Él."

"Venid a mí *todos* los que estáis trabajados y cargados, que yo os haré descansar."

"Porque de tal manera amó Dios al mundo, que ha dado a Su Hijo unigénito, para que *todo aquel* que en El cree, no se pierda, más tenga vida eterna."

"Oigan también lo que ha dicho San Pablo."

"Palabra fiel y digna de ser recibida de *todos*: que Cristo vino al mundo para salvar a los pecadores, de los cuales yo soy el primero."

"Oigan también lo que ha dicho San Juan."

"Hijitos míos, estas cosas os escribo, para que no pequéis; y *si alguno* hubiere pecado, abogado tenemos para con el Padre, a Jesucristo el justo."[117]

---

[116] "Vengan pecadores" por J. Hart.

¿Por qué son estas palabras de tanto consuelo? Porque son las palabras de Dios y son la verdad. Estas palabras son la esencia del evangelio. Son promesas y garantías en que los cristianos que vienen a la cena del Señor deben confiar. Son las palabras que confirman el sacramento. Examínelas cuidadosamente; examine primero la *sustancia*. El objeto de la fe que representan no es sólo ortodoxia, ni es sólo la verdad de la muerte expiatoria de Cristo, es mucho más. Es el Cristo viviente en Sí, el Salvador perfecto de los pecadores, aquel que carga consigo toda la virtud de Su obra completada en la cruz. "Venid a *mí*," Él ha pagado todos nuestros pecados. Estas promesas guían nuestra confianza, no al crucifijo sino a Cristo crucificado; no a la obra abstracta sino a aquel que la realizó. Fíjense que las promesas son *universales*. Se ofrecen a *todos* los necesitados, a *todos* los que "verdaderamente" lo necesitan, a todo hombre que alguna vez haya pecado. A ninguno le es negada la misericordia, pero muchos la rechazan con impenitencia e incredulidad.

Algunos piensan que las doctrinas de la elección y de la condenación eterna implican la posibilidad de que algunos que desean a Cristo serán negados por no estar entre los elegidos. Sin embargo, las palabras de consuelo en el evangelio excluyen esta posibilidad. Pues nuestro Señor afirmó en términos enfáticos y categóricos, "Todo lo que el Padre me da, vendrá a mí; y al que a mí viene, *no le echo* fuera."[118]

Es verdad que Dios ha elegido desde la eternidad a los que salvará. Es verdad que Cristo vino exclusivamente a salvar aquellos que el Padre le había dado. Pero también es verdad que Cristo se ofrece gratuitamente a todos los hombres como su Salvador, y garantiza llevar a la gloria todos los que confíen en

---

[117] Mateo 11:28; Juan 3:16; 1 Timoteo 1:15; 1 Juan 2:1.

[118] Juan 6:37.

73

Él. Fíjense en cómo Él yuxtapone los dos conceptos en el siguiente pasaje.

"Porque he descendido del cielo, no para hacer mi voluntad, más la voluntad del que me envió. Y ésta es la voluntad del que me envió, del Padre: Que *todo lo que me diere*, no pierda de ello, sino que lo resucite en el día postrero. Y esta es la voluntad del que me ha enviado: Que *todo aquel que ve al Hijo, y cree en Él*, tenga vida eterna; y yo le resucitaré en día postrero."[119] "Todo lo que me ha dado" en este contexto es la tarea salvadora de Cristo en términos de todos los elegidos, a quienes vino específicamente a salvar. "Todo aquel que ve al Hijo, y cree en Él" se refiere a la tarea salvadora de Cristo en términos de toda la humanidad, a quien se ofrece sin distinción y salvará a los que creen en Él. En estos versículos las dos verdades se afirman al mismo tiempo y en el mismo respecto, y así debe ser. Las dos van juntas. Caminan de mano en mano. Una no hace dudosa la otra. Una no excluye la otra. Cristo quiere decir lo que ha dicho, ya sea cuando salva a todos que creen en Él o cuando salva a los que el Padre le ha dado.

John Owen, un puritano que escribió a favor de la elección incondicional y la expiación limitada, se dirige al incrédulo de la siguiente manera.

"Consideren la condescendencia y el amor infinito de Cristo. Él les invita y les llama para que vayan a Él y encuentran vida, liberación, misericordia, gracia, paz y salvación eterna... En la declaración y la predicación de ellos, Jesucristo se enfrenta a los pecadores llamándolos, invitándolos y urgiéndolos que vengan a Él."

---

[119] Juan 6:38–40.

"La palabra que Él les dirige es ésta: ¿Por qué morirás? ¿Por qué perecerás? ¿Por qué no tendrás compasión por tu alma? ¿Será duro tu corazón y fuerte tus manos en el día de la ira que vendrá?... Mira hacia mí y serás salvo; ven a mí y te quitaré la carga de los pecados, las tristezas, los temores, las cargas y haré descansar a tu alma. Ven, te suplico; pon a un lado la desidia; no me rechaces más; la eternidad llama a tu puerta... odiándome perecerás, más aceptándome serás liberado."

"Estas y cosas semejantes declara, proclama, suplica y urge al Señor Jesucristo a las almas de los pecadores... Lo hace con la predicación de la Palabra, como si estuviese presente con ustedes y hablara personalmente a cada uno de ustedes... Él ha encomendado a los ministros para que se paren delante de ustedes y tratarles como si Él estuviera tratando con ustedes. Ellos les invitarán de la misma manera que Él les invitó, 2 Corintios 5:19-20."[120]

La invitación de Cristo es la Palabra de Dios. Es verdad. Es una invitación genuina. Y se ha de presentar al incrédulo de tal manera. Nada de lo que creemos de la soberanía de Dios en su gracia afecta esto.

(d) La creencia de que Dios es soberano en su gracia no afecta la *responsabilidad del pecador* por su respuesta. Alguien que rechaza a Cristo se muere a causa de su propia condenación. No creer en la Biblia lleva consigo la culpabilidad y nadie podrá excusarse simplemente porque no fueron elegidos. La vida eterna se le ofreció al incrédulo y la podría haber tenido si no la hubiera rechazado. El incrédulo, y nadie más, es responsable por su rechazo de la salvación y ahora él tendrá que sufrir las consecuencias. El Obispo J. C. Ryle escribe, "Es un principio fundamental en toda la Escritura que el hombre puede perder su

---

[120] *La gloria de Cristo.*

propia alma, y que si él está perdido es por su propia culpa, y su sangre manchará sólo su propia cabeza. La misma Biblia inspirada que revela la doctrina de la elección es la Biblia que contiene la palabras, '¿Por qué moriréis, casa de Israel?'[121] —'Y no queréis venir a mí, para que tengáis vida.'[122]— 'Y esta es la condenación: porque la luz vino al mundo, y los hombres amaron más las tinieblas que la luz; porque sus obras eran malas.'[123] La Biblia nunca dice que los pecadores no irán al cielo porque no son elegidos, sino dice que no irán porque han rechazado la gran salvación, y porque rehúsan arrepentir y creer. En el juicio final, no es la elección de Dios que aniquila las almas de los hombres, sino es su propia pereza, su amor al pecado, su incredulidad y su rechazo de Cristo."[124] Dios le da al hombre lo que el hombre ha escogido y no lo opuesto a lo que escogen. Aquellos que escogen la muerte morirán. La doctrina de la soberanía divina no afecta la responsabilidad humana.

Veamos ahora la segunda proposición positiva.

2. La soberanía de Dios en su gracia nos da la única esperanza de tener éxito en el evangelismo

Algunos temen que la creencia en la soberanía de Dios tiene como consecuencia lógica la inutilidad del evangelismo, pues Dios salvará a sus elegidos aunque oigan o no el evangelio. Ya hemos visto que esto es una conclusión falsa basada en una

---

[121] Ezequiel 18:31.

[122] Juan 5:40.

[123] Juan 3:19.

[124] *Senderos viejos* p. 468.

premisa inválida. La verdad es totalmente opuesta a esta conclusión. En vez de hacerlo inútil, la soberanía de Dios es la única cosa que lo hace útil. Con ella hay la posibilidad, es más, la certeza de que el evangelismo será fructuoso. Si no fuera por la gracia soberana de Dios, el evangelismo sería uno de los empeños más inútiles en el mundo, y proclamar el evangelio cristiano sería sólo una gran pérdida de tiempo.

¿Por qué es esto? Por la incapacidad espiritual del hombre pecaminoso. Dejemos que Pablo, el evangelista de evangelistas, nos explique esto.

Pablo dice que el hombre caído tiene una mente ciega y por eso no puede comprender las verdades espirituales. "Más el hombre animal no percibe las cosas que son del Espíritu de Dios, porque le son locura; y no las puede entender porque se han de examinar espiritualmente."[125] El hombre caído también tiene una naturaleza perversa y depravada. "Por cuanto la intención de la carne es enemistad contra Dios; porque no se sujeta a la Ley de Dios, ni tampoco puede. Así que, los que están en la carne no pueden agradar a Dios."[126] En ambos pasajes Pablo afirma dos cosas distintas en cuanto al hombre caído y su relación a la verdad de Dios, y hay un paralelismo del progreso del pensamiento en ambos casos. Primero, Pablo señala el fracaso del hombre carnal. Pues él "no recibe las cosas de Dios" y "no está sujeto a la Ley de Dios." A continuación, Pablo interpreta una afirmación a base de la otra. Es decir, el fracaso es una necesidad natural, es cierto e inevitable, y es universal e inalterable, pues es inherente en la misma naturaleza del hombre. "No las *puede* entender." Ni tampoco *puede*." El hombre, desde Adán, no puede entender las realidades espirituales ni tampoco puede obedecer

---

[125] 1 Corintios 2:14.

[126] Romanos 8:7, 8.

la Ley de Dios. Enemistad contra Dios es la ley de su naturaleza. Su instinto le dice que debe evadir, negar e ignorar la verdad de Dios; le dice que debe jactarse de él y desobedecer Su Ley — sí, y cuando oye el evangelio su instinto le dice que lo debe rechazar y que debe rebelarse contra Él. Este es el tipo de persona que él es. Pablo dice que él está "*muerto* en sus delitos y pecados."[127] Está totalmente incapacitado para reaccionar al evangelio de una manera positiva. Es sordo a la voz de Dios. Es ciego a su revelación. Es impermeable a su aliciente. Si usted le habla a un cadáver, nunca le va a responder; el hombre está muerto. Cuando la Palabra de Dios se proclama a los pecadores tampoco hay respuesta, pues ellos también están muertos en sus delitos y pecados.

Esto no es todo. Pablo nos dice que Satanás siempre está tratando de inmovilizar al hombre en su estado natural. "En que en otro tiempo anduvisteis conforme a la condición de este mundo, conforme al príncipe de la potestad del aire, el espíritu que ahora obra en los hijos de desobediencia."[128] Así, Satanás se asegura que el hombre no obedezca la Ley de Dios. "En los cuales el dios de esto siglo cegó los entendimientos de los incrédulos, para que no les resplandezca la luz del evangelio de la gloria de Cristo, el cual es la imagen de Dios."[129] Ya vemos que hay dos barreras al evangelismo eficaz: la primera es el impulso natural e irresistible del hombre de oponerse a Dios, y la segunda es la el pastoreo asiduo de Satanás a los hombres en sus pecados y en su desobediencia.

---

[127] Efesios 2:1.

[128] Efesios 2:2.

[129] 2 Corintios 4:4.

¿Cuáles son las implicaciones de esto para el evangelismo? La implicación es que el evangelismo, como lo hemos descrito, no puede tener éxito. No importa el grado de claridad y eficacia que empleemos en proclamarlo, no hay ninguna esperanza de convencer, y mucho menos convertir, al hombre. ¿Podremos con nuestro propio poder sacar al hombre de las garras de Satanás? No. ¿Acaso podemos dar vida a los muertos? Tampoco. ¿Tenemos alguna esperanza de convencer a los pecadores de la verdad del evangelio con nuestra propia razón? Claro que no. ¿Podemos esperar que el hombre obedezca el evangelio por las palabras que decimos? No. Si no nos hemos enfrentado con este hecho, nuestro evangelismo no es irrealista. Cuando un maestro quiere enseñar matemática o gramática a los niños y ellos simplemente no entienden, él se anima con la realidad de que eventualmente entenderán, y por lo tanto sigue tratando. Podemos acudir a nuestra paciencia si la posibilidad de alcanzar el éxito es real. Pero en el caso del evangelismo no existe tal posibilidad. Como una obra humana el evangelismo es imposible. Por definición no puede producir el efecto deseado. Podemos predicar con claridad, con fluidez y con gracia; podemos desafiar a nuestros amigos; podemos organizar grandes campañas y avivamientos, repartir folletos, colgar letreros y anunciar por todos lados, pero nunca habrá la más mínima posibilidad de ganar una sola alma para Cristo. Si no hay otro ingrediente, algo mucho más poderoso que nuestro propio afán, toda obra evangelística fracasará. Nos tenemos que enfrentar con esta realidad.

Es aquí donde veo una tremenda falla en el evangelismo de hoy. Parece que todos están de acuerdo en que nuestro evangelismo no está de lo más saludable, pero hay mucho desacuerdo en cuanto a la naturaleza del malestar y cómo curarlo. Algunos creen que el problema es el avivamiento de la doctrina de la soberanía de Dios —una doctrina que tiene implicaciones enfáticas para la elección incondicional y la expiación limitada. Ellos sugieren que la solución del problema se encuentra en el abandono de estas doctrinas. Sin embargo, algunos de los evangelistas más grandes del pasado han abrazado estas doctrinas. Por lo tanto, el diagnóstico no puede ser muy astuto ni la solución muy eficaz. Es más, parece que el evangelismo había sufrido su gran caída entre las dos guerras mundiales, es decir, mucho antes del avivamiento de esta doctrina. Otros, como ya hemos mencionado, creen que el problema está en las reuniones interdenominacionales e impersonales que han surgido a la escena en los últimos años. Pero esto tampoco es obvio. Yo creo que la raíz del problema es mucho más profunda que estos diagnósticos suelen indicar. Sospecho que la razón por este malestar evangelístico es una neurosis de la desilusión, un fallo desconocido del ánimo, que surgió del rechazo de considerar el evangelismo antropocéntrico imposible. Permíteme explicar.

Por más de un siglo, los cristianos evangélicos han considerado el evangelismo una actividad especial que debe ocurrir en intervalos rápidos y agudos (como "misiones" y "campañas") y, para tener éxito, necesitaban una técnica distintiva, tanto en la predicación como en el evangelismo personal. Muy temprano en la evolución de este concepto, los evangélicos comenzaron a pensar que si el evangelismo iba a tener éxito había que orar por él y administrarlo correctamente (ej. si se usaba la técnica distintiva). Esto se debe al éxito que tuvieron evangelistas como Moody, Torrey, Haslam y Aitken con sus campañas. Pero debemos entender que el éxito que tuvieron estos grandes evangelistas no fue debido a su organización moderna, sino a la gran obra que Dios había realizado en Inglaterra en aquella época. Aun en ese período, las primeras misiones usualmente tenían más éxito que las segundas, y las segundas que las terceras. Pero durante los últimos cincuenta años, cuando el mundo se está secularizando más y más, hemos visto una declinación drástica en los frutos del evangelismo. Esta declinación nos ha enervado.

¿Por qué nos ha enervado? Porque no estábamos preparados. Habíamos formulado el evangelismo de tal manera que la buena organización más la técnica distintiva equivalían a resultados inmensos. Habíamos creído que la poción mágica se hacía con una reunión especial, un coro, un solista y un predicador especial, de renombre quizá. Estábamos seguros de que la fórmula y la poción mágica darían vida a cualquier iglesia, pueblo o misión que estaba muerta. Muchos de nosotros todavía creemos esto. Nos aseguramos el uno al otro que así es, y seguimos haciendo nuestros planes a base de ello. Pero en nuestros corazones estamos desilusionados, desanimados y aprensivos. Había un tiempo cuando pensábamos que el evangelismo bien-organizado aseguraba éxito, pero ahora tememos que cada vez que intentemos fracasará, pues ha fracasado tantas veces en el pasado. Ahora no nos resta nada, pues sólo supimos evangelizar de una manera. No queremos admitir esto a nosotros mismos y, por lo tanto, echamos nuestro temor por la ventana, pero vuelve por la puerta con una venganza en la forma de la desilusión y la neurosis paralizante. Nuestro evangelismo, entonces, se convierte en una rutina meticulosa y aburrida. En fin, nuestro problema es que dudamos de la utilidad de nuestros esfuerzos.

¿Por qué tenemos estas dudas? Porque hemos sido desilusionados. ¿Cómo hemos sido desilusionados? Por el fracaso continuo de las técnicas evangelísticas en los cuales confiábamos. ¿Cuál es el remedio de nuestra desilusión? Primero, debemos admitir que estábamos equivocados en pensar que cualquier técnica en sí pudiera garantizar resultados; segundo, debemos reconocer que la naturaleza depravada del hombre es razón suficiente para que nuestros esfuerzos evangelísticos sean estériles; tercero, debemos recordar que estamos llamados a ser fieles y no a tener éxito; y cuarto, debemos aprender a dejar los resultados de nuestro esfuerzo a la gracia omnipotente de Dios.

Dios hace lo que el hombre no puede hacer. Dios, por medio de su Espíritu, obra en el corazón del hombre pecaminoso para llevarlos a la fe y al arrepentimiento. La fe es un regalo de Dios. Pablo escribe a los filipenses, "Porque a vosotros *es concedido* por Cristo, no sólo que creáis en Él, sino también que padezcáis por Él."[130] Y a los efesios dice, "Porque por gracia sois salvos por la fe; y esto no de vosotros, pues es *don de Dios*."[131] Así también, el arrepentimiento nos es dado por Dios. Pedro le dijo al Sanedrín, "A Éste a Dios ensalzado con su diestra por Príncipe y Salvador, para *dar* a Israel arrepentimiento y remisión de pecados."[132] Cuando la Iglesia de Jerusalén oyó que Pedro había sido mandado a evangelizar a Cornelio, y que Cornelio había sido llevado a la fe, dijeron: "Entonces, oídas estas cosas, callaron, y glorificaron a Dios, diciendo: De manera que también a los Gentiles *ha dado* Dios arrepentimiento para vida."[133] Nosotros no podemos hacer que los pecadores se arrepientan y crean en Jesús, sino es Dios quien obra fe y arrepentimiento en el corazón del hombre por medio de Su Espíritu.

Pablo dice que éste es el "llamado" de Dios. Los teólogos antiguos lo nombraron "llamado eficaz," en contraste con la "convocación ineficaz" —es decir, cuando uno escucha la Palabra de Dios, pero el Espíritu no obra en él. El anterior es el proceso en que Dios hace que el pecador entienda y responda al evangelio. Es la obra del poder creativo; por ella, Dios regala al hombre un corazón nuevo, lo libera del pecado, le da luz donde antes había sólo tinieblas y lo guía a Él por medio de Cristo el Salvador. Por ella también, Dios los saca de las garras de Satanás, lo libera del reino de las tinieblas y lo traslada al "reino de Su amado Hijo."[134]

---

[130] Filipenses 1:29.

[131] Efesios 2:8.

[132] Hechos 5:31.

[133] Hechos 11:18.

[134] Colosenses 1:13.

El llamado produce la respuesta y confirma las bendiciones. También se le ha denominado la obra de "gracia previa," pues la inclinación hacia Dios precede la voluntad del mismo. Se ha nombrado "gracia irresistible," porque aniquila la posibilidad de resistirlo. *La Confesión de Fe de Westminster* lo analiza como la actividad de Dios en el hombre caído. "A todos aquellos a quienes Dios ha predestinado para vida, y a ésos solamente es a quienes le place en el tiempo señalado y aceptado, llamar eficazmente por Su Palabra y Espíritu, sacándolos del estado de pecado y muerte en que se hallaban por naturaleza para darles vida y salvación por Jesucristo. Esto lo hace iluminando espiritualmente su entendimiento, a fin de que comprendan las cosas de Dios; quitándoles el corazón de piedra y dándoles uno de carne, renovando sus voluntades y por Su poder soberano determinándoles a hacer aquello que es bueno, y llevándoles eficazmente a Jesucristo. Sin embargo, ellos van con absoluta libertad, habiendo recibido la voluntad de hacerlo por la gracia de Dios."[135]

Cristo también enseñó la *necesidad* universal de este llamamiento por la Palabra y el Espíritu. "*Ninguno* puede venir a mí, si el Padre que me envió no le trajere; y Yo le resucitaré en el día postrero."[136] Igualmente, enseñó su *eficacia*, "Escrito está en los profetas: y serán todos enseñados de Dios. Así que, *todo aquel* que oyó del Padre, y aprendió, viene a mí."[137] A su enseñanza añadió la *certeza* universal del llamado para todo aquel que el Padre ha escogido. "*Todo* lo que el Padre me da, vendrá a mí."[138]

---

[135] *Confesión de fe de Westminster* X.1.

[136] Juan 6:44.

[137] Juan 6:45.

[138] Juan 6:37.

Me escucharán y confiarán en mí, esto es el propósito del Padre y la promesa del Hijo.

Pablo habla del "llamado eficaz" como la realización del propósito seleccionador de Dios. Pues le dice a los romanos: "Porque a los que antes conoció, también predestinó para que fuesen hechos conformes a la imagen de Su Hijo, para que Él sea el primogénito entre muchos hermanos; y a los que predestinó, a éstos también *llamó*; y a los que *llamó*, a éstos también justificó; y a los que justificó, a éstos también glorificó."[139] Y a los tesalonicenses escribe, "Mas nosotros debemos dar siempre gracias a Dios por vosotros, hermanos amados del Señor, de que Dios os haya escogido desde el principio para salud, por la santificación del Espíritu y fe de la verdad: A lo cual os *llamó* por nuestro evangelio, para alcanzar la gloria de nuestro Señor Jesucristo."[140] El autor del llamado, nos dice Pablo, es Dios; y el asunto del llamado es el camino a la gloria.

Entendiendo esto, podemos ver de una vez porqué Pablo nunca se desilusionó con el hombre caído y esclavizado por Satanás; en contraste con los evangelistas de nuestros días, Pablo nunca pensó que el evangelismo era un esfuerzo inútil. La razón por su actitud es que él nunca olvidó que Dios es soberano en Su gracia. Él sabía que aún antes de que él hubiera comenzado, Dios todopoderoso había dicho, "Así será mi palabra que de mi boca: no volverá a mí vacía, antes hará lo que yo quiero, y será prosperada en aquello para que le envié."[141] Él sabía que esto era verdad tanto para el evangelio como para cualquier declaración divina. Sabía que su predicación del evangelio nunca sería inútil, pues

---

[139] Romanos 8:29–30.

[140] 2 Tesalonicenses 2:13–14.

[141] Isaías 55:11.

Dios se lo garantizó. Sabía que dondequiera que él llevara el evangelio, Dios resucitaría a los muertos. Sabía que algunos de sus oyentes serían salvos. Este conocimiento le dio seguridad y expectación en su evangelismo. Y cuando hubo mucha oposición y pocos resultados, él nunca se desilusionó, pues él sabía que si Cristo le había abierto la puerta a ese lugar, era porque el propósito de Él era convertir pecadores allí. La Palabra no volvería vacía. Su afán era proclamar el evangelio con paciencia y fidelidad hasta el tiempo de la cosecha.

Hubo un tiempo en Corinto cuando su ministerio se puso muy difícil; los convertidos eran muy pocos y la oposición muy grande. Pablo pensaba que quizá su esfuerzo allí era en balde. "Entonces el Señor dijo de noche en visión a Pablo: No temas, sino habla, y no calles; porque Yo estoy contigo, y ninguno te podrá hacer mal; porque *Yo tengo mucho pueblo en esta ciudad*."[142] El Señor le estaba diciendo a Pablo que continuara predicando y enseñando allí, porque Él tenía un propósito; el Señor le estaba animando y confirmando su responsabilidad a la misma vez. Rackham destaca, "Esto confirma el énfasis que San Lucas puso en la elección previa de Dios."[143] Y el énfasis de Lucas refleja la actitud de Pablo basada en la garantía que le había dado Cristo. Por lo tanto, la soberanía de Dios en Su gracia dio esperanza a Pablo mientras predicaba a oídos sordos, mostraba a Cristo a ojos ciegos e intentaba conmover corazones de piedra. Su garantía era que donde Cristo manda el evangelio, Cristo tiene pueblo. Puede ser que al momento estén encadenados por el pecado, pero Cristo los liberará y los renovará cuando la luz del evangelio brille en sus seres oscuros.

---

[142] Hechos 18:9–10.

[143] *Los Hechos de los apóstoles* p.327.

En un gran himno, Charles Wesley describió su conversión de esta manera:

¡Qué tinieblas encerráronme!
Esclava mi alma fue a pasiones mil;
Más el fulgor de su convicción,
Me despertó de tal condición.
De mis cadenas por don de gracia me libró;
Me levanté y caminé para seguirle en pos.[144]

Esto no es sólo una descripción vívida de su experiencia, también es una buena afirmación teológica. Esto es exactamente lo que le sucede al incrédulo cuando se predica el evangelio. Pablo sabía eso, y lo usó como su garantía en el evangelismo.

La garantía de Pablo debe ser la nuestra también. No podemos confiar en nosotros mismos —en nuestros métodos, en nuestras técnicas o en nuestra organización. No hay magia en la técnica, aun cuando la técnica compagina con la teología de la Biblia. Cuando evangelizamos, nuestra confianza debe estar en Dios quien resucita a los muertos. Él es el único soberano y omnipotente que puede endulzar los corazones amargos de los hombres, y Él dará conversiones cuando le agrade darlas. Mientras tanto, nosotros debemos ser fieles en proclamar el evangelio y debemos estar seguros que nuestros esfuerzos nunca serán en balde. Es de esta manera que la soberanía de Dios afecta el evangelismo. ¿Cuáles son los efectos de esta confianza y certeza sobre nuestra actitud del evangelismo? Son por lo menos tres.

---

[144] "La Maravilla de Su Grande Amor";

Himnario Bautista de la Gracia, publicado por Publicaciones Faro de Gracia; Himno 145.

(a) Nos debe hacer *audaces*. Nos debe dar confianza que aunque la gente no acepte el evangelio la primera vez, seguiremos tratando y Dios hará fructuoso nuestro ministerio. Tal respuesta al evangelio no nos debe sorprender, pues ¿qué más podemos esperar de los esclavos de Satanás? Tampoco nos debe desanimar, pues no hay corazón tan duro que pueda resistir la gracia de Dios. Pablo era amargo enemigo del evangelio, pero Cristo puso Su mano sobre él y Pablo nació de nuevo. Usted mismo ha estado aprendiendo qué tan corrompido y perverso su corazón es. Y antes de que usted se convirtiera en cristiano, su corazón era aún peor. Pero Cristo le salvó, y eso debe ser lo suficiente para convencerle que Cristo puede salvar a cualquiera. Así que continúe presentando a Cristo a los incrédulos cada vez que tenga oportunidad. Ésta no es una tarea de bufones. Usted no está perdiendo su tiempo ni el de ellos. Usted nunca se debe avergonzarse del evangelio o disculparse en su presentación de ello. Usted debe ser audaz, libre, natural, espontáneo y exitoso. Pues Dios da una eficacia a Su Palabra que nosotros no podemos dar. Dios lleva Su Palabra a la victoria en los corazones más endurecidos y amargados. Nunca pensaríamos que nuestros esfuerzos son inútiles si creemos en la gracia soberana de Dios.

(b) Esta confianza nos debe dar *paciencia*. Dios salva a Su tiempo, y no debemos suponer que Él tiene la prisa que tenemos nosotros. Tenemos que recordar que somos hijos de nuestra época, y el espíritu de nuestros días es uno de prisa. Es un espíritu pragmático; un espíritu que exige resultados prontos. El ideal moderno es realizar más y más haciendo menos y menos. Es la época de los ahorros obreros, los cálculos de eficiencia y la automatización. La actitud que surge de este nuevo modo de pensar es una impaciencia tremenda frente a todo lo que exige tiempo y esfuerzo continuo. Nos enfadamos cuando tenemos que realizar una obra completamente. Este espíritu tiene consecuencias drásticas para nuestro evangelismo. Queremos ganar almas lo más pronto posible, y cuando no vemos resultados de inmediato, nos desanimamos y perdemos el interés en ellas, hasta que por fin abandonamos nuestros esfuerzos y ellas se quedan peores que antes. Pero esto es de lo más equivocado. Cuando hacemos esto fracasamos, tanto en nuestro amor al prójimo, como en nuestra fe en Dios.

La verdad es que el evangelismo exige más paciencia, afecto, amor y perseverancia que la mayoría de los cristianos de hoy en día tienen. Nunca se nos ha prometido resultados rápidos. El evangelismo es una tarea en la cual no se espera resultados rápidos. No podemos esperar resultados si no perseveramos con la gente. La idea de que un sólo sermón evangelístico o una serie de conversaciones basta en convertir a alguien es absurdo. Si alguien se convierte con un solo sermón, usualmente usted encontrará que alguien había obrado con él antes. En este caso lo que vemos es el dicho, "uno siembra y el otro cosecha."[145] Pero si usted se encuentra con alguien que no ha escuchado el evangelio, que no sabe la diferencia entre lo verdadero y lo falso, es inútil tratar de exigirle una decisión de inmediato. Quizá le podría llevar a una crisis psicológica, pero nunca se salvará. Lo que tenemos que hacer es tomar tiempo con él, formar una amistad, caminar junto con él y encontrar el nivel de su entendimiento espiritual. Entonces y sólo entonces podremos presentarle la verdad de Dios en amor. Hay que explicar el evangelio y asegurarse que él lo entienda y que está convencido de su verdad; luego podemos exigirle una respuesta. Hay que ayudarle a arrepentirse y creer hasta que él esté seguro que haya recibido a Cristo y que Cristo haya recibido a él. Debemos acompañarle en cada paso confiando que Dios está obrando en él. Y aunque el proceso sea muy lento, debemos recordar que Dios está obrando a su tiempo. La paciencia verifica el amor al prójimo y la fe en Dios. Si no queremos tener paciencia, no podemos esperar que Dios bendiga nuestros esfuerzos de ganar almas.

---

[145] Juan 4:37.

¿De dónde viene esta paciencia tan necesaria para la tarea evangelística? Proviene del conocimiento que Dios es soberano en Su gracia y que Su palabra nunca vuelve vacía. Él nos da las oportunidades que tenemos para compartir el evangelio y Él es capaz de iluminar y salvar a todos los oyentes de nuestros testimonios. Dios a veces nos prueba de esta manera. Dejó que Abraham esperara veinticinco años por el nacimiento de su hijo, así también nos deja a nosotros esperando las cosas que añoramos, como la conversión de amigos y familiares. Necesitamos paciencia si hemos de ayudar a otros llegar a la fe salvadora. Esta paciencia la podemos desarrollar si aprendemos a vivir en términos de la soberanía libre y misericordiosa de Dios.

(c) Finalmente, esta confianza nos debe conducir a la *oración*.

La oración, como habíamos dicho anteriormente, es una confesión de la impotencia y la necesidad, un reconocimiento del desamparo y la dependencia, una convocación al Dios todopoderoso para que Él haga lo que nosotros somos incapaces de hacer. En cuanto al evangelismo somos impotentes; dependemos totalmente de Dios, pues es sólo con un corazón nuevo que el hombre puede entender nuestras predicaciones y nacer de nuevo. Estos hechos nos deben conducir a la oración. Que nos conduzcan es el propósito de Dios. Dios quiere que, en este asunto como en otros, confesemos nuestra propia impotencia, que le digamos que es Él en quien confiamos y que le pedimos que glorifique a Sí mismo. Es muy común que Dios no bendiga a los siervos que no oran. "Codiciáis, y no tenéis; matáis y ardéis de envidia, y no podéis alcanzar; combatís y guerreáis, y no tenéis lo que deseáis, porque no pedís."[146]; "Pedid, y se os dará; buscad, y hallaréis; llamad, y se os abrirá. Porque cualquiera que pide,

---

[146] Santiago 4:2.

recibe; y el que busca, halla; y al que llama, se abrirá."[147] Pero si no pedimos, no recibiremos. Ésta es la regla universal tanto en el evangelismo como en la vida. Dios nos obliga a orar antes de bendecir nuestra obra para que no olvidemos que es Él el que hace todo. Y cuando al fin veamos almas convertidas no seremos tentados a glorificar nuestros propios dones, talentos, conocimientos o persuasión, sino glorificaremos a Él y sólo a Él.

El conocimiento de la gracia soberana de Dios y la impotencia humana para ganar almas nos debe conducir a una oración incesante. ¿Qué debe ser el contenido de nuestras oraciones? Debemos orar por aquellos quienes pensamos ganar; debemos orar que el Espíritu Santo les abra el corazón; debemos orar por nuestro propio ministerio, y por todos los que predican el evangelio; debemos orar que el poder y la autoridad del Espíritu Santo sean con nosotros cuando predicamos. Pablo dice a los tesalonicenses, "Resta, hermanos, que oréis por nosotros, que la palabra de Dios corra y sea glorificada así como entre vosotros."[148] Pablo era un evangelista muy fructuoso, pero él sabía que cada partícula de su fruto venía directamente de Dios. También sabía que si Dios dejaba de obrar en él o en sus oyentes, no podría ganar ni siquiera un alma más. Por lo tanto, ruega por las oraciones de sus hermanos para que su ministerio siga siendo fructuoso. Oren, dice él, para que la Palabra del evangelio sea glorificada por medio de mis predicaciones y del efecto que tiene en las vidas del hombre. Oren para que sea usada para convertir a los pecadores. Pablo sabía que esta petición era una de urgencia, porque sabía que la predicación sin la misericordia soberana de Dios no puede salvar a nadie. Fíjense que Pablo no dice que como Dios es soberano la oración es inútil; al contrario, como la

---

[147] Mateo 7:7–8.

[148] 2 Tesalonicenses 3:1.

salvación de pecadores depende totalmente de Dios, la oración por la fecundidad del ministerio evangelístico es un elemento necesario. Y los cristianos en nuestros días que creen, como Pablo, en la soberanía total de Dios y que sólo esa soberanía puede salvar a los pecadores, deben atestiguar lo antedicho por medio de oraciones constantes, fieles y serias por la bendición de Dios en la predicación de Su Palabra, y que por medio de ella los pecadores podrán ser salvos. Ésta es la última implicación de la gracia soberana de Dios en el evangelismo.

Anteriormente, dijimos que la doctrina de la soberanía no disminuye los términos de nuestra comisión evangelística. Ahora podemos ver que, en vez de disminuirlos, los aumenta. Pues nos muestra las dos caras de la comisión evangelística. Es una comisión no sólo a predicar, sino también a orar; no sólo de hablar de Dios al hombre, sino también de hablar del hombre a Dios. La predicación y la oración van juntas; nuestro evangelismo no será correcto ni bendecido si estas dos no van juntas. Hemos de predicar porque sin conocimiento del evangelio ningún hombre será salvo. Hemos de orar porque sólo la soberanía del Espíritu Santo en nosotros y en los corazones del hombre puede dar eficacia a nuestra predicación, y Dios no manda a Su Espíritu donde no hay oración. Los evangélicos de hoy en día están reformando sus métodos de la predicación evangelística y no hay nada de malo en eso. Pero eso nunca dará fruto en nuestra obra evangelística si Dios no está reformando nuestras oraciones y derramando sobre nosotros un nuevo sentido de plegaria por el evangelismo. Sólo podemos salir adelante en el evangelismo cuando hemos aprendido de nuevo a proclamar a nuestro Señor y Su evangelio en público y en privado, en la predicación y en la conversación, con audacia, paciencia, poder, autoridad y amor. También tenemos que aprender de nuevo la necesidad de la oración humilde e importuna por la bendición de nuestra obra. Cuando se haya dicho todo lo que se puede decir acerca de los métodos evangelísticos, la única manera de avanzar sigue siendo ésta. Si no hallamos este camino, seguiremos perdidos. Es tan fácil —y difícil— como eso.

Ya la rueda de nuestro argumento ha dado la vuelta entera. Comenzamos sugiriendo que la práctica de la oración es una prueba positiva de la soberanía de Dios. Y terminamos sugiriendo que la fe en la soberanía de Dios es el motivo de nuestras oraciones.

Ahora cuando alguien nos sugiere que la fe en la soberanía de Dios contradice el evangelismo, podemos decirle que él no ha entendido el significado de la soberanía divina. La soberanía de Dios no es sólo la base del evangelismo, sino es también el sostén del evangelista, pues da la esperanza del éxito que de otra manera sería imposible; nos enseña que la oración y la predicación son inseparables; nos da audacia y confianza frente al hombre, y humildad y súplica frente a Dios. ¿No debe ser así? No diríamos que el hombre no puede evangelizar sin esta doctrina, pero sí sugerimos que creyéndola podrá evangelizar mejor.

Segunda Parte

Estrategias de Evangelización Para la Iglesia Contemporánea

Panorama General

Evangelización Presencial

A. ¿Qué se entiende por Evangelización presencial?

B. Jesús fue el más grande estratega para ganar almas perdidas

C. Siete estrategias útiles en la evangelización presencial

    1. Hacer presencia en momentos de calamidades:

        a). En momentos de enfermedades

        b). Hacer presencia en momentos luctuosos

        c). Dar auxilio en medio de una tragedia

        d). En un problema delictivo del miembro de una familia inconversa

    2. Hacer presencia en fechas natalicias con tarjetas de felicitaciones

        a). En el nacimiento de un (a) familia no creyente

        b). Una tarjeta de felicitaciones para una quinceañera

        c). Una tarjeta de felicitación a los profesores y directivos de Educación

    3. Tarjetas de felicitaciones en fechas especiales del año

        a). Para Directores de Escuelas públicas y privadas

        b). Para las autoridades civiles y militares de la comunidad

        c). Hospitales y Centros de Salud públicas y privadas

        d). Para Jefes de Bomberos, Cruz Roja y Defensa Civil

       e). Para los Directivos de las Juntas de Vecinos

D. La evangelización presencial como medio para lograr un fin

    1. Con esta acción se procura ganar la simpatía de la comunidad

    2. Hace que la comunidad conozca a la iglesia y viceversa

    3. Abre abanicos de trabajo en la obra de Señor a la feligresía

    4. Abre las puertas de la iglesia a diferentes sectores.[1]

Diferentes Métodos y Formas de Evangelizar

A. No todos los métodos y estrategias resultan igual para todos los lugares

B. Algunos pasos para la presentación del evangelio a las almas

C. Métodos estratégicos de predicación tanto modernos como tradicionales35

    1. Campañas masivas y al aire libre

    2. Cultos al aire libre

Un pliego de orientación sobre los cultos al aire libre:

Número uno: Las personas a participar deben expresarse bien

Número dos: Los coros e himnos deben llevar un mensaje evangelístico

Número tres: El mensaje al aire libre debe ser corto

Número cuatro: No se debe atacar a credos ni a personas religiosas

Número cinco: Hablar en lenguas y danzar, recuerde, no es para esos lugares

    3. La predicación radial, televisada y los medios cibernéticos

    4. La evangelización telefónica

    5. La evangelización usando el correo postal

    6. La evangelización en los hospitales y cárceles

        a). Algunas pautas éticas para los que evangelizan en los hospitales:

---

[1] Silverio Manuel Bello Valenzuela, *Estrategias de Evangelización Para la Iglesia de Hoy* (Silverio Bello, 2012), 3–4.

1. Llevar siempre un mensaje de esperanza a los enfermos
2. Tratar de ser breve en la visita a las personas enfermas
3. A los enfermos trate de hablarles en un tono bajo y pausado
4. Cuando vaya a orar, también use un tono de voz moderado
6. En caso de imponer las manos, hacerlo con mucho cuidado

   b). Las visitas a las Cárceles:
     1. Usar siempre la prudencia y la cordura en estos lugares
     2. Buscar asesoría con los ministerios especializados en estas áreas

7. **El evangelismo personal:**
¿Qué se entiende por evangelismo personal?
   a). Una definición
   b). Formas de hacer evangelismo personal
   c). Es el método que más resultado le ha dado a la iglesia
   d). El evangelismo personal casa por casa debe ser retomado por la iglesia

Preguntas que debemos hacernos en el Evangelismo Personal:
A. ¿Qué es lo que debo hacer?
   1. Una respuesta: Predicar el evangelio a los perdidos
   2. Lo que nos dice la Biblia al respecto
B. ¿Por qué debo predicar el evangelio? Cuatro respuestas
1. Porque el mundo está perdido
   2. Porque el Señor nos manda a predicar el evangelio
   3. Porque hay un plan único de salvación para los perdidos
   4. Porque sobre nosotros pesa la responsabilidad de predicar el evangelio
C. ¿Cómo debemos predicar el evangelio?
   1. Evitar el uso de métodos inapropiados al lugar
   2. Usar el método que mejor se adecue al lugar
   3. Siempre buscar la dirección de Dios

D. ¿Dónde debemos predicar el evangelio?

1. En Jerusalén (Podríamos llamarle misiones domésticas):
   a). Nuestra casa
   b). Nuestra iglesia local
   c). Nuestros vecinos
   d). Cárceles y Hospitales de nuestra comunidad
2. En Judea (También misiones domésticas):
   a). Nuestro entorno social
   b). Compañeros de trabajo
   c). Compañeros de Escuela
3. Samaria (También Misiones Locales):
   a). Las zonas urbanas y rurales de nuestro propio país
   b). Las etnias o pequeñas islas alrededor
4. Hasta lo último de la tierra (Misiones transculturales):
   a). Otras naciones
   b). Los pueblos no alcanzados

Ventajas que nos Ofrece el Evangelismo Personal Casa por Casa:

A. Toda la iglesia puede involucrarse
B. Ayuda a la iglesia a conocer a su entorno social
C. Toda la iglesia puede trabajar
D. Facilita un rápido aumento de la membresía
E. Es el método más antiguo
F. Es uno de los métodos más económicos
G. Algunas estrategias útiles para salir a hacer evangelismo casa por casa:
   1. No olvide de orar antes de salir
   2. El método bíblico es ir de dos en dos
      a). En la Misión de los 70 Jesús los envió de dos en dos
      b). Los discípulos iban por el templo y las casas
      c). Se aconseja salir un varón y una hembra juntos
H. ¿Da resultados la evangelización casa por casa?
¿Es para hoy?

Debemos restaurar la estrategia de evangelización casa por casa

Si los Testigos de Jehová y los Mormones van casa por casa, ¿Por qué nosotros no?

Podemos hacerlo también

Aspectos recomendables en el Evangelismo Personal

A. Se debe tocar el timbre, o la puerta antes de entrar

B. No es ético extender la mano para saludar al entrar a una casa

C. Si lo invitan a entrar, espere que lo manden a sentar

D. Es bueno identificarse al llegar a la casa

E. Procuremos llevar un carnet de identificación visible

F. Evitar el tuteo con personas adultas

G. Usemos siempre las reglas protocolares

H. Nunca debemos hablar en contra de imágenes que hayan en la casa

I. Evitemos atacar a las religiones o líderes religiosos de la persona

J. Cuando andan dos, favor ponerse de acuerdo sobre quién inicia

K. Hay que revisar bien la literatura que se va a usar

J. Trate de ir bien presentable

Una Forma Práctica y Sencilla de usar un Versículo Bíblico en la Evangelización

A. Aprendiendo a usar un versículo bíblico en el evangelismo personal

B. Conociendo el mensaje textual en el evangelismo personal

C. Ejercicios

Apéndice

Ficha No. 1: "Todo hombre Hereda el pecado de Adán" Ver citas

Ficha No. 2: "El pecado Destituyó al Hombre de la Gloria de Dios"

Ficha No. 3: "El Pecado Trajo la Muerte Física y Espiritual

Ficha No. 4: "En Cristo Tenemos el Perdón de Nuestros Pecados

Ficha No. 5: "Jesús es el Único que Puede Perdonar"

Ficha No. 6: "Arrepentimiento es el Requisito Básico Para Alcanzar el Perdón

Ficha No. 7: Hay que Creer en Jesucristo Para Poder ser Salvo

Ficha No. 8: No Importa la Condición de Pecador, Cristo lo Puede Salvar

Ficha No. 9: Acepte a Jesús Ahora, no lo Deje Para Luego

Este material de evangelización nació como un folleto, durante el tiempo en que mi esposa y yo pastoreábamos la iglesia Central de las Asambleas de Dios en la ciudad de Santo Domingo. El Señor bendijo estas estrategias de igle-crecimiento aplicadas durante nuestra estadía de pastoreo en aquella congregación, de manera tal, que en seis años y medio, la iglesia triplicó su membresía, hasta que tuvimos que ampliar el templo. Por su importancia en las estrategias modernas de evangelización, le hemos agregado la sección que lleva por nombre: "Evangelización Presencial".

Dentro de las diferentes asignaturas que he impartido en varios de nuestros Institutos Bíblicos y Seminarios, el evangelismo personal ha sido una de las materias que más me ha fascinado impartir. El material que estamos poniendo en sus manos es el producto, no solamente de las experiencias y teorías de alguien que ha servido en la obra del Señor por muchos años en diferentes áreas del ministerio; es además, el resultado del deseo profundo de alguien que ha querido preparar una herramienta útil de trabajo, para ponerla en las manos de las personas que sienten la profunda pasión de ganar almas para el Señor.

Este material les será de mucho bien a todos los ganadores de almas de nuestras congregaciones, tanto a nuevos como a viejos creyentes. Aunque este Manual no sea exclusivamente para nuevos conversos, sin embargo, a ellos más que nadie, les será de mucha utilidad. Observe esta paradoja: *Son los nuevos creyentes, los que más almas ganan para el Señor en nuestras iglesias locales.* Es por eso que tenemos la gran certeza de que ellos irán a ser los más beneficiados con este material.

Explicación

La predicación del evangelio a toda criatura humana es un mandato ineludible dado por Jesús, no sólo para los discípulos durante los días de su ministerio terrenal, sino también, para todos los creyentes de todos los tiempos y de todos los lugares. En el evangelio según San Marcos, capítulo 16, versículo 15, encontramos el siguiente relato: "...**les dijo: _Id_ por _todo el mundo, y predicad_ el evangelio a toda criatura...**". Del mismo modo, en Mateo 28:19, también Jesús les dio la siguiente ordenanza a sus seguidores: "**Por tanto, _id y haced discípulo a todas las naciones_...**". En ambos pasajes quedó instituida divinamente la ordenanza de nuestro Señor Jesucristo sobre la ineludible responsabilidad que tenemos los miembros de la iglesia cristiana de la evangelización del mundo. A este mandato divino se le conoce como "**la Gran Comisión**". En sentido general, es una responsabilidad de la iglesia cristiana como institución divina, y un compromiso de cada creyente de manera individual.

Según la Gran Comisión, en el programa de la evangelización al mundo para alcanzar a los perdidos, cada miembro de la bendita Trinidad tiene una función super especial. Sobre este particular, nos dice el escritor R. B. Kuiper: "**el evangelismo tiene sus raíces en la eternidad; según ese plan, Dios el Padre tenía que enviar a su Hijo al mundo para redimirlo; el Dios Hijo vendría voluntariamente al mundo para ganar la salvación de los perdidos por su obediencia hasta la muerte; y Dios el Espíritu Santo, aplicaría la salvación a los pecadores, trayendo a ellos la gracia salvadora**"[1].

---

[1] Kuiper, R. B., Evangelismo Teo-Céntrico, página 13, Editorial TELL, Grand Rapds, Michigan, U. S. A.

El evangelismo personal se define como "la acción de proclamar el evangelio de salvación a los perdidos por parte de los creyentes regenerados, a fin de que acepten a Jesucristo como único y suficiente salvador de sus vidas". Los creyentes que no se ocupan de predicar el evangelio a los perdidos, dan indicio de una grave falta de pasión por las almas que andan sin salvación. Dicha indiferencia, ante los ojos del Salvador del mundo, es vista como un grave "**pecado de omisión**". Fue el amor por las almas perdidas lo que movió al apóstol Pablo a gritar con profundo llanto: "... **¡Ay de mí si no anunciare el evangelio!**" (1 Cor. 9:16).

La mayor parte de los manuales de éxitos en materia de igle-crecimiento son breves, claros y sencillos. Las principales razones estriban en que la mayoría de los miembros en nuestras congregaciones, por estar tan ocupados en sus múltiples quehaceres, no cuentan con mucho tiempo para estudiar manuales amplios y complejos.

La otra razón es que, casi siempre, la mayor parte de la membresía que más se involucra en la acción de ganar a otros para el Señor, son los nuevos creyentes, por lo tanto, hay que poner en sus manos métodos y estrategias claras, breves y sencillas, que los instruya bien para hacer mejor el trabajo. Estas estrategias de evangelización presencial y de evangelismo personal vienen siguiendo esas trayectorias.

Si cada creyente miembro de una congregación se esforzara en ganarse en el año, aunque fuera una sola alma, y se ocupara al mismo tiempo en darle seguimiento hasta la consolidación y estabilización de su fe en Cristo, cada iglesia podría estar duplicando su membresía cada año. Esto es posible lograrlo, es un asunto de disponibilidad, de interés y de pasión por las almas perdidas.

El evangelio es el mismo desde que Cristo fundó su iglesia. Las mismas verdades de ayer son las mismas verdades de hoy; las condiciones espirituales del hombre de ayer, son las mismas condiciones del hombre de hoy; el pecado del hombre de ayer es el mismo pecado del hombre de hoy; sin embargo, en lo que a presentar el evangelio a las almas perdidas de nuestros días se refiere, en nuestros tiempos contamos con mejores recursos, metodologías y estrategias, que con los (as) que contaban los creyentes del ayer. Por tales razones, la gente de hoy es más exigente que la gente de ayer. Es por eso, que los medios de llegarse hacia ellos, deben responder a las necesidades del momento. Estas son verdades que no hay que discutirlas.

Presentamos aquí, algunas metodologías y estrategias de evangelización, que en una forma práctica, breve y sencilla, puede muy bien ser usadas como herramienta de trabajo por todos (as) aquellos (as) creyentes que sientan profunda pasión por ganar almas para Cristo a través de la evangelización personal y casa por casa.

Este libro puede ser empleado como material de apoyo para entrenar, tanto a la congregación en sentido general, como para preparar congresos y seminarios de capacitación sobre estrategias de igle-crecimiento; y muy en especial, sobre evangelización personal.

De seguro que quienes pongan en práctica las estrategias de evangelización presencial que estamos presentando aquí, no solamente les servirán como medio para darse a conocer en su comunidad, sino que además, sus iglesias, crecerán porque crecerán. ¿Quieren ver sus resultados? ¿Sí? Bien, les animamos a ponerlas en práctica desde ya.

La Evangelización Presencial

He aquí, una importantísima llave que abre puertas a la predicación del evangelio en forma indirecta. La iglesia que se empeña en ayudar a suplir, cuantas necesidades sean posibles en su comunidad, es una iglesia que fácilmente se le abren las puertas de los hogares de su entorno social, para entrar con el mensaje de salvación.

A. ¿Qué se entiende por evangelización presencial?

Estamos usando el nombre de Evangelización Presencial para referirnos al método estratégico de evangelización por medio del cual, la iglesia hace presencia en todo su entorno social a través de sus miembros. En este orden, la iglesia usa ciertas estrategias para acercarse a las familias inconversas, a las instituciones, ya sean públicas o privadas. Procura del mismo modo, entrar en contacto con la comunidad misma, visitando a un enfermo, ayudando a alguien necesitado, consolando a los dolientes tras la muerte de algún pariente, brindando servicio ante una tragedia. Procura hacer presencia dando reconocimiento a las personalidades públicas y privadas de su entorno en fechas u ocasiones especiales, entre otras actividades.

B. Jesús fue el más grande estratega en ganar almas perdidas

En ese particular, Jesús es nuestro ejemplo para llevar el evangelio de salvación usando estrategias adecuadas para acercarse a las almas perdidas. Él aprovechó diferentes ocasiones y variadas circunstancias adversas dentro del entorno social en que se movía. En sus jornadas de predicación, nuestro Señor, en donde quiera que llegaba aprovechaba cuantas oportunidades propicias se le presentaron para socorrer múltiples necesidades de la gente y para hacer milagros y maravillas a favor de quienes estaban en apuros. En ese mismo orden, luego de socorrerlos, les daba el mensaje de salvación, aprovechando las necesidades físicas, emocionales y espirituales que ellos tenían. Esas estrategias empleadas por nuestro divino Maestro para llevar el mensaje a los perdidos, aparentemente fue lo que motivó a la escritora

Luisa Jeter de Walker, para escribir en su libro titulado, "**Evangelismo Para Hoy**", **los cinco principios establecidos por Jesús para predicar el evangelio del reino**. Según ella, hay que: "**1- Ir a donde está la gente, 2- Usar toda oportunidad para dar el evangelio a la gente, 3- Usar el mejor método que se adapte a la necesidad de la gente, 4- Usar el equipo con que dispongamos, y 5- Usar las facilidades que tengamos a mano**"[2]. Estos cinco pasos pueden muy bien servir de guía para alguien interesado en ganar almas para Cristo a través del evangelismo personal, usando estrategias sabias para llegar a la gente.

C. Siete estrategias útiles en la evangelización presencial:

1. Hacer presencia en momentos de calamidades

a). En un momento de enfermedad

Digamos, que alguna familia inconversa que vive cerca de la iglesia, o que vive cerca de algún miembro de la iglesia, se le enferma de gravedad un pariente cercano, esa situación adversa debe ser aprovechada para hacer presencia a través un comité especializado de visitación para personas enfermas no creyentes de la comunidad. Como estrategia de evangelización, podrían seguirse los siguientes instructivos:

Primero: Al llegar a la casa, las personas deben identificarse a esa familia, como enviadas por la congregación, para brindarles

---

[2] Jeter de Walker, Luisa, **Evangelismo Para Hoy, Editorial Vida, página 7**

apoyo espiritual y emocional al (la) enfermo (a), como así también a los familiares.

Segundo: Quienes visitan al (la) enfermo (a) no deben en la primera visita hacerle llamamiento a esa persona para que convierta, ni tampoco a los familiares. Deben mostrar primeramente, su interés en que el (la) enfermo (a) sea recuperado (a) de su enfermedad. Recuerde que es una estrategia de evangelización. Ahora bien, si se está muriendo, haga todo lo posible para darle el mensaje de salvación; haga todo lo posible para que no se vaya sin Cristo.

Tercero: Debe motivar a la persona enferma a creer en el poder de Dios y en su Palabra; debe motivarla a creer en el poder de la oración. Ore con ella si ésta lo desea, si no quiere, no se preocupe, mejor haga una oración en silencio. Pero recuerde, casi todas las personas enfermas o en apuro, piden oración.

Cuarto: Muéstrele amor y compasión al enfermo. Llévele aliento y fortaleza, tanto al convaleciente como a los parientes de este(a).

Quinto: Si es una persona muy necesitada, comuníqueselo al (la) pastor (a), para que la iglesia, si puede, le ayude económicamente en algo.

¿Cuál cree usted que será la reacción de la familia de la persona enferma hacia la iglesia desde ahí en adelante? De seguro que más tarde, cuando alguien de la iglesia se aparezca llevando el evangelio casa por casa, aunque sea por vergüenza, le prestarán atención. El trabajo presencial de la congregación para con ese (a) enfermo (a) y con ese hogar, de seguro que abrirá las puertas a la predicación del evangelio.

b).Hacer presencia en momentos luctuosos:

La muerte de una persona en el seno de una familia inconversa que viva cerca de la iglesia, o cerca de algún miembro de ésta, es una oportunidad propicia para hacer presencia con un mensaje de consolación.

A continuación, algunos instructivos sugeridos:

Primero: El comité de evangelismo, o algún otro equipo especializado de la congregación, puede hacer presencia en ese hogar en nombre de la iglesia llevándole una tarjeta de condolencia. Si hay la posibilidad, como medio estratégico, se le puede llevar a la funeraria una corona de flores conteniendo el nombre de la iglesia; o en su defecto, si es una familia muy pobre, se le podría dar una ofrenda para ayudarle a cubrir los gastos de la funeraria.

Segundo: Después de darle sepultura a la persona fallecida, el vacío físico y emocional que comienza a sentirse en el seno de esa familia, es muy deprimente. El equipo especializado de evangelismo debe estar visitando ese núcleo familiar, aunque sea durante los quince días subsiguientes al fallecimiento de la persona, a fin de alentar y consolar a los dolientes. La oración y la lectura de la Palabra de Dios en ese hogar, aparte de la fortaleza emocional que pueden recibir los deudos, puede ser un medio para que ellos reciban a Jesucristo como único salvador de sus vidas.

c). Dar auxilio en medio de una tragedia:

En medio de cualquier tipo de tragedia que suceda dentro del entorno de la iglesia, ésta puede hacer presencia, uniéndose a las unidades de rescate de los Bomberos, de la Cruz Roja, de la Defensa Civil, o de otras instituciones afines.

Con mucha frecuencia en nuestros países somos azotados por fenómenos naturales, tales como huracanes, inundaciones, terremotos y tornados. Muy a menudo surgen accidentes catastróficos en nuestras comunidades, tales como incendios forestales, fuegos en casas, en fábricas, en establecimientos comerciales. Surgen también, brotes epidémicos de tiempo en tiempo; todas estas situaciones adversas deben ser aprovechadas por la iglesia para demostrar de manera práctica el amor de Dios al prójimo. Es una manera maravillosa de predicar el evangelio de manera práctica.

La congregación puede prestar sus servicios a través de los exploradores del Rey, si es que tiene ese cuerpo de servicio organizado, o por medio de otros equipos organizados para el servicio comunitario.

d). Hacer presencia en algún problema delictivo de un (a) hijo (a) de una familia inconversa

Si un (a) joven, hijo (a) de alguna familia de comunidad está en problemas, y cae preso (a), o es recluido (a) en un centro de rehabilitación de adictos (as), es una ocasión muy apropiada para que un equipo de jóvenes de la iglesia se disponga a visitar al hogar de los padres de esa persona, con la finalidad de ofrecerle ayudas en el conflicto. El equipo de evangelización especializada les solicitará a los parientes que les permitan visitar al joven o a la joven, sea en el hogar o al lugar en donde está recluido (a), a fin de ofrecerle consejo, apoyo y orientación tanto emocional como espiritual.

Es muy difícil que esos padres o tutores rechacen la ayuda ofrecida a su hijo o hija por parte de los jóvenes de la iglesia.

2. Hacer presencia en fechas natalicias

a). En el nacimiento de un (a) niño (a) en el seno de una familia inconversa

Esta actividad consiste en que, cuando nace un niño o niña en el seno de una familia inconversa en la comunidad en donde existe la iglesia, un equipo de la congregación, entrenado para tales fines, le lleva una tarjeta de felicitación junto a un ramos de flores a los progenitores de esa criatura. A esa tarjeta de felicitaciones se le debe agregar un corto mensaje, en donde se les haga saber a los padres la disposición de la iglesia para orar por ellos y por la criatura recién nacida.

La tarjeta de felicitación debe contener además, la dirección y los teléfonos de la congregación y los nombres de los pastores. Ninguna madre, ningún padre, por incrédulos que éstos sean, van a rechazar la presencia de una delegación de la iglesia que se le aparezca en su hogar con un ramo de flores o con una tarjeta de felicitación por motivo de la nueva criatura que ha llegado al seno de esa familia. De seguro que esa cortesía de la iglesia, como una estrategia de tocar y abrir puertas para la predicación del evangelio en esa comunidad, dará resultados muy positivos. Sólo hay ponerlo en práctica.

b). Una tarjeta de felicitación para una quinceañera

En la mayoría de nuestros círculos sociales, cuando una adolescente cumple sus quince años, sus familiares y amigos le hacen una celebración tan super especial, que casi se asemeja a la de una boda. Es una oportunidad muy apropiada para que la iglesia nombre una comisión de jóvenes y adolescentes para llevarle a la quinceañera una tarjeta de felicitación por esa fecha natalicia tan especial, tanto para ella como para sus padres.

En la tarjeta, aparte de la felicitación para la cumpleañera, debe contener también, un corto mensaje de felicitación para sus progenitores. Se debe dejar manifiesto el buen deseo y el interés que la iglesia tiene de orar, tanto por la festejada como por los demás miembros de la familia. En la tarjeta se debe incluir la dirección de la iglesia, sus números telefónicos, correos electrónicos los nombres de los pastores.

c). Tarjeta de cumpleaños a los directivos de educación secular

Sigamos los siguientes instructivos:

Primero: En el día de cumpleaños de los (as) directores (as) de las escuelas públicas o privadas, en donde estudian los niños, niñas y adolescentes miembros de la iglesia, es una gran oportunidad para que se forme una comisión integrada por los mismos estudiantes de la congregación que estudian en esos centros educativos, para que en nombre de la iglesia se le entregue, ya sea un ramo de flores, o una tarjeta de felicitación a esos (as) directores (as).

Segundo: La tarjeta debe contener un corto mensaje, en donde, aparte de las felicitaciones a esas personalidades, la iglesia les exprese sus agradecimientos por la alta cuota de sacrificio que ellos (as) como educadores (as) están aportando a favor de la superación de esos educandos, miembro de la congregación, como así también, por todos los demás alumnos (as) de esa comunidad.

Tercero: Lo mismo se debe hacer en esos centros educativos, con los profesores y profesoras de los estudiantes, miembros de la iglesia, cuando cumplan años algunos (as) de ellos (as). Con esos mismos alumnos, la congregación les envía al aula una tarjeta bien elegante, se las entregará en presencia de los demás estudiantes.

De seguro que esas autoridades y profesores, aparte de sentirse reconocidos y halagados por la iglesia, van a tener un concepto muy favorable de la misma.

3. Las fechas especiales del año y las autoridades públicas y privadas

De esta forma, la iglesia aprovechar las fechas especiales de Navidad y Año Nuevo, para enviar una tarjeta con un mensaje de felicitación a cada una de las autoridades, tanto públicas como privadas de su comunidad. Pueden estar incluidos los Senadores, los Diputados, los Síndicos, los Bomberos, la Guardia, la Policía. El mismo envío se hará a los Directores del Hospital, a los (as) presidentes (as) de Juntas de Vecinos y a los (as) presidentes (as) de los principales clubes, entre otros. No estaría mal tomar en cuenta aún, a las autoridades religiosas del pueblo, y cuantas otras autoridades más sean posibles.

No hay que dudar que cada vez que estas personalidades reciban estos gestos de cordialidad por parte de la iglesia, tales deferencias hacia ellos, no solamente los va a hacer sentir bien, sino que además, los van a motivar a tener una alta apreciación y un gran respeto hacia la congregación. Eso vale mucho para el trabajo social y espiritual de la iglesia en su comunidad.

D. La evangelización presencial como medio para lograr un fin

1. En ambas acciones de evangelización presencial, en las respectivas tarjetas de felicitaciones se deben escribir bien claro, el nombre y dirección de la iglesia; se escribirá también el número telefónico, el correo electrónico y la página Web, si la tiene. Se deben escribir también, los nombres del pastor o los pastores, y el horario de cultos de la congregación. El propósito fundamental de estos métodos estratégicos de evangelización, es ganar la simpatía de las personas de la comunidad, para cuando sean evangelizadas en la visitación casa por casa, sean receptivos al mensaje de la Palabra de Dios llevado por los hermanos de la iglesia.

2. La evangelización presencial como estrategia de iglecrecimiento, deja resultados muy positivos para la iglesia que la lleva a cabo. Hace que la comunidad conozca a la iglesia, y a su vez, que la iglesia conozca a su comunidad.

3. Abre el abanico de participación activa para la congregación que la lleva a cabo, de modo que no deja espacio a la inactividad en ningún miembro de la iglesia.

4. Abre la puerta de la iglesia para que personas de los diferentes estratos sociales se conviertan. Pruébelo, y verá sus resultados.

Diferentes Métodos y Estrategias de Evangelización

A. No todos los métodos y estrategias de evangelización resultan apropiadas del mismo modo para todos los lugares

Existen varios métodos estratégicos de evangelización al alcance de la iglesia del Señor. En verdad, no todos los métodos y estrategias resultan adecuados para todos los lugares. Hay muchos lugares en que el método de evangelización personal casa por casa, se hace absolutamente imposible llevarlo a cabo. Es importante enseñar a los creyentes, diferentes formas de comunicar el evangelio de salvación a las almas perdidas. La capacitación a los que realizan el evangelismo personal asegura mayor porcentaje de éxito en la acción de ganar almas para Cristo. El mismo Jesús, cuando llamó a sus primeros discípulos, puso en su programa de trabajo enseñarlos a ganar almas. Cuando se encontró en el Mar de Galilea con los hermanos Simón (Pedro) y Andrés, les dijo: **"Venid en pos de mí, y os haré pescadores de hombres"** (Mateo 4:19). La expresión "**os haré**", deja bien clara la disposición de nuestro Señor Jesucristo, para enseñarles a sus seguidores diferentes maneras de comunicar el evangelio en forma efectiva.

B. Algunos pasos para guiar a una persona a los pies de Cristo

Uno de los mayores quehaceres del divino Maestro en su programa de enseñanzas durante sus tres años de ministerio terrenal, fue enseñarles a sus discípulos cómo ser pescadores de almas. Muchas escuelas de evangelismo, siguiendo las orientaciones de Jesús, han creado formas y fórmulas de sintetizar la manera de cómo introducir el mensaje de salvación a los perdidos en una manera breve, fácil, clara y sencilla. Por ejemplo, "Roy L. Lyon, en su libro: Evangelismo Según la Gran Comisión", en lo que él llama "**Mano de salvación**", pone de manifiesto los cinco pasos que debe dar un pecador para recibir la salvación; veamos la siguiente gráfica:

A esta mano de salvación, también podemos llamarle: "**Los pasos para guiar a un pecador a los pies de Cristo.** La gráfica muestra los cinco aspectos que debe tomar en cuenta en su énfasis, quien predica el evangelio a las almas perdidas. Teniendo en mente esos pasos para presentar el plan de salvación a los perdidos a través del evangelismo personal, la comunicación de la verdad divina a los perdidos se hace más clara, fácil y exitosa.

C. Métodos estratégicos de predicación tanto modernos como tradicionales:

1. Campañas masivas al aire libre

No pecamos con decir que ésta fue la metodología de predicación que Cristo más usó durante su ministerio terrenal. Las campañas evangelísticas, aparte de ser una buena forma de anunciar el mensaje a los perdidos de manera pública, son además, métodos útiles para la evangelización masiva y para el acercamiento multitudinario de creyentes de diferentes denominaciones, para juntos, alabar a Dios. En las mayorías de campañas, tanto el pueblo inconverso como la multitud de creyentes tienen la oportunidad de ver la manifestación del poder de Dios, haciendo milagros y maravillas, sanando enfermos, liberando cautivos del poder de Satanás, salvándose las almas y bautizando a creyentes con el Espíritu Santo. De hecho, las campañas traen avivamiento.

2. Cultos al aire libre

Los cultos al aire libre han sido una metodología usada por los cristianos evangélicos de todos los tiempos, incluyendo a los creyentes la iglesia primitiva. Este medio de evangelización a través de la historia, le ha sumado cientos de miles de almas salvadas a la iglesia del Señor. Muchas congregaciones todavía siguen usando este medio de predicación en lugares donde no hay impedimentos. Este método nunca se debe desestimar; **primero,** porque es bíblico; y **segundo**, porque hay creyentes en diferentes partes del mundo en donde hay libertad religiosa, que les gusta esta forma de predicación, y si se les quita, los mata la tristeza. Lo que hay que hacer es capacitarlos y proveerles los medios para que lo puedan hacer bien.[3]

A continuación, ofreceremos aquí, un pliego de sugerencias para los (as) hermanos (as) que realizan cultos al aire libre, por las calles y por los parques, o en cualquier otro lugar público:

Número uno: Se debe tener cuidado en la escogencia de las personas que van a dirigir cada parte; estas personas deben tener dominio básico del idioma. Alguien que no se sepa expresar bien en público, puede provocar que los oyentes, en vez de escuchar lo que se le está diciendo, se burlen y se alejen del lugar.

Número dos: En cuanto a la escogencia de los coros o himnos que para cantar, estos deben llevar un mensaje claro y específico para personas no creyentes. Es por tal razón, que los cultos al aire libre deben ser planificados bien antes de salir al lugar. En ese mismo orden, para los cánticos, se debe escoger a personas que cantar bien.

Número tres: El mensaje al aire libre no debe ser extenso. Muchos expertos en estos tipos de cultos al aire libre, recomiendan que en una predicación evangelística al aire libre, el predicador no debe durar más de 25 minutos.

Número cuatro: En los cultos al aire libre se debe evitar en todo momento, atacar a creencias religiosas, o a líderes religiosos; se debe predicar el evangelio de salvación, en forma clara, atractiva y convincente.

Número cinco: En un culto al aire libre, se deben evitar prácticas y expresiones, que en vez de atraer a la gente, la confunda y

---

[3] Consúltese el libro: Evangelismo Según la Gran Comisión", página 201, escrito por Roy L. Lyon, publicado por la Casa Bautista de Publicaciones.

la aleje. Por ejemplo, sabemos que "danzar en el Espíritu y hablar en lenguas, es una acción bíblica; la misma expresa el gozo del Señor obrando en la vida de un creyente, especialmente si es de doctrina Pentecostal. Sin embargo, en un culto al aire libre, esa práctica, en vez de edificar al inconverso, tiende a confundirlo. Pablo dice que, **"los espíritus de los profetas están sujetos a los profetas"** (1 Cor. 14:32). Esa bendecida práctica espiritual tiene su momento y tiene su lugar.

3. Predicación Radial, televisada y los medios cibernéticos

La radio, la Televisión y el Internet han sido medios usados por Dios para entrar a hogares y sitios en todas parte del mundo, en donde la presencia de predicadores no ha podido penetrar. A través de página Web, cientos de miles de iglesias cristianas, emisoras y canales de televisión recorren el globo terráqueo llevando el mensaje de salvación. A través de estas ondas radiales, televisadas y cibernéticas, millones de personas están viendo y escuchando la predicación evangelio de Cristo. Millones de almas han estado siendo salvadas por todas partes por haber escuchado el mensaje y haber recibido a Cristo como salvador de sus vidas.

Para que estos medios sean más eficaces, se debe capacitar y concienciar más a los programadores en las áreas que sean necesarias, para que estos medios de propagación del evangelio sean más efectivos, y podamos lograr mejores resultados.

4. Evangelización telefónica

Cantidades de iglesias y ministerios han estado organizando equipos de personas creyentes para evangelizar a través del teléfono. Valiéndose la Guía Telefónica, los que forman parte en esta acción evangelizadora, seleccionan números telefónicos para llamar a ciertos hogares para darles o dejarles un mini mensaje de la Palabra de Dios. Cientos de vidas han aceptado al Señor como su salvador personal a través de este medio. Se puede organizar el trabajo, ya sea desde la oficina de la iglesia, o desde las casas de los creyentes involucrados en esta estrategia de evangelización. Siempre es bueno hacerlo en horas propicias.

5. Evangelización usando el correo postal

Este consiste en tomar las direcciones postales de ciertos sitios residenciales que son difíciles de accesar, tocando a la puerta. Se deberá usar tratados adecuados, los cuales, se introducirán en un sobre y se enviará a esa residencia usando el correo postal. En ese caso se le puede poner el número telefónico de la iglesia.

6. La predicación en cárceles y hospitales

Gracias a los tantos hermanos y hermanas, que en obediencia a la Palabra de Dios, se dirigen a estos lugares cada vez que las oportunidades se le presentan para llevarles a los enfermos, a los presos y a los que están recibiendo tratamiento, el mensaje de salvación. Miles de creyentes, especialmente jóvenes de nuestras iglesias están usando los diferentes servidores cibernéticos para evangelizar a las almas perdidas. Dios bendiga sus esfuerzos.

a). Aspectos éticos en la predicación en los hospitales

Ofrecemos aquí algunos aspectos éticos que les ayudarán a los hermanos y hermanas que realizan tan importantes trabajo de evangelización en los diferentes centros de salud.

En primer lugar: Procure llevarles a los enfermos un mensaje de aliento, consuelo, fortaleza y esperanza; nunca de juicio ni de condenación. Nunca les hablemos de personas que han muerto de esa misma enfermedad. El estado físico o emocional de la persona enferma puede ser una oportunidad para que ésta piense en su necesidad de salvación.

En segundo lugar: Tratemos de ser breve en nuestra visita a la persona enferma cuando está en el Hospital o Clínica; una persona enferma no puede concentrar su atención por mucho tiempo. En ocasiones, los mismos médicos le prohíben al enfermo la mucha conversación.

En tercer lugar: Procure hablarle al enfermo en un tono de voz bajo y pausado. Esta es una regla propia de muchos centros de salud. Cuando vayamos a orar por la persona enferma, procuremos no alzar la voz de manera tal, que tengan que llamarnos a la atención.

En cuarto lugar: Si llegáremos a poner las manos sobre la persona enferma para orar, procuremos hacerlo en una forma delicada y prudente, evitando apretar, mover o sacudir el cuerpo de ésta. También en algunos centros de salud se les prohíbe a los visitantes tocar con sus manos a ciertos enfermos. No es que no se pongan las manos sobre el enfermo para orar si es posible, es que se tenga cuidado al hacerlo.

b).Las visitas a las cárceles con fines de evangelizar

La visita a las cárceles, con fines de predicar el evangelio, amerita que las personas que realizan este trabajo reciban un entrenamiento adecuado antes de iniciar dicha obra evangelística por primera vez. Es aconsejable orientarse bien con los ministerios especializados en trabajos en las cárceles. Es bueno ir acompañado de personas que tengan ya bastante experiencia en evangelización a los presos.

7. El evangelismo personal

¿Qué es el evangelismo personal?

a). Una definición:

El evangelismo personal, o de persona a persona, es la comunicación del mensaje del evangelio de una manera personal y directa por parte de una persona creyente a una persona inconversa, con el fin de que ésta oiga, entienda y reciba a Jesucristo como salvador de su vida.

b). Formas de hacer evangelismo personal

El evangelismo personal, puede hacerse en la visitación casa por casa puede hacerse a través de la presentación sea, verbal o escrita, del mensaje del evangelio de manera personal y directa a todas aquellas personas inconversas con quienes entremos en contacto. Con el evangelismo personal podemos llevar el mensaje del evangelio a nuestros compañeros de trabajo o de estudios que no conocen al Señor; podemos evangelizar a una persona mientras viajamos en el autobús, en el tren, o por avión; podemos evangelizar a una persona mientras esperamos en una cita médica, o mientras hacemos turno en cualquier oficina, ya sea pública o privada.

c). Ha sido el método que más resultados le ha dado a la iglesia

Ningún método de evangelización a través de la historia de la iglesia ha traído tantas almas a los pies del Señor como el evangelismo personal. En los próximos capítulos estaremos ofreciendo algunas orientaciones sobre las ventajas que nos ofrece esta metodología de predicación. Presentaremos algunos métodos estratégicos útiles, que servirán de mucho provecho en la predicación del evangelio. Veremos además, algunos aspectos éticos que deben ser observados en la comunicación del evangelio de manera personal.

d). El evangelismo personal casa por casa debe ser retomado por la iglesia

Es muy lamentable que esta estrategia de evangelización haya estado siendo tan descuidada por muchas iglesias cristianas en los últimos tiempos. Este fue un método de predicación del evangelio muy usado por la iglesia primitiva.

Cuatro Preguntas que Debemos Hacernos al Pensar en el Evangelismo Personal

Las siguientes preguntas nos conducen a encontrar en la Biblia como Palabra de Dios, las respuestas adecuadas que nos ayudan a entender suficientemente bien, las ineludibles órdenes impuestas por nuestro Señor Jesucristo a su iglesia para que realice la Gran Comisión. Fue un mandato dado por Cristo, tanto a sus discípulos de manera particular, como a la iglesia como institución divina. Es un mandato bíblico que fue útil ayer, es útil hoy, y seguirá siendo útil mañana, hasta que la iglesia sea levantada. A continuación, cuatro preguntas con sus respectivas respuestas, sobre el evangelismo personal:

A. ¿Qué es lo que debo hacer?

La respuesta a esta pregunta es: Predicar el evangelio a los perdidos. El mandato fue dado por nuestro Señor Jesucristo en la Gran Comisión, según ya leímos en Mateo 28:19 y Marcos 16:15. "Id y haced"; "Id y predicad". Fueron imperativos absolutos que nuestro Señor empleó al darles la ordenanza a sus discípulos sobre la gran tarea de proclamar las buenas nuevas de salvación a los perdidos.

Con relación a la predicación del evangelio a los perdidos, Pablo le dice a Timoteo, en el capítulo 4, los versículos uno al dos de su segunda carta: **"Te encarezco delante de Dios y del Señor Jesucristo, que juzgará a los vivos y a los muertos en su** manifestación y en su reino, que prediques la Palabra; que inste a tiempo y fuera de tiempo; redarguye, reprende, exhorta con toda paciencia y doctrina".

El gran predicador Juan Wesley, fundador de la iglesia Metodista, expresó: "**No tienes otra cosa que hacer que salvar almas; por lo tanto, consúmete y sé consumido en esta tarea. Y ve siempre, no sólo a aquellos que te necesitan, sino a aquellos que te necesitan más**".[4]

B. ¿Por qué debo predicar el evangelio?

He aquí, cuatro respuestas a esta pregunta:

1. Debemos predicar el evangelio, porque el mundo está perdido. Pablo lo demuestra en Romanos 3:23, cuando señaló: "**...Por cuanto todos pecaron, y están destituidos de la gloria de Dios**"

2. Debemos predicar el evangelio, porque es un mandato divino dado por nuestro Señor Jesucristo. Nuevamente, léase a Mateo 28:19–20 y Marcos 16:15–16.

3. Debemos predicar el evangelio, porque hay un plan único de salvación para los perdidos. En Hechos 4:12, leemos: "**Y en ningún otro hay salvación; porque no hay otro nombre bajo el cielo, dado a los hombres, en el que podamos ser salvos**". En ese mismo sentir, Pablo declara: "**Porque hay un solo Dios, y un solo mediador entre Dios y los hombres, Jesucristo hombre**" (1 Timoteo 2:5).

4. Por último, debemos predicar el evangelio, porque sobre los hombros de los creyentes en Cristo pesa la responsabilidad de comunicar el mensaje de salvación los perdidos. El apóstol

---

[4] Vila, Samuel, Citas Morales y Religiosas, página 172, Ed. CLIE

Pablo dice, en Romanos 10:13–15: "**Porque todo aquel que invocare el nombre del Señor, será salvo. ¿Cómo, pues, invocarán a aquel en el cual no han creído? ¿Y cómo creerán en aquel de quien no han oído? ¿Y cómo oirán sin haber quien les predique? ¿Y cómo irán si no fueren enviados?**".

La tercera pregunta pone un tremendo peso de responsabilidad sobre los hombros de cada creyente en particular. La cuarta pregunta pone una camisa de fuerza sobre la iglesia como congregación para el envío de misioneros, y mensajeros para buscar las almas perdidas. Ir y enviar son dos verbos que se interrelacionan muy estrechamente en la actividad de ganar almas para Cristo. La persona va, pero la iglesia la envía.

Salomón dijo: "**El fruto del justo es árbol de vida; y el que gana almas es sabio**" (Prov. 11:30)

C. ¿Cómo debo predicar el evangelio?

Esta pregunta nos lleva a pensar directamente en los diferentes métodos estratégicos de comunicar el evangelio a los perdidos. Según ya hemos visto anteriormente, hay muchas formas de predicarles el evangelio a las almas que no conocen al Señor. En algunas zonas se hace fácil ir casa por casa; en otras es imposible, por los sistemas de seguridad y controles que tienen sus moradores. Pero siempre habrá una puerta que Dios abrirá para que el mensaje de salvación llegue a los que no tienen salvación. Nuestra responsabilidad como mensajeros de Cristo es, buscar la puerta adecuada para entrar y llevar el mensaje del evangelio a los perdidos.

D. ¿Dónde debo predicar el evangelio?

El mismo Jesucristo dio la respuesta cuando les señaló a sus discípulos los campos de acción en los que debían ir, en Hechos 1:8, les dijo:

"Y me seréis testigos en Jerusalén, en Judea, en Samaria y hasta lo último de la tierra".

Usando como figura retórica la "antonomasia", nos vamos a tomar la libertad de hacer las siguientes interpretaciones a este pasaje de las Escrituras, para aplicarlo de manera práctica y actualizada a nuestra realidad actual:

1. Qué es "Jerusalén" para nosotros hoy

Representa las zonas territoriales más cercanas a nosotros, las cuales debemos alcanzar a los perdidos con el mensaje de salvación; estas zonas son, a saber:

a). Nuestra casa

Cada creyente debe procurar, sin escatimar esfuerzos, evangelizar a todos sus familiares inconversos a fin de ganarlos para el Señor. Pablo le dijo al carcelero de Filipo: **"Cree en el Señor Jesucristo, y serás salvo tú y tu casa"** (Hechos 16:31). No es que ésta sea una promesa que garantiza que una vez se convierte una persona a Cristo en un hogar, todos los demás, automáticamente van a convertirse y ser salvos. Pero sí, es una puerta de salvación que se abre para toda la familia a través de la primera persona que se convierta de ese núcleo familiar. Nadie mejor que ese miembro convertido en el seno de esa familia tiene mejor posibilidad que él para alcanzar a los demás miembros para el Señor.

b). Nuestra iglesia

Cada creyente, miembro de una iglesia, debe con su testimonio ejemplar, edificar la fe de los demás miembros de su congregación, especialmente de los nuevos creyentes. Debe además, involucrarse activamente en el Comité de Evangelización Local de su iglesia, para alcanzar a las almas perdidas de su comunidad.

c). Nuestros vecinos alrededor de nuestra casa:

Si cada creyente se ocupara de testificar de Cristo a los vecinos de su casa, es decir, evangelizar casa por casa a los que viven más cerca de él o de ella, menos inconversos habría en el mundo, y por ende, hubiera más personas salvadas.

d).   Las cárceles y hospitales de nuestra comunidad

Las cárceles, los Hospitales y los centros de rehabilitación de nuestra comunidad, son lugares estratégicos para que la iglesia los visite con el mensaje de fe, de amor, de esperanza y de salvación. Cada congregación debe entrenar y preparar equipos de evangelización especializados para usar las diferentes estrategias para visitar esos centros de salud tanto públicos como privados, para llevarles a los pacientes el mensaje de salvación y vida eterna.

2. Nuestra de nuestra "Judea" para nosotros hoy día

a). Los barrios, villas y campos del pueblo en donde vivimos

Nuestra Judea está representada por las urbanizaciones, barrios, villas y campos cercanos pertenecientes al pueblo o provincia en donde vivimos. Cada creyente debe esforzarse por evangelizar esos lugares, esa es una de las tareas principales de la iglesia.

Ésta debe usar la estrategia de evangelización que mejor se adecue.

b).Nuestros compañeros de trabajo:

No debe existir una oficina, negocio o empresa en donde trabaje un creyente, que quede una sola persona que no sea evangelizada por ese o esa creyente.

Las horas de almuerzo deben ser muy bien aprovechadas para testificarles de Cristo a nuestros compañeros y compañeras de trabajo.

c). Nuestros compañeros de escuela

Colegio o Universidad: Nuestros compañeros de estudios, y aún nuestros profesores, deben ser alcanzados con el mensaje del evangelio, predicado por nosotros mismos.

e). Nuestros compañeros de viaje:

Mientras viajamos de un lugar a otro, sea por avión, por bus, por carro o por tren, debemos aprovechar esas oportunidades para testificarles de Cristo a nuestros (as) compañeros (as) de viaje. En esos casos, es bueno proveerse de tratados adecuados, con la finalidad de poner en las manos de las personas un buen mensaje escrito. Un tratado bien escrito y bien presentado, puede muy bien convertirse en un vehículo para conducir a un alma a los pies de Cristo.

3. Nuestra Samaria en el mundo de hoy: Nuestros pueblos vecinos dentro del mismo país

Es una figura representativa de los pueblos vecinos dentro de nuestro propio país. Es responsabilidad de nuestras congregaciones evangélicas evangelizar y plantar iglesias en los pueblos, barrios y campos dentro de nuestro propio territorio nacional.

4. "Lo último de la tierra"

Aquí están representadas las misiones transculturales; es decir, la predicación del evangelio a los países extranjeros, incluyendo las naciones no alcanzadas. En la última parte del versículo 8 del capítulo 1 del libros de los Hechos, Jesús les dijo a sus discípulos: **"...y me seréis testigos... hasta lo último de la tierra".**

Esto comprende, la responsabilidad que tiene la iglesia por mandato del Señor, de enviar misioneros (as) a los diferentes países y continentes lejanos para anunciar el mensaje de salvación a los perdidos. Este mandato incluye a los países no alcanzados.

En esa dirección, el escritor Roy L. Lyon dice: **"Esta generación de creyentes tiene que evangelizar a esta generación de inconversos, de lo contrario, el mundo perecerá igualmente"[5].**

Ventajas que nos Ofrece el Evangelismo Personal

A. Toda la iglesia puede involucrarse

A la mayoría de la membresía le gusta hacer ese trabajo. Es una buena oportunidad que debe ser aprovechada por el Ministerio de evangelismo de la iglesia local. Se puede organizar equipos de evangelización para ir por las calles, los parques, las escuelas, y

---

[5] Evangelismo Según la Gran Comisión, CBP, página 36.

por cuantos lugares públicos y privados sea necesario, a predicar el evangelio a las almas perdidas.

B. El evangelismo personal le ofrece a la iglesia la oportunidad de ponerse en contacto con todo su entorno social. Igualmente, hace que la comunidad y todo su entorno social conozcan a la iglesia.

En el trabajo del evangelismo casa por casa, es muy recomendable que las personas que realicen tales labores vayan provistos cada quien con sus respectivos carnets de identificación, preparados por el Ministerio de Evangelismo de la iglesia local, para tales fines. Recordemos que por los tantos sospechosos y maleantes que andan por las calles, la gente teme abrir sus puertas a desconocidos.

C. El evangelismo personal abre el abanico de participación a los diferentes grupos sociales representados en la iglesia; facilita el desarrollo vocacional, y el crecimiento espiritual de la feligresía. En ese trabajo, todo el mundo tiene oportunidad.

D. El evangelismo personal facilita un rápido aumento cuantitativo de la membresía de la iglesia local.

E. Es uno de los métodos de evangelización más antiguo. El evangelismo personal fue una práctica continua de los creyentes de la iglesia primitiva. San Lucas, en Hechos 5:42, señala: "**Y todos los días, en el templo y por las casas, no cesaban de enseñar y predicar a Jesucristo**".

F. El evangelismo personal es uno de los métodos de predicación más económicos, porque no se necesita invertir muchos recursos financieros. No se hace necesaria el empleo de métodos estratégicos sofisticados. Tampoco se hace necesario contar con un personal super especializado técnicamente hablando. Es algo práctico, que produce resultados a corto, mediano y largo plazo. A la gente le gusta lo práctico, también le gusta ver los resultados inmediatos de su trabajo.

G. Algunas estrategias útiles para salir a la evangelización casa por casa:

1. Nunca se olvide orar, pidiendo la dirección y protección de Dios, antes de salir a hacer el trabajo personal. Satanás procurará poner todo obstáculo en el camino para que los mensajeros y mensajeras del Señor no puedan llegar a donde están las almas perdidas para predicarles el evangelio de salvación. Recuerde siempre, que quien convence al pecador **"de pecado, de justicia y de juicio"**, es el Espíritu Santo. (Juan 16:8.).

2. Sobre el equipo de evangelización casa por casa, el método bíblico es ir de dos en dos:

   a). En la Misión de los setenta, Jesús los envió de dos en dos a predicar el evangelio casa por casa (Lucas 10:1–12).

   b). Los creyentes primitivos iban enseñando y predicando el evangelio en el templo, pero también iban casa por casa (Hechos 5:42)

   c). Es aconsejable que para realizar la evangelización personal, vayan un varón y una hembra, siempre que sea posible. La razón fundamental es que a veces, en la casa a donde llegamos suele haber una dama sola; en ese caso, si andan dos varones juntos, es muy difícil que la dama de la casa les abra sus puertas. Esto no es un dogma, es una recomendación; es una estrategia útil en la comunicación del evangelio casa por casa.

H. ¿Da resultados la evangelización personal casa por casa? ¿Es para hoy?

La respuesta a estas preguntas es, sí. Si a los Testigos de Jehová y los Mormones, quienes tienen doctrinas y prácticas que contrastan con las nuestras, les ha estado dando tanto resultado ir casa por casa propagando sus errores, ¿Cuánto más a nosotros, que somos portadores del evangelio de Cristo, no nos va a dar buenos resultados? La iglesia de hoy debe retomar y reforzar con gran ahínco, el método de evangelización casa por casa al igual que como lo hacía la iglesia primitiva.

Aspectos Éticos para la Evangelización Casa por Casa

Algunas observaciones que deben ser tomadas en cuenta al llevar a cabo la evangelización casa por casa:

A. Se debe tocar el timbre, o la puerta primero, y no entrar, hasta que no lo ordene el dueño o dueña de la casa.

B. No es ético extender la mano para saludar al entrar en una casa; si el dueño o dueña de ésta le extiende la mano primero, bienvenido sea, háganlo ustedes también.

C. Si les invitan a entrar, esperen de pie hasta que les manden a sentarse.

D. Luego del saludo, deben identificarse, ofreciendo los siguientes datos: Quiénes son, a qué iglesia pertenecen, y el motivo de la visita. Recuerden que hablamos del carnet de identificación, es bueno llevarlo en una parte visible, fácil de identificar por las personas a quienes estamos visitando.

E. Evítese el tuteo, especialmente si son personas mayores; hay adultos que no les gustan que usen para ellos, el pronombre personal "tú". Eso puede ser una barrera en la comunicación.

F. Al llamar a la persona por su nombre o por su apellido, siempre use las reglas de protocolo. Por ejemplo, si el dueño de la casa nos ha dicho que su nombre es "José, al nombrarlo por su nombre, debemos llamarlo "don José"; si su apellido es "Pérez", y vamos usar sólo su apellido, debemos entonces, llamarlo "señor

Pérez". Las mismas reglas debemos observar con la señora de la casa.

Si es un o una profesional y vamos a usar su título, no debemos usar el título con el nombre solo. Por ejemplo, es incorrecto que lo llame "Dr. José". En ese caso debemos usar el título seguido del apellido, por ejemplo: "Dr. Pérez". Ahora bien podemos usar el título también, seguidos del nombre y el apellido, ejemplo: "Dr. José Pérez.

Muchas personas, al dirigirse a un interlocutor poco conocido, de edad mayor, de cierto respeto o de cierto nivel social, simplemente lo llaman: Pedro, José, Ramón, Elías. Las personas que usan esas expresiones con personas que no son de su confianza, simplemente están dando a conocer su poco conocimiento sobre el trato conversacional con ciertas personalidades según su nivel social. Cuando la persona es de mucha confianza, ahí el asunto puede cambiar. También varía el trato con los y las jóvenes.

Estas son reglas de etiqueta y protocolo que embellecen el trato y las buenas relaciones con las demás personas. Dichas observaciones hace que los demás se sientan bien; demuestra también la buena educación del visitante.

G. Antes de entrar en materia de predicación en la casa en donde estamos visitando para hacer obra personal, la conversación siempre debemos comenzarla con un denominador común, con el cual todos **podamos** estar de acuerdo. Por ejemplo: Si colgando de la pared hay algún cuadro, no importa que sea ídolo, podemos argüir: ¡Qué bueno que ustedes no son como esos ateos, que dicen que no existe Dios! Les felicito por creer que existe Dios. Les puede seguir diciendo: Me gustaría hablarles más de Dios, de sus santos profetas y de sus santos apóstoles.

Nunca se debe comenzar hablando en contra de esos cuadros o de esas imágenes que esa familia tiene en la casa; el hacerlo nos cierra la puerta de la comunicación con ellos.

H. Evitemos comenzar la conversación confrontando a la persona a quien estamos evangelizando, con expresiones tales como: La salvación no se encuentra en María, tampoco en San Pedro, ni en San Santiago, etc., etc.

I. En presencia de las personas a quienes estamos evangelizando no se debe atacar sus creencias, sus instituciones, ni mucho menos, sus líderes religiosos. Esto cierra las puertas del dialogo provechoso.

En la Misión de los Setenta, Jesús les recomendó a sus discípulos lo siguiente: **"En cualquier casa en donde entréis, primeramente decid: Paz sea a esa casa"** (Lucas 10:5).

En Dr. James Crane dijo en una ocasión: **"Debemos ocuparnos siempre en predicar lo positivo del evangelio para que la gente entienda lo negativo de sus vidas"**[6].

J. Hay que ser prudente sobre la hora que se va a escoger para la visita; se debe ser prudente también en el tiempo que se va a durar en ese hogar. Hay horas que son inapropiadas para visitar a un hogar, por ejemplo: las horas de preparación del almuerzo y la hora misma de almorzar; es inapropiada también, la hora de siesta. Siempre es bueno dejar una buena impresión en el lugar visitado, para las puertas queden abiertas para una segunda visitación.

K. Cuando andan dos en la evangelización, antes de entrar en una casa, deben ponerse de acuerdo primero quién irá a introducir la conversación; el que comienza a hablar, debe continuar, sin que la persona acompañante le interrumpa; la otra persona intervendrá sólo en casos necesarios; en tal caso, debe cortésmente pedir permiso.

---

[6] Crane, James D., El Sermón Eficaz, página 69, Ed. CBP.

L. Los nombres, direcciones y números telefónicos de las personas que hagan profesión de fe en los hogares visitados durante la evangelización personal, deberán tomarse con mucha disimulación; a muchas personas no les gusta ofrecerles datos personales a desconocidos.

M. Hay que revisar bien la literatura o tratado que se van a distribuir antes de ponerla en las manos de la gente; cerciórese primero si esa literatura es sana, si es apropiada a la edad y a la capacidad de las personas a quienes vamos a evangelizar.

N. Si la persona desea hacer profesión de fe en ese momento, no es necesario mandarla a que se arrodille, recuerde que no está en el templo, sino como visita en una casa familiar.

Ñ. Recordemos siempre, que la buena presencia deja buena impresión, debemos salir a evangelizar, vestidos adecuadamente; es decir, el corte de pelo debe estar correcto, la ropa bien presentada, la corbata debe estar limpia y con el nudo bien hecho, los zapatos lustrados y las uñas limpias y recortadas, del mismo modo, la dama o joven que nos acompañe, observará las mismas recomendaciones dentro del perfil femenil. Del mismo modo, la dama o joven que nos acompañe observará las mismas recomendaciones dentro del perfil femenil.

Una Forma Sencilla y Práctica de Usar un Versículo Bíblico en la Evangelización

Más adelante, en el apéndice del último capítulo, iremos a encontrar nueve temas, con sus respectivos versículos; para ayudarles a usar esos versículos en la evangelización personal y casa por casa, le estamos ofreciendo algunos instructivos que les servirán de mucho provecho en lo que tiene que ver con el uso y la aplicación de estos versículos en la predicación del evangelio. Es importante seguir las instrucciones; le aseguramos que va a sacar mucho provecho de ellos

La Homilética, que es la materia que tiene que ver con la predicación y sus respectivas normas y metodologías en lo que tiene que ver con la elaboración estructural de sermones, nos presenta tres clasificaciones fundamentales, son a saber, el sermón expositivo, que es aquel que extrae sus principales divisiones del mismo pasaje bíblico que se escoge para la predicación; el sermón temático, que es aquel que sus respectivas divisiones se extraen del tema mismo; y el sermón textual, que es aquel que las principales divisiones del sermón se extraen del texto mismo. En las instrucciones que estaremos ofreciendo más adelante, estaremos usando en nuestra práctica, el sermón textual. El mensaje textual representa una gran bendición para el evangelismo personal, ya que con un solo versículo, se puede dar el mensaje completo de salvación a una persona inconversa:

Hagamos el siguiente ejercicio:

Comencemos con el apéndice número uno, del capítulo VII. Usaremos a Romanos 5:12, que dice: **"Por tanto, como el pecado entró en el mundo por un hombre, y por el pecado la muerte, así la muerte pasó a todos los hombres, por cuanto todos pecaron".**

De este versículo extraemos la siguiente cuatro divisiones:

I. "...El pecado entró en el mundo por un hombre,
II. "... Por el pecado (entró) la muerte,
III. "... Así la muerte pasó a todos los hombres,
IV. "... por cuanto todos pecaron".

Observemos que usando tan sólo esas cuatro divisiones, tenemos mucho material para presentarle el mensaje de salvación a una persona inconversa.

El tema número dos tiene el siguiente título:

"El pecado destituyó al hombre de la gloria de Dios"

El versículo base que estamos usando dice así:

"Por cuanto todos pecaron están destituidos de la gloria de Dios" (Romanos 3:23)

De este versículo extraemos las siguientes tres divisiones generales:

I. "...por cuanto todos pecado..."

II. "... están destituidos

III. "... de la gloria de Dios"

Tomemos en cuanta que todavía en estos dos pasajes se deja a la persona condenada, sin alternativas ningunas de salvación; es por eso que viene el otro versículo del tercer tema del apéndice.

El tercer tema para nuestro ejercicio tiene como título:

"El pecado trajo la muerte física y espiritual".

El versículo clave lo tenemos en Romanos 6:23, que dice:

"Porque la paga del pecado es muerte, más la dádiva de Dios es vida eterna en Cristo Jesús Señor nuestro.

Para este tema, en el mismo versículo encontramos tres divisiones principales:

I. "...la paga del pecado es muerte,"
II. "...la dádiva de Dios en vida eterna.
III. "... en Cristo nuestro Señor

Estas tres divisiones son tan prácticas y tan fáciles de explicar, que no se hace necesario que la persona que está comunicando el mensaje de salvación a una persona inconversa, sea una experta en conocimientos teológicos.

Para terminar con nuestro pliego de sugerencias, vayamos a la ficha número 7 de nuestro apéndice; concluyamos con a Juan 5:24, que dice:

"De cierto, de cierto os digo: El que oye mi palabra, y cree al que me envió, tiene vida eterna; y no vendrá a condenación, más ha pasado de muerte a vida".

El tema de esta ficha dice:

"Hay que creer en Jesucristo para poder ser salvo"

Desde aquí podemos sacar las siguientes divisiones:

I. "De cierto, de cierto os digo: (Tomar en cuenta que quien habla es Jesús)

II. "...el que oye mi palabra..."

III. "...y cree al que me envió..."

IV. "...tiene vida eterna..."

V. "... y no vendrá a condenación..."

VI. "más ha pasado de muerte a vida".

A la persona que estamos evangelizando se le debe hacer una lectura comprensiva del versículo, es decir, se le debe leer el versículo en forma lenta, clara, y comprensiva, haciendo las pausas que amerita el pasaje para que la persona entienda bien lo que se le está leyendo; Luego vine la explicación que ya hemos indicado anteriormente.

Para evangelizar a una persona no hay que mencionarle a la vez, todos estos temas, ni tirarle toda esta ráfaga de versículos juntos. Los ponemos al alcance de nuestros (as) hermanos (as) con la finalidad de poner en sus manos un pliego de materiales con sus respectivas orientaciones, a fin de que les sirvan de herramientas en las diferentes formas de evangelización para que las almas asean ganadas para Cristo.

Apéndice

A continuación, presentamos nueve temas, con sus respectivos versículos escritos, para que sean usados en la evangelización personal. Por favor, estúdielos y apréndaselos de memoria. En estos nueve temas, usted encontrará versículos que se apropian al proceso fundamental de conducir a una persona a los pies de Cristo. Se adecuan muy bien para responder a la mayoría de las interrogantes y evasivas que formulan la mayoría de las personas inconversas relacionadas a la necesidad de salvación.

Recuerde, no tiene que usar todos los temas con sus respectivos pasajes bíblicos en una predicación, son simplemente una guía de orientación que usted debe conocer para poder hacer mejor el trabajo de evangelismo personal o casa por casa.

Cada tema viene colocado dentro de su "ficha" correspondiente. Cada ficha viene con sus respectivos versículos escritos. Si lo desea, puede despegar las fichas del libro para estudiar y memorizar los versículos mientras viaja ya sea por bus, por tren, por avión, o durante espera una cita médica, o en cualquier otro momento de ocio que tenga.

Le comento, que cuando fui estudiante del Seminario Central de las Asambleas de Dios en mi país, en el primer cuatrimestre del primer año, tuve como profesor de evangelismo al mismo Director de dicho Seminario, el misionero Norman Lestarjette; amé tanto esa materia, que me aprendí de memoria casi todos los versículos correspondientes a los respectivos temas. Claro está, el profesor nos lo exigía, y a su vez, hacía frecuentes careos con los estudiantes del aula, a ver quién se aprendía más versículos; yo tuve el privilegio de ganar varios de aquellos careos. De aquella lejana experiencia viene la primera chispa que comenzó a arder en mi corazón para producir este material.

FICHA NÚMERO 1

Tema:

"Todo hombre hereda el pecado de Adán.

Versículo bíblico:

"Por tanto, como el pecado entró en el mundo por un hombre pecado la muerte, así la muerte pasó a todos los hombres, por cua pecaron".

FICHA NÚMERO 2

Tema:

El pecado trajo la muerte física y espiritual.

Versículo:

"Porque la paga del pecado es muerte, más la dádiva de Dios es vi en Cristo Jesús Señor nuestro. (Romanos 6:23)

FICHA NÚMERO 3

Tema:

El pecado destituyó al hombre de la gloria de Dios

Versículo:

"Por cuanto todos pecaron y están destituidos de la gloria de Di nos 3:23)

FICHA NÚMERO 4

Tema:

En Cristo tenemos el perdón de nuestros pecados.

Versículo:

"De cierto, de cierto os digo: El que oye mi palabra, y cree al que tiene vida eterna; y no vendrá a condenación, más ha pasado (vida". (Juan 5:24)

FICHA NÚMERO 5

Tema:

Jesús es el único que puede perdonar.

Versículos:

"Porque de tal manera amó Dios al mundo, que ha dado a su Hijo para que todo aquel que en él cree, no se pierda, más tenga v (Juan 3:16)

"Por lo cual puede también salvar perpetuamente a los que por é a Dios, viviendo siempre para interceder por ellos". (Hebreos 7:2

FICHA NÚMERO 6

Tema:

El arrepentimiento es el requisito básico para alcanzar el perdón

Versículo:

"Así que, arrepentíos y convertíos, para que sean borrados vue dos; para que vengan de la presencia del Señor tiempos de refr chos 3:19)

FICHA NÚMERO 7

Tema:

Hay que creer en Jesucristo para poder ser salvo

Versículos bíblicos:

"**Así que, arrepentíos y convertíos, para que sean borrados vues** **dos; para que vengan de la presencia del Señor tiempos de refrige** cos 16:16)

"**Más Dios muestra su amor para con nosotros, en que siendo aú** **res, Cristo murió por nosotros**". (Romanos 5:8)

"**De cierto, de cierto os digo: El que oye mi palabra, y cree al que** **tiene vida eterna; y no vendrá a condenación, más ha pasado de** **vida**". (Juan. 5:24)

FICHA NÚMERO 8

Tema:

El arrepentimiento es necesario para encontrar el perdón de todo]

Versículos:

"**Porque el Hijo del Hombre vino a buscar y a salvar lo que se ha** **do**". (Lucas 19:10).

"**Venid luego, dice Jehová, y estemos a cuenta: si vuestros pecac** **como la grana, como la nieve serán emblanquecidos; si fueren rojc** **carmesí, vendrán a ser como blanca lana**". (Isaías 1:18)

FICHA NÚMERO 9

Tema:

Acepte a Jesús ahora, no lo deje para luego

Versículos:

"...: En tiempo aceptable te he oído, Y en día de salvación te he so
aquí ahora el tiempo aceptable; he aquí ahora el día de salvaci
6:2)

"Por lo cual, como dice el Espíritu Santo: Si oyereis hoy su voz, 1
cáis vuestros corazones" (Heb. 3:7)

Observe cómo cada uno de estos pasos dirige el mensaje de salvación escalonadamente hasta ayudarle a entender al inconverso el plan salvador Cristo para su vida. Haga un esfuerzo por memorizar los versículos según los temas correspondientes. Este empeño, aparte de ser una bendición para la propia vida de quien lo memoriza, sirve de mucha ayuda en el terreno mismo de la evangelización.

Resumen de la Segunda Parte

Las orientaciones e instructivos que hemos tratado de ofrecer en este material, ha tenido como propósito principal, poner a disposición de nuestras iglesias y fieles creyentes, un material de orientación práctico, sencillo y fácil de entender, que les sea útil en el entrenamiento y preparación de ministerios, grupos y equipos de trabajo, integrado por personas que sientan profunda pasión por ganar almas para Cristo.[7]

---

[7] Vila, Samuel, Citas Morales y Religiosas", página 172, Editorial CLE.

Salvar las almas perdidas debe ser la prioridad máxima de cada iglesia evangélica; esta es la principal razón por la cual Cristo fundó su iglesia como institución divina. La evangelización, fue la principal tarea que nuestro Señor les delegó a sus discípulos en la Gran Comisión. Esa bendita pasión debe ser sembrada, cultivada y motivada en las mentes y los corazones de todos los que forman parte de la iglesia militante de nuestros días. Es muy propicia la ocasión para que concluyamos con lo dicho por F. Lincicome, en su libro, **"Por qué no llega el avivamiento"**, él señala: **"Dios nunca ha tenido el propósito de que su iglesia sea un refrigerador para conservar la piedad de los fieles, sino una incubadora de nuevos convertidos"**[8].

Debemos meditar profundamente en este pensamiento, y dejar que el fuego del Espíritu divino encienda en nuestros corazones la llama de la pasión por las almas. Esta debe ser la mayor ocupación de la iglesia del Señor en estos días, principalmente, siendo que la venida del Señor está tan cerca. Así que, hermanos y hermanas: **Aproveche este material: ¡Y, a ganar almas para Cristo, se ha dicho!**

---

[8] Lincicome, F.: Por qué no llega el Avivamiento, página 36, Editorial Vida

Tercera Parte

La comunicación del evangelio en el siglo XXI

Panorama General

LA COMUNICACIÓN DEL EVANGELIO HOY

a) Comunicación kerigmática

b) La comunicación por medio de la koinonía

c) La comunicación por la diaconía

EL HOMBRE COMO IMAGEN DE DIOS

1. Definición de la imagen de Dios

2. La imagen de Dios en el creyente

3. La imagen de Dios en los no creyentes

4. La imagen de Dios y la evangelización

5. La imagen de Dios y la vocación evangelizadora

6. La posibilidad de completar la imagen

ACTITUD, MÉTODO Y OBJETIVOS DE LA EVANGELIZACIÓN REALIZADA POR JESÚS

I. La actitud de Jesús hacia el pecador y la nuestra

   a) El amor en Jesús

   b) La humildad en Jesús

   c) El respeto de Jesús para con las personas a ser evangelizadas

   d) Nuestra actitud como evangelistas

II. Nuestros métodos de evangelización y el de Jesús

   a) Nuestros métodos de evangelización

   b) La metodología evangelizadora de Jesús

     1. Cómo Jesús evangeliza a sus discípulos

     2. Evangelización tensora en San Juan

     3. Evangelización tensora en los Evangelios Sinópticos

       a. Jesús evangeliza a un ahogado

       b. Jesús evangeliza a los fariseos

       c. Otras entrevistas evangelizadoras

III. Los objetivos de la evangelización

    1. El desafío a marchar hacia el completamiento de la condición humana en Jesucristo

    2. La liberación del pecado y de la muerte

BUENAS NUEVAS A LOS POBRES

1. Los pobres... ¿quiénes son?

2. Los pobres y los ricos en el Antiguo Testamento

3. Pobres y ricos en las enseñanzas de Jesús

4. Los ricos, los pobres y la evangelización

LA EVANGELIZACIÓN Y EL REINO DE DIOS

I. Jesús predica el Reino de Dios

    1. La predicación expositiva de Jesús

    2. Jesús comienza donde la gente está

TENDENCIAS EVANGELÍSTICAS ACTUALES

LA CRUZ EN LA EVANGELIZACIÓN

El PROCESO EVOLUTIVO–INVOLUTIVO Y LA EVANGELIZACIÓN

2) La subcultura hippie
3) La responsabilidad de los adultos
4) La religión hippie
5) ¿Cómo evangelizar a los jóvenes?

3. La evangelización de adultos y ancianos

A) Los adultos

B) Los ancianos

LA EVANGELIZACIÓN TENSORA

I. Definición de la evangelización tensora

A) Como vivencia personal

B) Como metodología

II. Principios generales

A) Dos hipótesis fundamentales de trabajo
  1. El hombre es imagen de Dios
  2. El hombre es un ser pecador

B) Un conjunto de actitudes

C) Algunos principios generales

III. Objetivos

IV. Tipos de evangelización tensora

A) La evangelización de persona a persona

B) La evangelización de persona a grupo

C) La evangelización de grupo a persona

D) Evangelización por la predicación

V. Entrenamiento del laicado para la evangelización

VI. Conclusiones

Con esta sección continuamos una obra planeada en tres volúmenes, los cuales se necesitan y complementan entre sí. Al escribir he pensado en lectores cristianos, por eso no incluimos algunos temas que serían necesarios para un público más amplio.

Esta es una obra introductoria, no pretende agotar los temas que trata, se propone dar una visión panorámica de la teología pastoral en dos campos fundamentales del quehacer de la Iglesia: El asesoramiento pastoral y la evangelización.

Creo que habiendo concluido la colección debo ofrecer al lector un poco de información sobre los lineamientos de esta obra a fin de que pueda ubicarse en su lectura, sobre todo si tiene uno solo de los volúmenes. No voy a hacer un análisis exhaustivo, me limitaré a señalar cinco lineamientos generales que me han servido de base y encuadre en mis reflexiones:

1. **Un estudio del hombre al cual Dios nos llama a servir**. En Psicología Pastoral para todos los Cristianos, el primer volumen dedicamos cuatro capítulos a reflexiones en torno al misterio del ser humano: I – La posibilidad de conocer al hombre, II – La dinámica del inconsciente, III – ¿Cómo conocerme a mí mismo? y IV – ¿Cómo comprender a los demás? En el segundo volumen, Psicología de la Experiencia Religiosa, reflexionamos sobre "lo religioso en el hombre" y trato de dar explicaciones psicológicas a las actitudes supuestamente ateístas. En el tercer volumen el tema del hombre no podía faltar, el capítulo II se refiere a "El hombre como imagen de Dios". Este tema, que tratamos de sistematizar en el volumen III ya ha sido objeto de análisis y reflexión en el segundo volumen, en el índice de términos latinos –pág. 183– se comprueba que el término **Imago Dei**. (imagen de Dios) aparece en 23 páginas. A pesar de haber dedicado seis capítulos al tema antropológico sabemos que no hemos agotado el tema. Pero pienso que el lector tendrá algunos elementos que le serán de utilidad.

2. **Un análisis profundo del mensaje bíblico**. En los tres volúmenes he trabajado con el texto griego del Nuevo Testamento en un intento sincero de ofrecer al lector el mensaje bíblico en toda su pureza y autoridad. Aún en el Vol. I –donde es de suponer que predominen las reflexiones psicológicas– procuramos reflexionar primero sobre el ministerio pastoral de Jesús y de San Pablo, así también nos referimos a la utilización de la Biblia en el asesoramiento pastoral, antes de entrar en el análisis de modernas técnicas de asesoramiento pastoral. Estas nuevas técnicas no tienen mucho que añadir a lo que hemos descubierto en la Biblia. Los principios fundamentales aparecen en la revelación bíblica, pero falta la adaptación a nuestra situación cambiante. En una crítica sobre el Vol. II –aparecida en la Revista Pensamiento Cristiano– se afirma que un mejor título sería: "**Análisis de la Experiencia Religiosa**". Creo que la crítica es justa, la obra es precisamente eso, un análisis de la revelación bíblica sobre la experiencia cristiana ilustrada por mi experiencia pastoral. El título no ha sido feliz, pero no creo que valga la pena cambiarlo en la segunda edición después de haber circulado 4.000 ejemplares.

3. **El ministerio de todos los cristianos**. El título del primer volumen también fue criticado en otro comentario aparecido en Pensamiento Cristiano. Se aseguró que el desafío que el libro plantea no es para todos los cristianos. En este caso no estoy dispuesto a aceptar la crítica. En los tres volúmenes subyace la realidad de que todo ser humano tiene necesidades espirituales y conflictos. Justo porque en todo ser humano está la imagen de Dios y el pecado. No importa donde se encuentre el cristiano en su proceso de desarrollo y maduración hacia el logro del completamiento de su condición humana en Jesucristo, siempre habrá otro que necesitará su ayuda. Cuando hay amor y comprensión y uno se encuentra en las manos de Dios todos podemos ser pastores y evangelistas.

4. **Profundidad científica**. Entiendo que no existe sustituto para el Evangelio. Pero si queremos conocer un poco mejor al

hombre, a quien Jesucristo nos ordena servir, es necesario tener un conocimiento –lo más profundo posible– de las ciencias humanas y especialmente de la Psicología. He tratado de poner en manos del lector los elementos psicológicos que pueden resultar útiles en su ministerio pastoral. La Psicología es una útil herramienta de trabajo si la ubicamos claramente como un elemento cultural útil, pero cuando se deja de lado la Biblia y uno pretende convertirse en aprendiz de psicólogo lo echamos todo a perder.

5. **Lenguaje sencillo**. Ha sido mi propósito evitar términos técnicos hasta donde ha sido posible. En el caso del Vol. II incluí un pequeño glosario al final. En el Vol. III traté de sustituir el término latino **Imago De**. por imagen de Dios. Si no he logrado este objetivo a plenitud por lo menos he tratado. Confío de todas maneras que esta obra, en cuatro volúmenes, será de bendición y ayuda a muchas personas que se sentirán movidas a asumir su ministerio cristiano según sus posibilidades y los dones que Dios les ha concedido.

Finalmente, en esta obra tratamos de clarificar algunos aspectos de la tarea fundamental de la iglesia, la comunicación del Evangelio en toda su integridad. Somos conscientes de que vivimos en una etapa de la historia de la Iglesia que se caracteriza por la confusión. Confiamos en que estas reflexiones, realizadas en el ámbito de la Iglesia y a partir de mi experiencia pastoral, sean de utilidad a cada lector a fin de mejor cumplir la misión de comunicar a todos el Evangelio.

En primer lugar nos referimos a tres facetas de la comunicación del Evangelio: la **kerigmática**, la que se expresa por la **koinonía**. y la que se manifiesta en **diaconía**. Analizamos las dificultades que se presentan en la actualidad para lograr una efectiva comunicación verbal. Es necesario que reconozcamos que vivimos en un mundo diferente y si bien el mensaje sigue siendo el mismo, la forma de comunicarlo debe adecuarse a las nuevas situaciones en que se encuentra el hombre de nuestro tiempo. Señalamos también como el contexto de la Iglesia afecta sus actividades fundamentales para el logro de una evangelización efectiva. Víctima inconsciente de la creciente secularización la Iglesia sufre dos grandes deficiencias: La falta de lectura devocional de la Biblia y la falta de oración. Esta realidad explica la crisis que experimentan algunas iglesias en el campo de la evangelización.

Teniendo en cuenta la necesidad de analizar profundamente y reflexionar en torno a la revelación bíblica sobre la evangelización, dedicamos los capítulos II, III, IV y V a la búsqueda de los fundamentos bíblicos de la evangelización poniendo de lado – hasta donde esto es posible– todos los presupuestos que uno ha acumulado a lo largo de su experiencia confesional. Hemos tratado de ser objetivos en la exégesis y en la hermenéutica para dejar hablar a la Palabra de Dios.

Consideramos que la doctrina cristiana del hombre como imagen de Dios es el fundamento y la finalidad de la evangelización. El primer Adán al caer en el pecado propicia el deterioro de la imagen. El segundo Adán, que como el primero es imagen y semejanza de Dios,[1] devuelve al hombre la posibilidad de su completamiento por la restauración de la imagen según el paradigma que Dios nos ha dado en la persona de Jesucristo.[2] Esta doctrina es el fundamento de la evangelización porque toma como punto de partida la naturaleza humana, la realidad de que todo ser humano siente el vacío existencial que produce la falta de completamiento creada por el pecado. Esta doctrina es la finalidad de la evangelización porque el hombre no se ha de liberar plenamente de ese vacío existencias hasta que Cristo sea formado en él (Gálatas 4:19). Luego Jesús es el alfa y la omega de

---

[1] II Cor. 4:4; Col. 1:15–19; 3:9–10; Hebr. 1:3.

[2] Gálatas 4:19; Efesios 4:13–14.

la evangelización, Él es el que hace posible la liberación del pecado y de la muerte que aprisiona la imagen y Él es la meta –el punto omega como decía Teilhard de Chardin– hacia el cual debemos todos dirigirnos. Debemos correr, en la arena de la existencia humana, puestos los ojos en Jesús, autor y consumador de la fe (Hebreos 12:1–2).

Nos esforzamos por presentar los conceptos básicos de esta importante doctrina. Tratamos de definir el concepto de imagen de Dios en el hombre y reflexionamos en torno a su presencia en el creyente y también en los hombres que no creen. Posteriormente resaltamos la relevancia de esta doctrina para la evangelización y, por último nos referimos a elementos psicológicos que pueden inhibir la vocación evangelizadora, presente en todo aquel que ha tenido una experiencia personal con Jesucristo. Es nuestra esperanza que estas reflexiones despierten a algunos cristianos a la urgencia de comunicar el Evangelio teniendo en cuenta la necesidad espiritual que hay en todo ser humano. En mi trabajo pastoral he encontrado personas con una auténtica experiencia cristiana, pero bloqueadas por problemas emocionales e impedidas de realizar la tarea evangelizadora que desearían cumplir. Presento un caso de liberación de esas inhibiciones de la vocación a comunicar el Evangelio a otros.

Explicamos el ministerio evangelizador de Jesús. Si somos sus discípulos debemos seguir su ejemplo. Aunque reconocemos la realidad de que los tiempos han cambiado, hay ciertos principios en la metodología evangelizadora de nuestro Señor que tienen validez permanente. El capítulo III se refiere a la actitud, método y objetivos de la evangelización personal realizada por Jesús. Es precisamente en el campo de la evangelización de persona a persona donde tenemos mayor información en los Evangelios, tanto sobre la actitud, como sobre el método y los objetivos. La evangelización personal fue muy utilizada por la iglesia primitiva bajo la presión de las circunstancias. Parecería que la situación del hombre contemporáneo sugiere la conveniencia de utilizar ese método, sin descuidar, claro está, la proclamación cúltica.

Hay en Jesús ciertas cualidades humanas que le permiten asumir actitudes que siguen siendo válidas en los tiempos que corren –no solo para la evangelización personal sino también para cualquier otro tipo de proclamación–, son ellas: El amor, la humildad del evangelizador y el respeto por la persona que se trata de evangelizar. Justo esas cualidades y actitudes escasean en nuestro tiempo. Hay quienes más bien odian al pecador, viven llenos de orgullo, menosprecian a los que "no son del Señor" y se llaman a sí mismos "siervos del Señor". Creo que es fundamental tomar conciencia de la actitud de Jesús hacia el pecador a fin de poder imitarle.

Después nos dedicamos a analizar la metodología evangelizadora de Jesús. Especialmente nos ocupamos de la evangelización personal a sus discípulos, seguimos paso a paso el proceso que descubrimos en los Evangelios Sinópticos. Los discípulos comenzaron por aceptar una invitación de Jesús: "Sígueme" o "venid en pos de mí". Después Jesús les dio elementos para el análisis y la reflexión. Cuando les tenía maduros para hacer una decisión les pregunta: ¿Quién soy yo? Después de la confesión de Pedro: "Tú eres el Cristo", Jesús les habla sobre la cruz por primera vez. No solo es necesario que le descubran como Maestro, Señor y Mesías, también deben aceptarle como Salvador. Después les explica que tendrán que negarse a sí mismos e inmediatamente les lleva al Monte de la Transformación[3] para mostrarles, por medio de un audiovisual, que ellos necesitan un cambio radical. Creo descubrir en Jesús lo que denominó "evangelización tensora" que aparece en las múltiples entrevistas evangelizadoras de Jesús en los cuatro Evangelios.

---

[3] Nos referimos al Monte de la Transformación porque solo Lucas habla de transfiguración, Mateo y Marcos usan el verbo metamorfoo. Es decir señalan una metamorfosis, una transformación.

Al analizar los objetivos de la evangelización en Jesús llego a la conclusión de que el Señor nos hace un desafío similar al que posteriormente hará San Pablo a marchar hacia el completamiento de nuestra condición humana según el arquetipo que Él nos presenta en su persona.

Aquí nos referimos a uno de los aspectos descuidados durante mucho tiempo por la mayor parte de la iglesia, me refiero a la pobreza como contexto de las comunidades cristianas en América Latina. Tenemos en la Biblia dos campeones de la justicia social: Amós y Santiago. Uno es un precursor de Jesús, el otro es su discípulo. La iglesia de hoy está dividida en lo que se refiere al alcance de la responsabilidad social de los cristianos. Se ha producido una polarización entre los que solo se ocupan de la salvación del alma y los que entienden que deben procurar la justicia social para todos a través del cambio de las presentes estructuras de la sociedad. En este capítulo pretendemos clarificar el tema ricos y pobres a lo largo de toda la Biblia y especialmente en la predicación de Jesús. Creo que es muy importante que tengamos claridad en cuanto a todo lo que Jesús enseñó, así como la forma en que Él vivió.

Jesús como predicador del Reino. No tenemos un sermón completo de nuestro Señor para analizarlo,[4] pero no cabe duda

---

[4] El sermón de la Montana, según Mateo es una recopilación de enseñanzas (Mateo 5, 6 y 7), sin embargo las mismas ideas aparecen en Lucas ocupando poco espacio (Lucas 6:20-36). En Mateo se habla de una montaña (5:1) mientras que en Lucas se trata de un lugar llano (6:17). Lo importante es que estas enseñanzas han llegado hasta nosotros, aunque no en forma de sermón completo. Es evidente que Jesús predicó mucho más que los quince minutos que necesitamos para leer el sermón según Mateo. Para tener una idea de la longitud de los sermones de aquella época véase (Hechos 20:17-18).

de que el tema central de su predicación fue el reino de Dios. Luego, para descubrir el método homilético de Jesús tenemos dos importante medios de investigación:

1.- Su forma de evangelizar a los individuos, que presentamos en el capítulo III y 2.- Su forma de encarar las enseñanzas sobre el reino de Dios.

En el capítulo VI nos ocupamos de las principales tendencias que descubrimos en la iglesia de hoy con relación al alcance de la responsabilidad del cristiano. Utilizamos tres categorías: neofariseos, neo–gnósticos y evangélicos para designar tres actitudes diferentes. Parecería que estas actitudes se dan también en el mundo secular, aunque en otro contexto, pero nos limitamos, en este capítulo, al análisis de la situación de la iglesia.

Terminamos este capítulo señalando la necesidad de un ministerio de reconciliación, pues ha llegado la hora de la síntesis.

Reflexionamos sobre la cruz en la evangelización. Justo señalamos en el capítulo tercero la escasez de humildad en la iglesia de hoy, en franco contraste con la actitud de Jesús. Hoy como ayer el discípulo debe negarse a sí mismo, tomar su cruz y seguir a su Señor. Este capítulo se refiere básicamente a esta necesidad.

Hacemos notar las diferencias en las distintas etapas del ser humano al cual queremos comunicar el Evangelio. Un buen método para la evangelización de los niños no resulta eficiente si se utiliza con adultos. Igualmente es necesario reconocer la necesidad de ubicarse correctamente ante adolescentes y jóvenes a los cuales queremos comunicar el Evangelio. En este capítulo nos referimos a las constantes transformaciones que se operan tanto en lo biológico como en lo psicológico y lo espiritual. El evangelista debe tomar en cuenta los factores evolutivos del ser humano para la correcta adecuación de su metodología.

Elaboramos un intento de adecuación, a nuestra situación concreta, de la técnica evangelizadora que creemos descubrir en Jesús y que denominamos evangelización tensora.

Confío que, por la gracia de Dios, este libro será un instrumento de bendición para muchas personas a través del ministerio pastoral de todos los cristianos.

LA COMUNICACIÓN DEL EVANGELIO HOY

Para algunos la comunicación es una simple transmisión de información, una especie de transferencia de símbolos. Pero sabemos que puede existir comunicación a través del silencio porque nuestras actitudes hablan.

En la comunicación del Evangelio se pone de manifiesto la gran diferencia entre la comunicación verbal y la no verbal. He escuchado sermones muy eruditos que constituyen hermosas piezas oratorias. Sin embargo, a veces ¡Nos dejan tan fríos! Si el que habla no cree realmente lo que dice, su inconsciente comunicará un mensaje negativo que anula todo lo positivo que pueda decir. Sin embargo, una predicación sencilla, sin gritos ni aspavientos, puede llegarnos al corazón si se predica con la totalidad del ser, si no hay una escisión existencias entre lo que decimos ser y lo que somos. Cierto tono de la voz, o un movimiento de los músculos del rostro pueden tornar negativa una frase positiva y viceversa. Una postura pomposa, un fruncimiento de cejas, un gesto nervioso, puede hacer que la gente deje de escuchar lo que decimos. Oyen, pero no escuchan.

El que comunica el Evangelio no puede hacer lo que algunos locutores de radio o de televisión, hablar en términos laudatorios y convincentes de un producto que ellos mismos no usan. Por razones morales el inconsciente lo traiciona. Podrá engañar a algunos por algún tiempo, pero no a todo el mundo todo el tiempo. El que comunica el Evangelio debe hacerlo como un profeta que presenta la verdad de Dios tal como él la ve y la vive.

Hay dos pasajes en las Escrituras que muestran la comunicación inconsciente de la gracia de Dios. En Marcos 5:24–34, una hemorroisa trata de tocar a Jesús con el propósito de alcanzar su sanidad y lo logra. "Luego Jesús conociendo en sí mismo el poder que había salido de él, volviéndose a la multitud dijo: ¿quién ha tocado mis vestidos (Marcos 5:30).[5] Este pasaje podría colocarse aparte teniendo en cuenta las facultades extraordinarias de Jesús quien es la imagen de Dios y segundo Adán.[6] Un pasaje similar encontramos en Hechos 5:15 donde Pedro es el personaje principal: "... sacaban los enfermos a las calles y los ponían en camas y lechos, para que al pasar Pedro, a lo menos su sombra cayese sobre algunos de ellos". El pasaje no dice que los enfermos fueron curados, pero... ¿por qué esperaban semejante cosa? ¿Tenía relación con la experiencia vivida con Jesús? No tenemos una respuesta absoluta para estas interrogaciones, pero hay un hecho cierto, la gente esperaba ser sanada de esa manera. ¿Qué tiene Pedro que hace reaccionar así a la gente? No es por causa de su educación ya que no es egresado de una universidad, ni siquiera de un seminario teológico. No es a causa de su talento, pues los Evangelios no lo señalan como a un hombre excepcional. No es tampoco a causa de una moralidad acrisolada, el Nuevo Testamento deja constancia de sus flaquezas, antes y después de Resurrección y Pentecostés. Ni siquiera es a causa de su prestigio personal, se trata de un hombre sencillo del pueblo, un humilde pescador que acaba de salir de la cárcel. ¿Dónde está su secreto? Su vida en Cristo produce canales por los cuales se comunica la energía espiritual. Es su contacto con la Luz de Cristo lo que hace posible que su sombra haga bien a los demás.

Cuando realmente se comunica el Evangelio lo que se dice o se hace en el nombre de Jesucristo trasciende tanto a las palabras como a los hechos. Lo que ocurre a veces es que se predica el Evangelio, pero no se comunica, no llega al que escucha, o no lo

---

[5] Véase los pasajes paralelos Mateo 9:18–26; Lucas 8:40–56.

[6] Romanos 5:12–21; I Corintios 15:21–22.

escucha. También ocurre que creyendo proclamar el Evangelio se está predicando otra cosa. Es muy común la confusión entre cultura y Evangelio. Hay una imagen muy chabacana que suelo usar para mostrar la realidad de esa confusión: "Hay quienes después de haber pelado una banana confunden la cáscara con la banana; se comen la primera, tiran la segunda y luego se lamentan de padecer indigestión". Así hay sermones que en lugar de basarse en el amor de Dios, en el sacrificio de Jesucristo, o en la obra del Espíritu Santo, se refieren a la longitud de las faldas de las mujeres o del cabello de los hombres. El Evangelio no consiste en un sistema de doctrinas cuyo conocimiento nos convierte en cristianos ya que es posible conocer la Biblia y no ser creyente. El Evangelio tampoco se puede limitar a una serie de verdades éticas. Aunque hoy existe un neolegalismo según el cual uno es cristiano si hace ciertas cosas y deja de hacer otras. Los judíos en los tiempos de Jesús habían clasificado la ley en mandamientos positivos y negativos, para señalar lo que había que hacer o no hacer. Muchos creyentes están nominalmente bajo la gracia y realmente bajo una nueva ley. Eso no es el Evangelio. El Evangelio es la buena nueva jubilosa que nos muestra que el reino de Dios se ha iniciado en la persona y ministerio de Jesucristo y que marcha hacia la consumación final conducido por el Espíritu Santo.

El Nuevo Testamento sugiere tres formas de comunicar el Evangelio del Reino: La comunicación verbal o proclamación kerigmática, la proclamación por medio de la comunión o **koinonía** y la proclamación a través del servicio o **diaconía**.

a) Comunicación kerigmática

La palabra griega **kerigma** viene de **kerix** que significa heraldo. El heraldo no viene para enseñar sobre su Señor, sino para hacer conocer su autoridad y también para anunciar su venida. El predicador es un heraldo que habla en nombre de su Señor al cual en cierta manera representa y a quien es absolutamente fiel.

Los problemas que señalamos anteriormente sobre una comunicación inconsciente que neutraliza lo que se dice, no podía darse en los heraldos de los reyes de tiempos de Jesús. En primer lugar porque estos monarcas no concedían ese privilegio a cualquiera que se ofreciera, sino a aquellos cuya lealtad estuviera probada. No ocurre así con el Señor de nuestro Reino, pues encontramos heraldos con lealtades divididas. El heraldo de tiempos de Jesús hablaba con autoridad y con la totalidad de su ser, con pleno convencimiento. Hoy existen otras posibilidades. Uno de los grandes problemas de la Iglesia de hoy es la carencia de un liderato calificado. Uno de los grandes problemas del mundo de hoy es que cree que ha dejado de creer en Dios y lo que ocurre es que ha dejado de creer en la Iglesia. La mayor necesidad para el mundo y la Iglesia de hoy es un liderato calificado y comprometido con la totalidad del Evangelio redentor.

El predicador de hoy está sometido a grandes tensiones que frecuentemente conducen a un estado de perplejidad y confusión mental. Nuestro siglo es muy diferente al mundo en el cual San Pablo comunicó el Evangelio. Evangelizar en el Nuevo Testamento, es proclamar una noticia a personas que nunca antes la habían escuchado. En nuestro contexto, todos conocen algo del Evangelio, aunque diluido, adulterado y confundido. Hoy todos creen en Jesús por lo menos en el plano intelectual. Afirman que Él fue un Maestro, un filósofo, un moralista, etc. El problema es que la mayoría de las personas no tienen al Cristo de la experiencia personal. ¿Qué tiene la mayoría? La respuesta es sencilla: llene ídolos, ya no tanto de madera o de yeso, ahora los construyen con ideas y con personas.

Por otro lado, vivimos en una cultura que tiende cada vez más hacia otras formas de comunicación. Medio siglo atrás la gente, en Buenos Aires, procuraba conseguir entradas para escuchar ciertos conferencistas. Hoy la entrada a las conferencias son gratuitas y sin trámite alguno. Sin embargo, no hay buena asistencia, a pesar de la promoción que se hace en los diarios. Para mejorarla, muchas instituciones ilustran las conferencias con diapositivas y esto ha dado buenos resultados. Luego, la comunicación por audiovisuales, encuadra en nuestra cultura mejor que la mera comunicación verbal. Esta nueva situación cultural, presenta sus dificultades, por ejemplo: Familias silenciosas frente a un deshumanizante televisor, que divide a la familia cerrando las puertas a la comunicación interpersonal. Difícilmente la familia moderna, que ha caído en las garras de la "teve-adicción", podrá liberarse de esa tiranía. Una vez que la televisión capta nuestro interés, nos sentimos inclinados a desinteresamos por los que están a nuestro lado, que son los seres más queridos.

Creo firmemente en el ministerio de la palabra escrita, creo que la literatura es un medio muy útil para comunicar el Evangelio en el mundo actual. Conozco varios casos de personas que se han convertido leyendo libros cristianos, pero no dejo de reconocer las dificultades de nuestro tiempo en tal sentido. La gente de hoy parece que busca **imágenes** y **acción**. Las revistas que tienen muchos grabados y pocos textos, se venden con mucha facilidad. Tal parece que nuestros coetáneos no saben leer. Se quiere ver, no se desea leer. Se busca lo fácil, como las imágenes visuales.

No podemos cerrar los ojos a la realidad de que vivimos en un mundo diferente. Es evidente que la Iglesia no puede escaparse a su contexto que influye sobre ella permanentemente. Uno de los fenómenos de nuestro tiempo es que muchos cristianos han perdido el hábito de leer la Biblia devocionalmente. Aceptando esa realidad, la Sociedad Bíblica Argentina ha comenzado la tarea de hacer grabaciones bíblicas. Actualmente se hacen grabaciones en CDs con la voz de un locutor profesional – creyente que lee la Palabra. Yo mismo he aceptado la invitación de C.A.V.E.A. para grabar un CDs con dos lecciones de Psicología Pastoral.

A pesar de todas las dificultades, la comunicación del Evangelio sigue teniendo pertinencia, pero debemos recordar que el hombre de hoy tiende a un pragmatismo generalizado. Está cansado de palabras y quiere hechos. Es por eso que resulta tan importante tener en cuenta la necesidad de que junto con la comunicación verbal consciente, vaya la correspondiente comunicación no verbal inconsciente. La verdadera evangelización no se agota en la transmisión de ideas y conceptos. Consiste esencialmente en colocar a los hombres en una relación viviente con el Espíritu Santo. La comunicación kerigmática verbal por medios tradicionales o por nuevos: audiovisuales, dramatizaciones, etc., tienen un importante lugar en la Iglesia de hoy, pero es necesario reconocer las limitaciones y hacer todo lo posible para obviar las dificultades.

b) La comunicación por medio de la koinonía[7]

En todos los tiempos, la vida de cristianos ejemplares ha sido un impacto en personas no creyentes. La comunión con este tipo de cristianos les ha llevado a Jesucristo. Así Ignacio Lepp, un marxista, ateísta militante, que en Francia dictaba conferencias sobre la inexistencia de Dios, se convierte a la fe cristiana no por medio de un sermón sino por el impacto de una vida cristiana. El contacto con un sacerdote obrero que vivía en comunión con Jesucristo le llevó a la conversión. He aquí su propio testimonio: "Quizás parezca sorprendente que un hombre cuya vida ha transcurrido principalmente en los distintos países del oeste europeo, no haya encontrado hasta la edad de veintiséis años, un solo cristiano que fuera testimonio de su fe".[8]

En mi iglesia local recibimos la visita de una joven enfermera que había dejado todas las comodidades de Buenos Aires para

---

[7] Palabra griega que significa comunión, compañerismo, relación, asociación, comunidad, participación conjunta.

[8] Ignacio Lepp, Psicoanálisis del Ateísmo Moderno, Buenos Aires. Ediciones Carlos Lohlé, Pág. 27.

irse a trabajar entre los indios matacos, cerca de la frontera con Bolivia. Habla venido a visitar a sus familiares y le pedimos que dijera unas palabras a la congregación. Con palabras muy sencillas, en voz tan baja que movió a un feligrés a interrumpirla para decirle: "hable en voz más alta, por favor", esta joven compartió algunas de sus experiencias entre los indios con sencillez y hasta candidez. Su fe, su comunión con Dios y con los seres humanos que sufren, fue captada por la congregación. La comunicación verbal casi no se escuchaba, pero su vida hablaba muy alto.

En la Revista, EL EVANGELISTA CUBANO (Vínculo de Unión entre cristianos evangélicos cubanos dispersos por el mundo), publicamos durante mucho tiempo la sección "**Vidas Ejemplares**", donde resaltábamos las vidas de los líderes consagrados de la Iglesia en América Latina. Muchos han sido los testimonios que hemos recibido sobre el impacto de esta sección. Un profesor de la Universidad de Buenos Aires al hojear la revista que le mostró un alumno, se interesó en esa sección, donde se hacía referencia al ministerio de la literatura que realiza la Sra. Angela M. de Fernández al frente de los Talleres Gráficos Argen–Press S.R.L., en esta ciudad. Le pidió al alumno que se la prestara para leerla. Al día siguiente la devolvió e informó que había sacado varias fotocopias de ese artículo maravilloso que tanto le había impresionado. Este profesor llegó a hacer a su alumno la siguiente confesión: "Después de leer ese artículo me he dado cuenta de cuán egoísta soy. He vivido solo para mí, trataré de encontrar la dirección divina para reorientar mi vida". Es de señalar que en la misma publicación había otros artículos interesantes. El contacto con una vida consagrada al Señor –aun cuando solo sea a través de la lectura– es un mensaje con una fuerza extraordinaria.

Estas vidas iluminadas que alumbran el camino de muchos desorientados no tienen luz propia. Como la luna no puede alumbrar por sí misma, pero puede proyectar los rayos del sol, así el cristiano que vive en profunda comunión con Dios, al entrar en comunión con otras personas proyectan la luz de

Cristo, aun cuando a veces no se dan cuenta. Lo que es la vida normal y natural para un cristiano sincero, puede ser un mensaje conmovedor para alguien que no es cristiano. Nadie puede dar lo que no tiene. "De lo que tengo te doy" (Hechos 3:6); dijo Pedro al paralítico que pedía limosnas frente al templo en Jerusalén, y lo hizo caminar. No estaba haciendo algo por sí mismo, estaba compartiendo la gracia que Dios le había concedido.

Uno de los serios problemas de comunicación del cristiano de hoy es su insuficiente comunicación con Dios, la falta de oración. Si no hay vida de oración difícilmente se logrará una evangelización eficaz. La oración debe ser lo primero en todo esfuerzo evangelizador. Sin embargo suele ser la actividad más difícil y costosa para muchos cristianos. Es más fácil planear una campaña, organizar la promoción, visitar hogares, invitar a los cultos, etc..., que orar con intensidad. En todo esfuerzo por comunicar el Evangelio hay algunas preguntas que debemos plantearnos siempre: ¿Hemos orado en la preparación de todo esto? ¿Qué vamos a comunicar? ¿Esperamos transmitir información o vida? ¡Cómo racionalizamos para no orar lo suficiente! ¿Es que queremos hacer las cosas por nosotros mismos y no que las haga Dios a través de nosotros? ¿Es que estamos siendo víctimas inconscientes de la creciente secularización? La batalla de la evangelización se libra en la vida privada de cada cristiano. Si no hay un genuino amor por la gente, producto de la vida de oración, de nada valen los planes. Más que nuevos métodos necesitamos **motivos**. Las técnicas no aseguran el éxito. Todos los planes fracasan cuando carecemos de pasión evangelizadora envuelta en oración.

Como ya se ha señalado, la gente de hoy busca hechos y no palabras. La comunicación del Evangelio por la **koinonía** (la relación, el contacto, el compañerismo, la asociación con personas) con nuestros compañeros de trabajo o de estudio, con nuestros amigos no creyentes, es quizás la forma más eficaz de comunicar el Evangelio. Siempre que se entienda que no vamos solo a transmitir conceptos religiosos sino que con la totalidad de nuestro ser vamos a comunicar vida. Debo confesar que en mi trabajo de evangelización por **koinonía** en la Asociación Cristiana de Jóvenes de Buenos Aires no siempre he podido situarme en la posición que corresponde a uno que es un soldado de Jesucristo que **nunca** está franco, que siempre está de servicio. Me ha ocurrido a mí, y pienso que le ocurre a otros evangelistas, que la rutina del trabajo administrativo nos hace perder la perspectiva de nuestra misión última que debe ser realizada permanentemente. Un día que tomé conciencia de que estaba actuando en forma que no correspondía a un evangelista, escribí con letras grandes en un cartón: "RECUERDA QUIEN ERES" y lo coloqué en la gaveta principal de mi escritorio, de manera que tenga que verlo todos los días. Lamentablemente a veces olvidamos quienes somos y solo nos "vestimos" de evangelistas cuando vamos al púlpito. Mi experiencia personal es que los mejores sermones los he predicado fuera del púlpito.

Antes de concluir estas reflexiones debo señalar que la comunicación por la presencia cristiana en compañerismo con los no cristianos no es un sustituto para la comunicación verbal. Realmente deben ir juntas aunque en determinados momentos una debe prevalecer sobre la otra. No son necesariamente caminos alternativos o excluyentes, son más bien complementarios.

c) La comunicación por la diaconía[9]

Hay una realidad subjetiva[10] que no siempre se encuentra en el plano consciente, que en todo ser humano están presentes la

---

[9] Palabra griega que significa servicio. Viene del verbo diaconéo del cual procede diáconos, sirviente, uno que ministra u ofrece un servicio, ministro.

[10] Subjetiva porque está en cada sujeto, pero objetiva porque es una realidad que no se agota en la conciencia individual.

imagen de Dios y el pecado. Hay una realidad objetiva que no siempre es aceptada conscientemente por el hombre, que Jesucristo dio su vida en la cruz para hacer posible la salvación de todo aquel que se arrepiente y se convierte en su discípulo. La eliminación de los efectos destructivos del pecado hace posible la restauración de la imagen que el pecado ha deteriorado. Por cuanto todo ser humano tiene la imagen   –aunque deteriorada y en necesidad de completamiento– toda la humanidad posee una dignidad intrínseca. De ahí la necesidad de servir al prójimo –creyente o incrédulo– que debe experimentar el cristiano. La existencia de la necesidad de **diaconía** es consecuencia de la presencia de Cristo en el creyente. La misión sin **diaconía** no tiene sentido, pero la **diaconía** sin la dimensión espiritual es puro humanismo. Divorciar la **diaconía** del **kerigma** y de la **koinonía** es pretender convertir el Evangelio en un activismo social. La fe cristiana no se agota en el altruismo o la filantropía. Como ha dicho Berdiaeff: "La democracia y el socialismo cuando no tienen bases espirituales, degeneran en plutocracia y tiranía".

El servicio cristiano es una de las formas en que hoy debemos comunicar el Evangelio, pero sin perder la dimensión de profundidad que debe subyacer en toda tarea realizada por cristianos. El programa de servicio cristiano tiene que trascender al servicio mismo si es que va a ser un servicio cristiano. El servicio debe realizarse en favor de todo el hombre y no solo del cuerpo –vestido, salud, alimentos– ni tampoco debe limitarse a lo espiritual.

Nuestro mundo está lleno de personas sumidas en el orgullo, el egoísmo, el miedo, la futilidad, la vanidad, la indiferencia, la inmoralidad, la mediocridad, etc. Son personas que necesitan la salvación que solo Cristo puede ofrecer. Nosotros mismos –los cristianos– podemos ser un obstáculo para que esas personas se acerquen a Cristo. Nuestras actitudes prepotentes y orgullosas de "siervos del Señor" o nuestra indiferencia ante las personas perdidas en el pecado, están contribuyendo a la perdición de los perdidos.

El hombre –imagen de Dios– por el cual Cristo dio su vida, necesita del mensaje de los cristianos sea por comunicación **kerigmática**, de **koinonía**, o de **diaconía**, sea por combinación de dos o de las tres formas señaladas. Cada cristiano posee dones carismáticos, y la Biblia presenta tres listas de estos dones (Romanos 12, I Corintios 12 y Efesios 4), cada cristiano debe asumir su responsabilidad en la comunicación del Evangelio sin enterrar su talento. (Mateo 25:24–30).

EL HOMBRE COMO IMAGEN DE DIOS

La imagen de Dios en el hombre es el punto de partida y el objetivo de la evangelización. Todo evangelista debe tener –como presupuesto básico– la convicción de que el hombre no puede ser neutral ante Dios. Dentro de cada ser humano hay dos realidades en pugna: La Imagen de Dios y el pecado. Esta situación motiva la ambivalencia que el hombre experimenta frente a Dios: Amor–odio, culpabilidad–justificación, temor–deseo, fe-incredulidad,[11] atracción–rechazo. En algunos seres humanos predomina la atracción hacia Dios y entonces procuran adorarle en Espíritu y en verdad. En otros predomina el rechazo y entonces procuran satisfacer su Imago Dei a través de un sustituto para Dios, de un ídolo de su creación o de importación.

El evangelista debe tener en cuenta que el rechazo pone de manifiesto que el hombre no puede ser neutral ante Dios. Luego el rechazo debe tomarse como una demostración de interés, solo debe preocuparnos la indiferencia, que puede ser una clara

---

[11] Véanse las reflexiones que sobre Marcos 9:14–19 hacemos en el Vol. II p. 129. Presentamos la tensión entre pistis y asistía como una realidad en todo hombre creyente o incrédulo.

indicación de que estamos en presencia de una persona con profundos conflictos emocionales.

Toda persona –aún aquella que nos parece la más depravada– tiene el **Imago Dei**. Esta realidad es una gran esperanza para la tarea evangelizadora y también un gran desafío. Si esto es así, se necesita un estudio –lo más profundo posible– sobre la doctrina bíblica de la Imagen de Dios.[12]

1. Definición de la "Imagen de Dios"

¿Qué es la imagen de Dios? ¿Corporal, espiritual o ambas? ¿Dónde está? ¿En el intelecto? ¿En lo emocional? ¿En la voluntad? ¿La conciencia moral? ¿La conciencia de Dios? Definir significa delimitar, enmarcar. Para definir es necesario conocer con exactitud el campo que estamos analizando. La definición de la Imagen de Dios en el hombre tropieza con dos grandes dificultades: La imposibilidad de definir a Dios y de conocer exhaustivamente al hombre Luego nuestro enfoque se basa en dos puntos de apoyo: 1º La revelación bíblica –que es una forma de conocimiento– y 2º El análisis de la experiencia cristiana, a partir de mi experiencia pastoral. Por lo tanto no nos proponemos localizar la imagen de Dios en una parte específica del ser humano: corporal, psicológica, espiritual, moral, etc.

La revelación bíblica nos informa que Dios creó al hombre a su imagen y semejanza (Génesis 1:26–27), para que fuera su representante sobre la tierra, para lo cual lo pone como Señor de la Creación. "Y los bendijo Dios y les dijo: «Fructificad y multiplicaos, llenad la tierra, sojuzgadla y señoread en los peces del mar,

---

[12] Sugerimos al lector que -como complemento de estas reflexiones- analice el contenido del primer capítulo del Volumen I: "La posibilidad de conocer al hombre" y del segundo capítulo del Volumen II: "Lo religioso en el hombre".

en las aves de los cielos y en todas las bestias que se mueven sobre la tierra-". (Génesis 1:28). El hombre es la obra cumbre de la creación, con sobradas razones la alaba Dios. En la Septuaginta (versión griega del Antiguo Testamento) el verbo **EULOGEO**, que en este verso se traduce por "bendecir", también significa "alabar" o "elogiar". Estos elogios a la máxima creación divina aparecen también en el Nuevo Testamento sin mencionar la Imagen de Dios ni el pecado. En San Mateo 5:13-14, Jesús se refiere al hombre como sal de la tierra y luz del mundo. La superioridad del hombre sobre los otros seres de la creación se presenta en Mateo 6:26-30 y Lucas 12:24-28. Por eso, Dios hace salir el sol sobre malos y buenos y llover sobre justos e injustos (Mateo 5:45, véase también Hechos 14:16-17).

En el capítulo tercero del libro del Génesis se nos presenta una explicación de la entrada del pecado en el mundo.[13] Sin embargo no nos explica cómo afecta el pecado a la Imagen de Dios. La Biblia no dice nada en relación con la pérdida de la imagen. Por el contrario, se afirma que esa imagen es transmitida por Adán a su hijo Seth. "Engendró a su hijo a su **semejanza**, conforme a su **"imagen"** (Génesis 5:3). En Santiago 3:9 se nos dice: "con ella (la lengua) bendecimos al Dios y Padre y con ella maldecimos a los hombres, que están hechos a la semejanza de Dios". Sin embargo, parecería que la continua disminución de la longevidad de los primeros patriarcas nos da la evidencia de que se produjo algún tipo de disminución de los poderes originales del hombre. De ahí la afirmación de Lutero: "El hombre se ha vuelto semejan-

---

[13] En la mitología griega hay un mito muy similar al relato bíblico. Se trata del mito de Pandora, la Eva pagana, quien al desobedecer y destapar un recipiente permitió que el mal se escapara y se esparciera por el mundo. Debemos tener presente que el mito no es necesariamente una negación de la verdad. Más bien se trata de una aprehensión intuitiva de la realidad.

te a un árbol marchito, no puede querer ni hacer otra cosa que el mal... El hombre natural no puede querer que Dios sea Dios. Por el contrario, desearía que Dios no existiera y ser él mismo Dios... Por naturaleza el hombre puede amar a Dios sólo egoístamente".[14]

El Salmo 8 nos muestra al hombre creado a imagen y semejanza de Dios pero sin pecado. En Hebreos 2:6-10 se nos dice que el hombre al cual se hace referencia en este Salmo no es otro que Jesucristo.[15]

El Nuevo Testamento nos dice en forma explícita que Jesucristo es la imagen de Dios,[16] luego la definición tanto de imagen de Dios en el hombre, como del hombre mismo la encontramos en la persona de Jesucristo quien es el arquetipo al cual debemos conformarnos para lograr la plena restauración del **Imago Dei**.[17]

En los Evangelios encontramos múltiples testimonios del impacto que este Hombre tan extraordinario hizo entre sus coetáneos. Dice San Mateo que al terminar el famoso Sermón de la Montaña: "La gente se admiraba de su doctrina; porque les hablaba como quien tiene autoridad, y no como los escribas" (7:28-29). Lucas señala su gran capacidad dialéctica que maravillaba aún a sus opositores (20:19-26). Sus milagros llenaron de asombro a las multitudes.[18] Un impacto especial tiene sobre Pedro la pesca

---

[14] Tesis 4, 17 y 21 de las 97 tesis del 4 de Setiembre de 1517 para el estudiante de bachillerato Franz Günther (W.l Pág. 224 y sigs.).

[15] En el Vol. I 4a. Edición, Págs. 25-27 reflexiones en torno al Salmo 8, véase.

[16] II Corintios 4:4; Colosenses 1:15-19; 3:9-10; Hebreos 1:3.

[17] Gálatas 4:19; Efesios 4:13-14; Colosenses 3:0, 10.

[18] Mateo 9:33; 15:31; 21:20, etc.

milagrosa que le hace ver que no se encuentra frente a un hombre común sino ante alguien que representa a Dios. Entonces cayendo de rodillas ante Jesús exclama: "Apártate de mí, Señor, que soy hombre pecador" (Lucas 5:8). Con palabras diferentes los tres sinópticos nos presentan el asombro de los apóstoles ante un mismo acto de Jesús: ¿Qué hombre es este, que aún los vientos y el mar le obedecen? (Mateo 8:27). ¿Quién es éste que aún el viento y el mar le obedecen? (Marcos 4:41) ¿Quién es éste que aún a los vientos y a las aguas manda y le obedecen? (Lucas 8:25).

El Evangelio según San Juan nos presenta aún con más claridad a Jesucristo como imagen de Dios. "El que me ha visto a mí, ha visto al Padre" (Juan 14:9). "Y el que me ve, ve al que me envió" (Juan 12:45). En Jesucristo tenemos la revelación de quién es Dios y de quién es el hombre. "En la perfección de la criatura vemos al Creador y conocemos al Creador porque se nos revela en la perfección de la criatura".[19] Otro pasaje básico es Juan 5:19: "No puede el Hijo hacer nada por sí mismo, sino lo que ve hacer al Padre; porque lo que el Padre hace, también lo hace el Hijo igualmente".

En Juan 1:1–16 se presenta la plenitud de Dios en Jesús a través del concepto de **lógos** (palabra) y la plenitud de la humanidad a través del concepto de **sarx** (carne). Juan afirma que de la plenitud (**pleroma**) de Cristo recibimos gracia sobre gracia (1:16). En la Epístola de Pablo a los Colosenses encontramos reflexiones similares a las de Juan, pero un poco más explícitas: "Toda la plenitud de la Deidad" (Col. 2:9). En Colosenses Pablo usa el verbo **catoikéo** "habitar", mientras que Juan usa el verbo **skenóo** que también se traduce por habitar (Juan 1:14), pero que realmente significa: "Armar una tienda de campaña" (**skené**). En Juan 1:14 se utiliza el aoristo, un tiempo griego que expresa la

---

[19] Volumen I, 3ra. Edición, Pág. 27

noción puntual, en este caso señalando la provisionalidad de la encarnación. En Colosenses, el verbo **catoikéo** se usa en tiempos diferentes. En 1:19, que se refiere básicamente a la plenitud de la humanidad, usa el aoristo primero en infinitivo, que muestra temporalidad. En 2:9 donde enfatiza la plenitud de la divinidad, utiliza un presente de indicativo que da la noción lineal.

San Pablo presenta a Jesús como el segundo Adán (Romanos 5:12, 21; I Corintios 15:21–22).[20] Un segundo Hombre[21] es necesario porque el primero fue tentado en el Edén y cayó en pecado, afectándose la imagen de Dios. El Segundo Hombre es tentado en el desierto, pero resiste la tentación (Mateo 4:1–5; Marcos 1:12–13; Lucas 4:1–13), devolviendo al hombre la posibilidad de lograr su plena humanización en Jesucristo.

San Pablo presenta a Jesús como Imagen de Dios en II Corintios 4:4 y en Colosenses 1:15–19; 3:9–10. En ambos casos utiliza la palabra **eicon** que en los Evangelios se utiliza para referirse a la imagen impresa en una moneda.[22]

Otro pasaje donde explícitamente se presenta a Jesús como Imagen de Dios es Hebreos 1:3. Pero en este caso no se utiliza la palabra **eicon**, sino **charactér**, que significa: "marca, sello, impresión, reproducción exacta". Esta palabra aparece solo una vez en el Nuevo Testamento.

En conclusión, la Imagen de Dios en el Hombre es la esencia de nuestra humanidad, que Dios ha presentado al hombre en forma

---

[20] En el Vol. II págs. 52–55 nos referimos al concepto de Jesús-Hombre Nuevo según la interpretación de Pablo.

[21] Adán significa hombre en hebreo.

[22] Mateo 22:20; Marcos 12:6; Lucas 20:24.

arquetípica en la persona de Jesucristo de Nazaret: Imagen de Dios[23] y Segundo Adán.[24]

2. La Imagen de Dios en el Creyente

El creyente –que conoce la Palabra de Dios–, es consciente de poseer la Imagen de Dios. Por el contrario el no creyente no es consciente de poseerla, lo cual no afecta su presencia. En el creyente el reconocimiento de la realidad de la Imagen de Dios en su vida va unido al reconocimiento de la realidad del pecado y de la necesidad de lograr la plena restauración de la imagen, el completamiento de la condición humana en Jesucristo.

San Pablo reconoce en Jesucristo la plenitud de la **Imagen de Dio** –como ya hemos visto–, quien ha sido enviado por Dios para que los que han alcanzado la salvación de su esencia sean "hechos conforme a la imagen de su Hijo, para que él sea el primogénito entre muchos hermanos". (Romanos 8:29). Luego la meta de todo cristiano es alcanzar la plenitud de Cristo–Imagen de Dios. Escribiendo a los creyentes de Galacia, tan llenos de imperfecciones, expresa que está sufriendo dolores tan intensos como los de un parto, "hasta que Cristo sea formado en vosotros". (Gálatas 4:19). A los Corintios les dice: "Por tanto, nosotros todos, mirando a cara descubierta como en un espejo la gloria del Señor, somos transformados de gloria en gloria en la misma imagen, como por el Espíritu del Señor". (II Corintios 3:18). "...el significado es que los cristianos como Moisés, reflejan en sus rostros la Gloria Divina... Pero para los cristianos esto no es una mera expresión externa (o una mera reflexión superficial). La vida se transforma en la misma **imagen** y **semejanza** del Señor Jesucristo y se hace progresivamente **de un grado de gloria a**

---

[23] II Cor. 4:4; Col. 1:15–19; 3:9–10; Hebreos 1:3.

[24] Romanos 5:12–21; 1 Corintios 15:21–22.

otro. Esta sorprendente transformación de seres humanos finitos y falibles no se logra por su propia acción. Se hace inteligible cuando recordamos que la transformación **viene de**, se debe al Señor Jesucristo, "quien es espíritu" y que envía el Espíritu".[25] En este pasaje Pablo utiliza el verbo **metarnorfoo**, al cual haremos referencia en el tercer capítulo, donde reflexionaremos sobre la experiencia de tres de los discípulos del Señor en el Monte de la Transformación.[26] Solo Lucas habla de Transfiguración, los otros sinópticos hablan de transformación. Luego, es evidente que tenemos el derecho a cambiar el nombre de este monte que señala el camino que tiene que recorrer el cristiano. Es evidente que Jesús no los llevó al Monte de la Transformación para entretenerles o divertirles. Los llevó para darles un mensaje, el desafío a ponerse en manos de Dios para lograr su transformación. En II Corintios 3:18 se combina el verbo **metamorfoo** con el sustantivo **eicon** (imagen). Se necesita una transformación para reconstituir la imagen de Dios. San Pablo vuelve a usar el verbo **metamorfoo** (de donde viene metamorfosis) en Romanos 12:2[27] "Transformaos por medio de la renovación de vuestros entendimientos para que comprobéis cual es la buena voluntad de Dios, agradable y perfecta". Nygren, comentando este versículo afirma: " ... si ha salido del antiguo eón y entrado en el nuevo, su mente no debe permanecer aferrada al viejo e identificada con él. Su mente y su conducta no deben conservar las características

---

[25] Filson, F. V. Exégesis de II Corintios. The lnterpreter's Bible, Vol. 10, Pág. 313.

[26] Mateo 17:2; Marcos 9:2.

[27] Este verbo aparece estas cuatro veces en el N. Testamento: Mateo 17:2; Marcos 9:2; Romanos 12:2 y II Corintios 3:18.

de ésta sino que debe producirse una **genuina metamorfosis del espíritu y de la conducta**".[28]

El completamiento de la condición humana en Jesucristo-Imagen de Dios aparece más allá de los Evangelios y de las Epístolas Paulinas. En II de Pedro leemos: "Como todas las cosas que pertenecen a la vida y a la piedad nos han sido dadas por su divino poder, mediante el conocimiento de aquel que nos llamó por su gloria y excelencia, por medio de las cuales nos ha dado preciosas y grandísimas promesas, para que por ellas **llegaseis a ser participantes de la** naturaleza **divina**". (1:3-4). En I de Juan 3:2 se presentan varios niveles en la marcha hacia el completamiento de la condición humana en Jesucristo: 1º) La **certidumbre** de haber llegado a ser hijos de Dios (véase Juan 1:12-13). 2º) La **certidumbre** de que no podemos quedarnos como estamos pues hay una gran distancia entre lo que somos y lo que el Señor quiere que seamos. 3º) La **certidumbre** de que Él ha de manifestarse y 4º) La **certidumbre** de que seremos semejantes a Él.

El mensaje bíblico es bien claro para todos los creyentes, no debemos conformarnos con una vida espiritual mediocre. Debemos tomar conciencia de cuanto nos falta para ser como Cristo. "La meta es que todos juntos nos encontremos unidos en la misma fe y en el mismo conocimiento del Hijo de Dios y con eso se logrará el Hombre Perfecto, que en la madurez de su desarrollo es la plenitud de Cristo (Efesios 4-13 según la Biblia Pastoral).

El cristiano no debe procurar su completamiento en Jesucristo solo para su beneficio personal. La. Palabra de Dios reiteradamente insiste en la necesidad de aun seamos un modelo para los *demás* seres humanos. El cristiano tiene a Jesucristo como arquetipo y a su vez debe servir de modelo a los demás hombres.

---

[28] Nygren, A. La Epistota a los Romanos, Bs. As. La Aurora, 1969, Pág. 344.

En ese espíritu que Pablo dice: "Hermanos, sed imitadores de mí, y mirad a los que se conducen según el ejemplo[29] que tenéis en nosotros". (Filipenses 3:17). Pablo afirma que todos los cristianos de Tesalónica han sido ejemplo (**tipos**) "a todos los de Macedonia y de Acaya que han creído (I Tesal. 1:7). A Timoteo dice: "Ninguno tenga en poco tu juventud, sino sé ejemplo de los creyentes en palabra, conducta, amor, espíritu, fe y pureza" (I Timoteo 4:12). En otras palabras: Sé un cristiano típico, sé un modelo, un arquetipo, por cuanto estás en proceso de completar la imagen de Dios en tu vida. Algo similar se pide a Tito (Tito 2:7) y a los ancianos que dirigen la Iglesia en I Pedro 5:3.

Una reflexión final. Es significativo que en Juan 20:25 se use la palabra griega **tipos** para referirse a las marcas que los clavos han dejado en las manos de Jesús. Reina Valera, traduce **tipos** por señal. Así como las huellas de los clavos en las manos de Jesús son una señal, los cristianos debemos ser claras señales a los hombres de una vida dedicada a Dios y en proceso de transformación.

3. La Imagen de Dios en los no creyentes

Hemos señalado que en todo hombre –creyente o incrédulo– se dan dos realidades: La Imagen de Dios y el pecado. El creyente ha encontrado en Cristo la remisión de su pecado y el desafío a la integración y completamiento de la Imagen de Dios. El no creyente es aquel en quien predomina la tendencia al rechazo de Dios pero que padece la ambivalencia que mencionamos al principio de este capítulo. La ambivalencia es una situación

---

[29] La palabra que se traduce por ejemplo es tipos, de donde vienen nuestras palabras, tipo, típico, atípico.

Todos los pasajes que citamos a continuación usan el mismo término griego.

conflictual producto de la tensión entre el pecado y la Imagen de Dios.[30]

Pero además de la realidad del pecado, hay otros factores que pueden contribuir a la creación de tensiones. El Imago Dei siempre tiende a crear tensión con el pecado, pero en el Volumen II señalamos que la tendencia constitucional como en el caso de Gerardo Rivero, conduce a la búsqueda de la experiencia religiosa.[31]

Reproducimos a continuación un gráfico que aparece en dicho Volumen.

"Este esquema representa la personalidad básica del ser humano que se desarrolla en los primeros seis años de vida incluida la etapa intrauterina. La base de la humanidad del ser humano reside en su condición de Imagen de Dios, esa es su esencia. Lo cual no significa que todo ser humano esté determinado de antemano, ni que la identidad de cada cual haya que interpretarla en un esquema metafísico. El **Imago Dei** es el motor de la tendencia religiosa".[32]

Hemos señalado que el hombre no puede ser neutral ante Dios, puede hacer una transferencia afectiva positiva cuando predo-

---

[30] Véase en Vol. I 3ra. Edición. Págs. 61–62, donde presentamos dos fuerzas antagónicas que luchan en el inconsciente: 'Los mecanismos de escape de la realidad que tienen como objetivo escapar de la realidad de lo que se es y el Espíritu Santo que pretende convencer al hombre -de todo lo contrario, de que es un pecador. (Juan 16:8).

[31] Véase Vol. II el caso de Gerardo Rivero Págs. 89–92, 95–96, 98–99, 103. Véanse también los casos bíblicos de herencia constitucional en las páginas 93–95.

[32] Vol. II, Págs. 97.

minan el amor, la aceptación de la realidad del pecado y la fe. Pero también el hombre puede hacer una transferencia afectiva negativa, cuando predominan el odio, el intento de auto justificación, la incredulidad y el rechazo. La transferencia afectiva positiva da como resultado la auténtica adoración en Espíritu y en Verdad. La transferencia afectiva negativa da lugar a la idolatría en alguna de sus muchas manifestaciones.

Todo evangelista debe tener en cuenta la realidad de la Imagen de Dios, que la Biblia no ha afirmado que se haya perdido por causa del pecado. Por el contrario, en Santiago 3:9 se afirma su realidad: "Con ella (la lengua) bendecimos al Dios y Padre y con ella maldecimos a los hombres que están hechos a la semejanza de Dios". Nótese que no se refiere solo a los creyentes sino a los hombres en general.

Todo ser humano tiene la Imagen de Dios[33] y todo ser humano es pecador[34]. El **Imago Dei** se expresa a pesar del pecado. El Espíritu Santo es una revelación objetiva, mientras que el **Imago Dei** es una revelación subjetiva de la realidad de que somos pecadores. Luego, es lógico que surja la ambivalencia a la cual hemos hecho referencia. "Es obvio que el hombre de hoy no es el mismo que salió de las manos de Dios. Peo un poco lo intuimos, todos los que somos conscientes del deseo de completamiento que experimenta el ser humano. Este deseo de completamiento es una manifestación de la revelación subjetiva de Dios, que se manifiesta en nuestra esencia, en nuestro **Imago Dei**, a pesar de haber sido desdibujado por el pecado".[35] Es del **Imago Dei** que surge la necesidad del hombre de comunicarse con Dios, la necesidad de oración. "El corazón humano es tan sensible a Dios

---

[33] Génesis 1:26–27; 5:1–3; 9:6; Santiago 3:9.

[34] Romanos 3:23; I Juan 1:8–10.

[35] Volumen II, Pág. 42.

como la retina a las ondas luminosas. El alma tiene un anhelo natural de intercambio y compañía que lo lleva a Dios con tanta naturalidad como el instinto mensajero de la paloma la lleva al lugar de su nacimiento".[36]

4. La Imagen de Dios y la Evangelización

Hemos visto que el **Imago Dei** crea cierto condicionamiento pues conduce a una tendencia religiosa. Pero el hombre en su libertad puede optar por la religión revelada o por una forma de idolatría. Creemos que una ilustración tomada de la naturaleza puede mostrarnos como condicionamiento y libertad se equilibran en la vida humana. La luna nos va a servir de ilustración. Nuestro satélite se encuentra aproximadamente a 400.000 Kms. de nosotros. Dos veces por día su influencia se manifiesta a través de las mareas, que en algunos lugares se eleva hasta veinte metros. ¡Podemos imaginar la fuerza necesaria para levantar veinte metros las aguas del mar! Nos parece tan normal que, se produzcan mareas que no nos damos cuenta de que la luna las produce. Esta fuerza tremenda no es lo suficientemente destructivo como para eliminar nuestra geografía, pero esto ocurriría si la luna se acercara un poco más a nosotros. El planeta Marte tiene un pequeño satélite a 10.000 Kms. de distancia. Si la luna estuviera a 80.000 kilómetros, las mareas serían tan altas que aún las más grandes montañas serían cubiertas por las aguas y eliminadas por la erosión. Si nuestros continentes fueran barridos, la tierra quedaría convertida en una bola de agua con un promedio de dos kilómetros y medio de profundidad. La tierra quedarla debajo y la vida humana sería imposible. La luna ejerce cierta atracción sin atentar contra la vida humana. De manera similar actúa Dios. Se nos manifiesta a través de la revelación

---

[36] Jones, R. Prayer and the Mvstic Vision, en Concerning Prayer, 1931, editado por B. H. Streeter, Pág. 118.

objetiva: Jesucristo y el Espíritu Santo y también a través de la revelación subjetiva que nos viene de dentro de nosotros mismos, del **Imago Dei**. Dios nos atrae pero no nos deshumaniza arrebatándonos la libertad. La tendencia religiosa en el hombre presenta dos opciones a la libertad humana: El Dios verdadero o un ídolo. El hombre no puede ser salvado si se le roba su libertad. Forzar al hombre es deshumanizarlo al convertirlo en irresponsable por carecer de libertad.

A veces el hombre necesita ser golpeado por la vida para darse cuenta de su gran necesidad espiritual. Este concepto quizás sea aclarado con la siguiente ilustración: Cuando un fotógrafo quiere revelar una fotografía –escondida en su rollo sensitivo– la lleva a un cuarto oscuro y allí la baña con una solución reveladora y la imagen latente aparece gradualmente aún en los detalles mínimos. La **Imagen de Dio** en el hombre es semejante a esa fotografía escondida. Algunos hombres necesitan encontrarse en medio de las tinieblas –que ellos mismos se han creado– para en esas circunstancias aceptar la sangre de Cristo como solución reveladora de la Imagen escondida, pero latente y real. Otros van por sus propios pasos, no golpeados por la vida, al cuarto oscuro de la revelación donde únicamente podemos descubrir la Imagen de Dios que en nosotros hay.

La evangelización debe partir del presupuesto básico que en el peor de los hombres está la Imagen de Dios. "Jesús sabía que en el peor de los hombres estaba el **Imago Dei** y por causa del pecado, esa Imagen de Dios clama por completamiento. Luego lo que necesita todo ser humano es **descubrirse como hombre** y como **hombre perfectible** a la luz de Jesucristo. Ningún hombre es una bolsa vacía. En todos hay contenidos aparte del **Imago Dei**. La evangelización debe estar encaminada a escindir los contenidos de "la bolsa". No es cuestión de depositar nuevos contenidos sino ayudar a ordenar lo que ya está, para poder recibir lo que falta en forma armoniosa y gozosa. La escisión existencial se manifiesta cuando se muestra la distancia entre el "ser" y el "deber ser". Con una clara visión de su problemática el hombre se siente desafiado, por un vacío existencial a marchar en pos de su vocación ontológica. A tratar de alcanzar la plenitud de la condición humana tal como se ha dado en Jesucristo".[37]

Hay otros elementos que no hemos considerado y que pueden conspirar contra la vida espiritual. Por ejemplo, problemas emocionales que afectan el desarrollo normal de la espiritualidad. Ignacio Lepp nos presenta muchos casos. Veamos solo uno, Evelina, "al matar simbólicamente a Dios, mataba también a su padre tirano, que los atávicos principios de piedad filial le impedían enfrentar directamente. Pero como había revelado en el análisis de sus sueños, Evelina en su inconsciente continuaba amando a su padre a pesar de todo y el desprecio que le manifestaba era sólo despecho. Tan o más escondida en el inconsciente estaba su necesidad de Dios y así descubre con asombro que a pesar de su ateísmo fanático, solo se había enamorado de hombres profundamente religiosos".[38]

Rümke cree, como hipótesis fundamental y punto de partida, que la creencia es algo que nos acompaña en nuestro desarrollo y maduración pero reconoce que hay factores psicológicos que impiden que ocurra la experiencia religiosa. Según Rümke los siguientes son los factores más importantes: "Una perturbación en el crecimiento, un desarrollo unilateral del intelecto, cierta rigidez en el proceso integrador, una desviación de la vida emocional–intuitiva por temor a la pasión y una ceguera al símolo".[39]

---

[37] Vol. II, Pág. 172.

[38] Lepp, l. Psicoanálisis del Ateísmo Moderno, Buenos Aires, Ediciones Carlos Lohlé, 1963, Pág. 44.

[39] Rümke, H. C. Psicología de la Incredulidad, Buenos Aires. Ediciones Carlos Lohlé, 1959, Pág. 21. Para una mayor informa-

Para Carlos Gustavo Jung la experiencia religiosa es un desprendimiento del inconsciente colectivo, de energías dinámicas y símbolos de significados atemporales y universales. Según Jung la experiencia religiosa trasciende al individuo porque surge de energías inconscientes que escapan a la conciencia individual. Estos conceptos del psicólogo Jung están muy cerca de la doctrina bíblica del **Imago Dei**.

En mi trabajo de evangelización personal y en mis campañas de evangelización tomo muy en cuenta la realidad de la presencia del **Imago Dei** en todo ser humano.[40] En el Volumen II de esta colección presento un caso en que el presupuesto básico de la presencia de la **Imagen de Dios**, a pesar del ateísmo confeso, fue el elemento decisivo en mi estrategia y metodología que, por la gracia de Dios, trajo como consecuencia la entrega a Cristo de un matrimonio.[41] La certidumbre de la presencia de la Imagen nos permite liberarnos de inhibiciones y hasta del sentimiento de inferioridad frente a la agresividad dialéctica de algunos incrédulos. El Señor está con nosotros según su promesa (Mateo 28:20), pero en el otro, como en mí, está la Imagen de Dios.

5. La Imagen de Dios y la vocación evangelizadora

---

ción sobre el punto de vista de Rümke, véase el Vol. II Págs. 59–62, 65, 76, 136–137.

[40] Véase en el Volumen II Págs. 60–76 diez razones de tipo psicológico por las cuales una persona puede estar convencida de que es atea, sin que lo sea necesariamente. Insistimos en que la opción del hombre no está entre el teísmo y el ateísmo, sino entre la verdadera adoración en Espíritu y en Verdad y la Idolatría.

[41] Págs. 173–174.

La evangelización consiste tanto en el anuncio del Evangelio como en el logro del objetivo del anuncio. La evangelización es a la vez causa y efecto, meta y realización. El anuncio del Evangelio que hace Pablo, tiene como objetivo: "presentar perfecto (**teleiós**) en Cristo Jesús a todo hombre". (Colosenses 1:28). Pablo no se limita a procurar una decisión personal por Cristo. Va mucho más allá, busca el completamiento de la condición humana en Cristo.

Entendemos la evangelización como la introyección de las Buenas Nuevas de Cristo. La Evangelización es el proceso mediante el cual, paulatinamente, la Palabra de Cristo se va encarnando en el creyente. Tiene dos fases: una que va dirigida al logro del inicio de un proceso; la otra que se encamina hacia la continuación de este proceso, hasta la culminación. Esta definición implica que la evangelización debe ser dirigida tanto a los incrédulos como a los creyentes. De los primeros se espera que acepten a Jesucristo como su Señor y Salvador, reconociendo la realidad de que son pecadores, convirtiéndose así en creyentes. De los segundos se espera que acepten a Jesucristo como Imagen de Dios, como arquetipo y modelo de vida y que tomen conciencia de la distancia que existe entre lo que son y lo que deben ser a la luz de Jesucristo. El creyente es aquel que está creciendo en Cristo y ayudando a crecer a los demás.

En todo hombre está la Imagen de Dios y por lo tanto cada ser humano es religioso por naturaleza, pero necesita desarrollo Cuando un niño nace tiene todas las neuronas que necesitará cuando sea adulto. Sin embargo la madurez no se logrará jamás, a menos que las neuronas maduren. Igualmente todo hombre al nacer, tiene la Imagen de Dios. La evangelización es el proceso que tiene como meta el logro de esa madurez de la Imagen, a fin de alcanzar la plena humanización del hombre.

La Imagen de Dios, aunque es individual, no puede tener una perspectiva individualista, pues lleva implícitas las relaciones interpersonales: "Varón y hembra los creó" (Gén. 1:27). Dios, según el pasaje citado, crea una pareja a su imagen y semejanza para que vivan en relación, comunión y solidaridad entre ellos y con Dios. Juntos fueron creados, juntos cayeron en el pecado y juntos se apartaron de Dios y constituían toda la humanidad.

Hoy que somos conscientes de que necesitamos completamiento, los que hemos adquirido esa conciencia, debemos comprender la **urgencia** de la evangelización, tarea impostergable en la cual debemos estar comprometidos todos y cada uno de los cristianos. Es difícil lograr el completamiento de la condición humana viviendo en un mundo desquiciado. No debemos esperar a crecer en Cristo para comenzar a evangelizar. La mejor manera de crecer en nuestra vida cristiana es ayudando a crecer a los demás. En muchas congregaciones encontramos indiferencia ante la urgencia de la evangelización. Muchos esperan que la Iglesia –o el pastor– haga algo, olvidando que la Iglesia está constituida por los creyentes. La nada anonada, y una iglesia anonadada es infiel al Señor que ofrece –plenitud de vida a todos los hombres (Juan 10:10).

La evangelización es una vocación,[42] un llamado de Dios, que debe atender cada cristiano. La vocación no es necesariamente el oficio o la profesión con que, nos ganamos la vida. Encontrar la vocación significa adecuar nuestra existencia a la finalidad de nuestra esencia. Vivir no es vegetar. Vegetar es vivir solo con vida orgánica, como un vegetal. Para el vegetal la existencia es un fin en sí misma, pero no debe serlo para el hombre.

Algunos cristianos tienen una vocación evangelizadora inhibida y por tal razón son acusados de padecer "frialdad espiritual". Esas inhibiciones pueden bloquear a la persona que desea hacer evangelización personal a tal punto que haga el ridículo. Además de las inhibiciones, el contexto social puede conspirar contra la expresión de la vocación evangelizadora. Conozco el caso de un

---

[42] La palabra vocación viene del verbo latino "vocare" que significa llamar.

hombre que en su trabajo da testimonio de su fe cristiana y sus compañeros al principio se burlaban de él. Demostrando una gran madurez emocional, este creyente encaró el contexto social adverso y convencido de que –a pesar de las burlas– en cada uno de sus compañeros estaba el **Imago Dei**, siguió adelante con su testimonio. Como resultado cinco familias se acercaron a Cristo y ganó el respeto y la admiración de todos sus compañeros. Conozco otro caso en que un creyente trató de dar testimonio de su fe en Cristo y recibió el rechazo y la burla de todos. Me confesó: "me sentí como un leproso. No sabía dónde meterme". Se inhibió completamente y no se atrevió a hablar más del Evangelio, pero los compañeros, dándose cuenta que estaba abochornado, seguían burlándose de él. Un día tomó un palo, golpeó a uno que se burlaba y éste tuvo que ser hospitalizado. Así no se debe evangelizar. Las inhibiciones pueden venir del Superyo.[43] Al-

---

[43] La primera concepción tópica de Freud, apareció en el capítulo VII de su obra: "La interpretación de los sueños", aparecida en 1900. Esta primera tópica (se llama "tópica" porque presupone "lugares psíquicos" -en griego "topoi" significa lugares-) distingue tres sistemas: Consciente, Preconsciente Inconsciente. (Véase Vol. I Cap. II). Una segunda tópica donde también se supone la existencia de un aparato psíquico constituido por tres sistemas de características particulares: Yo, Ello y Superyo, aparece en 1920. Debemos aclarar que Freud no pretende lograr una localización anatomo-fisiológica. El Yo está en relación dinámica con el Superyo y con el Ello, su autonomía es relativa. Es el encargado de la totalidad de los intereses de una persona. Tiene que encarar las reivindicaciones del Ello y los imperativos del Superyo, también tiene que encarar su propia realidad. El yo es el coordinador de la persona humana. El Superyo se constituye con los principios morales que son introyectados. Se maneja con el principio del Deber. El ello se maneja con el principio del Placer. Es la parte inaccesible y oscura de la personalidad y por

guien que ha tenido un padre o una madre neurótica, que ha impuesto una tiranía sobre el hijo y que constantemente le dice: "Tú no sirves para nada", tendrá introyectada la idea de que no sirve para realizar un buen trabajo de evangelización. Aunque los padres hayan muerto, seguirán viviendo en su Superyo. Una joven llamémosle María Victoria, sentía el llamado a trabajar por Cristo, pero padecía unas inhibiciones terribles. Dándose cuenta de que tenía una auténtica vida cristiana, además de otras condiciones, traté de orientarla en el trabajo. Comprobé sin embargo que estaba bloqueada, que no se atrevía a hacer ni una visita a un hogar de creyentes. El problema no era de f e sino emocional. Comprobé que sus inhibiciones no se limitaban al plano religioso sino que afectaban la totalidad de su vida. En el trabajo no se atrevía a protestar cuando el Jefe la trataba injustamente. Casi no le salía la voz para decir: **"Sí, señor Jefe"**. Después se sentía profundamente deprimida por haberse dejado maltratar injustamente. El mandato parental seguía vivo, a pesar de que su padre había muerto. Ante cualquier persona que pudiera representar autoridad, el mandato parental: "Cállate, no puedes hablar", seguía actuando sin que ella se diera cuenta. Con el tiempo, las inhibiciones se generalizaron. Cuando esta persona tomó conciencia de la relación que existía entre el mandato parental en su niñez y las situaciones actuales, comenzó a superar sus dificultades y hoy trabaja activamente por Jesucristo. Una vocación evangelizadora inhibida contribuye a la frustración de muchos cristianos.

Pero la inhibición puede venir también del Ello. Recordemos que el Ello se maneja con el principio del Placer. Uno se siente movido a testificar de su fe, pero de dentro le vienen estas interrogaciones: ¿Qué vas a ganar con hacerlo? ¿Por qué dejar

---

eso Freud lo designa con pronombre impersonal. Del ello surgen los impulsos instintivos.

que se burlen de ti? ¿Vale la pena perder el tiempo con estos pobres infelices? El Ello le está diciendo a uno: "No vas a experimentar ninguna gratificación con ese acto, más bien vas a tener que sufrir la burla de los inconversos, haz otra cosa que te produzca placer".

El Yo tiene que cumplir la difícil tarea de establecer el equilibrio entre las demandas en pugna del Superyo y el Ello. Por eso el Yo se maneja con el principio de Realidad. La neurosis se debe a la incapacidad del Yo para mantener el equilibrio entre las fuerzas dinámicas del psiquismo. Pablo al decir "Miserable de mí", por no poder mantener el equilibrio entre las fuerzas en pugna en su interior (Romanos 7:24) quería decir: **Neurótico de mí**. Pero el canto de victoria está en: "Gracias doy a Dios, por Jesucristo, Señor Nuestro". (Rom. 7:25).

Todo cristiano está vocacionado a ser un evangelista según sus posibilidades. Una vocación evangelizadora inhibida conspira contra la realización cristiana del creyente en su vida y su ministerio.

El reconocimiento de la Imagen de Dios tanto en el evangelista como en el presunto evangelizado es fundamental. En primer lugar porque nos permite evitar una actitud arrogante frente al otro que también tiene la Imagen. En segundo lugar porque el creyente es consciente de la distancia que existe entre lo que es y lo que debe ser. El convencimiento de que le falta mucho para lograr el completamiento de su condición humana según el paradigma que es Jesucristo, le conduce necesariamente a la humildad. Una actitud fanática o prepotente trae como consecuencia el rechazo del Evangelio, que más bien es un rechazo del que proclama el Evangelio. No debemos esperar el completamiento para comenzar a evangelizar. Es necesario comenzar ya.

Hay mucha gente que vive anonadada en la nada. Gente que vive agobiada por la sensación de no ser nadie y la necesidad de ser alguien. Esto se pone de manifiesto especialmente en la soledad de la gran ciudad. Personas que viven perplejas y confusas ante:

El mundo externo con sus requerimientos y exigencias, el Super-yo con sus demandas morales y el Ello con sus pulsiones instintivas. El conflicto, la frustración, la culpa, la angustia, en fin... el pecado, es la moneda corriente en nuestro mundo actual. Necesitamos miles de cristianos latinoamericanos que estén convencidos de que son Imagen de Dios en proceso de integración y desarrollo y que salgan a proclamar a esas personas agobiadas: "Usted es alguien, usted es nada menos que **Imagen de Dios**, y esa Imagen –desdibujada por el pecado– necesita ser integrada y desarrollada para que usted alcance la plenitud de la vida. Cristo ha venido a darle vida y a dársela en abundancia. Venga a Él".

6. La posibilidad de completar la imagen

Ahora se nos presenta una cuestión práctica... ¿Es posible arribar al completamiento de la condición humana o se trata de una meta inalcanzable? En una de mis conferencias una persona me preguntó: ¿Cuál es la receta? La mejor respuesta a estas dos preguntas la encontramos en San Pablo. En su vida el proceso de completamiento tiene algunos jalones fundamentales: Su conversión a la fe cristiana: Gálatas 1:11–22 (véase también Hechos 9:1–19; 22:6–16; 26:12–18); el reconocimiento de la falta de completamiento: Romanos 7:7–25; y la confesión de haber alcanzado la meta: II Timoteo 4:7–8. Pablo no nos dice cómo él llegó, no nos da una receta. No existe una receta absoluta, una panacea válida para todos los seres humanos por cuanto todos somos diferentes y el punto de partida es distinto en cada uno. Pero hay ciertos elementos en la vida de Pablo que nos sirven de orientación: 1.– La crucifixión de su orgullo que hace posible el surgimiento de la humildad. 2.– Su vida de oración que se pone de manifiesto en todas sus epístolas. 3.– Su fe inquebrantable en Jesucristo, Segundo Adán e Imagen de Dios, quien le desafía a alcanzar su completamiento. 4.– Su actividad evangelística y misionera, no esperó a alcanzar su completamiento para iniciar esa tarea, comenzó a compartir a Cristo desde el inicio de su vida cristiana. 5.– La aceptación de sus limitaciones existenciales, dando la cara a las dificultades con toda honestidad.

Las pautas que acabamos de señalar –que no incluyen todas las cualidades espirituales que podríamos resaltar en Pablo– no están colocadas en orden de prioridad. Además es necesario recordar que para todo cristiano es fundamental el estudio profundo de las Sagradas Escrituras, a fin de lograr un enriquecimiento integral.

ACTITUD, MÉTODO Y OBJETIVOS DE LA EVANGELIZACIÓN PERSONAL REALIZADA POR JESUS

1. La actitud de Jesús hacia el pecador y la nuestra

a) El amor en Jesús

Jesús asume el rol de novio o esposo, que en el Antiguo Testamento estaba reservado a Jehová (Oseas 1–3; Jeremías 2:23; 3:1–2; 30:14; 31:22; Isaías 54:4–17; 62:4–12; etc.). En el Evangelio según San Marcos encontramos estas palabras: "Jesús les dijo: ¡Acaso pueden los que están de bodas ayunar mientras está con ellos el esposo!, entretanto que tienen consigo al esposo, no pueden ayunar. Pero vendrán días cuando el esposo les será quitado y entonces en aquellos días ayunarán" (Marcos 2:19–20 Cf. Mateo 9:15; Lucas 5:34–35). Es evidente que la imagen de Jesús como el esposo, llamó poderosamente la atención de la Iglesia Primitiva. Esto se pone de manifiesto en el hecho de que los tres Evangelios Sinópticos conservan este dicho de Jesús en forma casi idéntica. Aquí se da por sentado que los apóstoles son los amigos del novio, pero no se menciona a la novia. Lo mismo ocurre en el caso de la parábola de las Diez Vírgenes (Mateo 25:1–13). Jesús es el hijo del Rey para quien su padre ha preparado una fiesta de bodas (Mateo 22:1–14). La imagen de Jesús como el novio o el esposo, ocupando el lugar que en el Antiguo Testamento corresponde a Jehová, aparece también en el Evangelio según San Juan: "El que tiene la esposa, es el esposo; más el amigo del esposo, que está a su lado y le oye, se goza grandemente de la voz del esposo; así pues, este mi gozo está cumplido (San Juan 3:29). En este caso el amigo del novio es Juan el Bautista. Tampoco se menciona a la novia. La omisión de ésta parecería indicar que los oyentes, identificados con la imagen conyugal en el Antiguo Testamento, entendían que la novia era el pueblo de Dios.

Para comprender la actitud de Jesús hacia los pecadores, es necesario el estudio de los pasajes del Antiguo Testamento que hemos citado. Recordemos que el profeta Oseas, quien representa a Jehová, se casa con una prostituta sagrada, una sacerdotisa de Baal, (dios de la fertilidad) en cuyo culto, el acto sexual formaba parte de los ritos religiosos. Esta prostituta representa al pueblo de Israel. A pesar de que este pueblo se había prostituido siguiendo dioses paganos, Jehová continuaba amándolo. La predicación de Oseas ejerció una gran influencia sobre los profetas que le sucedieron: Jeremías, Isaías, Ezequiel, etc. Cuando Jesús asume el rol que en el Antiguo Testamento corresponde a Jehová, está mostrando una actitud muy clara hacia el pecador. Si bien el Señor condena al pecado que aliena a aquellos que caen en sus garras, ama entrañablemente al pecador. En todo esfuerzo evangelizador es necesario tener en cuenta, fundamentalmente, que Jesús vino movido por el amor, a buscar y salvar lo que se había perdido. A dar su vida en rescate por muchos.

Es necesario que tengamos en cuenta que esta actitud amorosa de Jesús para con el pueblo pecador, impresionó profundamente a sus primeros discípulos. Así la Biblia nos deja constancia del impacto que la imagen conyugal ejerció sobre el apóstol Pablo. Escribiendo a la Iglesia de Corinto, les dice: "Os he desposado con un solo esposo para presentaras como una virgen pura a Cristo" (II Corintios 11:2). Escribiendo a los Efesios, presenta largas reflexiones sobre las relaciones entre el amor de Cristo por su Iglesia y el amor entre los cónyuges (Efesios 5:21–33). Esta imagen deja también su huella en el último libro de la Biblia. (Véase Apocalipsis 19:7; 21:2).

La actitud amorosa de Jesús, parecería verse interrumpida en dos ocasiones: 1) En el trato de Jesús hacia los escribas y fariseos y 2) En la actitud de Jesús hacia los mercaderes del templo. Sobre el punto uno nos ocuparemos en este mismo capítulo. Con relación a lo sucedido en el Templo de Jerusalén, véase el Volumen I de esta colección: Psicología Pastoral para todos los Cristianos, páginas 105–106. A continuación reproducimos un párrafo corto de la obra citada para mostrar nuestro punto de vista: "Jesús lo hizo en el Templo, no movido por la ira sino por el amor. El amor no debe ser confundido con la debilidad".[44] No hay excepciones. La actitud de Jesús hacia el pecador está impregnada de amor. Ese amor queda demostrado en su sacrificio expiatorio en la cruz (Juan 3:16).

Si Jesús no amara al pecador no tendría sentido su mandamiento de que nos amemos los unos a los otros, por cuanto somos pecadores: "En esto conocerán todos que sois mis discípulos, si tuviereis amor los unos por los otros" (Juan 13:35). En el primer volumen de esta colección nos ocupamos del amor cristiano con bastante extensión. (Véase 3a. edición, páginas 70–75).

b) La humildad en Jesús

Jesús comienza su ministerio con un acto de humildad, sometiéndose al bautismo. Según el testimonio de San Mateo, Juan el Bautista se oponía a que Jesús se presentara ante él para recibir el bautismo diciendo: "Yo necesito ser bautizado por ti ¿y tú vienes a mí?". "Pero Jesús le respondió: deja ahora, porque así conviene que cumplamos toda justicia. Entonces le dejó". (San

---

[44] J. A. León, Psicología Pastoral para todos los Cristianos, Pág. 106.

Mateo 3:14–15). San Juan nos informa que uno de los últimos actos del ministerio terrenal de nuestro Señor fue lavar los pies a sus discípulos. Esta tarea estaba reservada para los esclavos, sin embargo Jesús asume el rol de siervo, para expresar una vez más su humildad. Los Evangelios dejan constancia de que Jesús interpretó su ministerio en función del siervo sufriente que nos presenta Isaías en el capítulo 53. La actitud de Jesús como siervo, impresionó profundamente a San Pablo, quien nos presenta reflexiones teológicas magistrales en Filipenses 2:1–11. En todo esfuerzo evangelizador debe tenerse en cuenta la humildad de Jesús, una actitud que debe ser imitada por quienes en su nombre, proclaman el Evangelio.

c) El Respeto de Jesús para con las personas a ser evangelizadas

Es significativo el hecho de que Jesús escogió para ser sus discípulos a personas que representaban diferentes puntos de vista e ideologías, del panorama palestino del siglo I. Escogió zelotes y también publicanos. Quiso tener en el grupo íntimo de sus apóstoles, a personas que representaban grupos humanos irreconciliables. Personas que se odiaban entre sí. Desde el punto de vista de los problemas de personalidad, Jesús escoge como su discípulo a un fanfarrón y arrogante pescador llamado Pedro y a su hermano, humilde e introvertido, llamado Andrés. Escogió a personas ambiciosas como Jacobo y Juan que procuraban alcanzar los primeros lugares en el Reino que Jesús iba a inaugurar. (San Marcos 10:35–37).[45] También escogió a un hombre ambicioso para que fuera su tesorero, Judas Iscariote. Jesús tiene un gran

---

[45] En la introducción al primer volumen de esta colección, 3a. Edición, Págs. 13–14, analizamos con bastante amplitud la actitud de estos apóstoles quienes ambicionaban los puestos principales en el Reino que Jesús iba a inaugurar.

respeto por el ser humano. Lo acepta tal cual es, seguro de que puede llegar a ser mucho más de lo que es, si se descubre como hombre perfectible a la luz del Evangelio de Cristo. Pero Dios no desea marionetas, sino hombres que libremente decidan seguirle. El Jesús que utiliza su poder para detener las olas y hacer cesar el viento; que multiplica los panes y los peces y convierte el agua en vino, tiene tanto respeto por el hombre que jamás usa su poder y autoridad para forzarle a una decisión personal. Los milagros de Jesús son un anuncio de que el Reino se ha iniciado en Su persona y ministerio, pero solo tienen un valor persuasivo para el hombre. Jesús jamás usó su poder para producir milagros que intimidaran al hombre al extremo que le obligaran a aceptar su doctrina como única forma de salvar la vida. Dios no quiere robots, quiere hombres que le sirvan libremente y por amor. Ningún hombre es una bolsa vacía de conocimiento de Dios. En todo ser humano hay contenidos espirituales además del **Imago Dei**. La evangelización de Jesús no consistía solo en depositar nuevos contenidos en los seres humanos, comenzaba por ordenar lo que ya estaba, para entonces proporcionar lo que faltaba en forma armoniosa para que fuera recibida con gozo. Con su evangelización tensora, procura la escisión existencial entre lo que el hombre "es" y lo que "debe llegar a ser". El hombre perfectible a la luz de Cristo, descubre su vocación ontológica que le desafía a marchar hacia el completamiento de su condición humana, según el paradigma que se nos ha dado en la persona de Jesucristo.

El amor, la humildad y el respeto por el ser humano, además de la fe en que hay en el hombre ilimitadas posibilidades de desarrollo, condicionan la actitud de Jesús hacia el pecador. Creemos que esta actitud es uniforme en todos los casos en que hace trabajo personal para conducir a los hombres a la aceptación de Su Evangelio. Tomemos por ejemplo el caso de tres mujeres pecadoras, despreciadas por todos los religiosos de su época. En San Lucas 7:36–50 se trata de una mujer pecadora que llora a los pies de Jesús secando sus pies con sus cabellos, mientras que un fariseo, Simón, juzga la actitud de Jesús por dejarse tocar por una mujer pecadora. En el Evangelio según San Juan nos encontramos, en el capítulo cuatro, a una sorprendida mujer samaritano ante el hecho de que Jesús, un judío, le dirigiera la palabra y se atreviera a hacer lo que ningún judío haría: beber en la vasija de una samaritano. En el capítulo ocho del mismo Evangelio encontramos a Jesús otra vez entre una mujer pecadora y los escribas y fariseos, supuestos juntos. Y aquí también Jesús asume una actitud de amor, humildad y respeto por el pecador. Respeto tanto para la mujer pecadora como para los fariseos pecadores. La misma actitud encontramos en Jesús ante Zaqueo el publicano, Nicodemo el fariseo, el joven rico y los escribas y fariseos en general.

La humildad de Jesús y su respeto por el pecador se resume en el amor. La división en tres actitudes es válida solo por razones metodológicas. Amor al hombre significa tenerle, respeto. Respetar al hombre significa que lino es humilde. El amor, la humildad y el respeto por el prójimo se resume en el amor. "El amor no hace mal al prójimo". (Romanos 13:10).

d) Nuestra actitud como evangelistas

Lamentablemente la actitud de Jesús no se imita con frecuencia por los que tratamos de evangelizar. Hoy se ha desarrollado en la iglesia de nuestros días un neo-fariseísmo semejante al cine existió en el siglo I. Recientemente, después de haber terminado de predicar en la Iglesia en la cual soy pastor, un hermano que lleva más de cuarenta años de militancia en las filas del Evangelio me dijo con voz emocionada: "Pastor, me doy cuenta de la gran distancia que existe entre nuestra actitud para con los pecadores y la actitud de Nuestro Señor Jesucristo". Es necesario que tomemos conciencia de esa realidad. Debemos aprender a ser humildes como nuestro Señor: "aprended de mí que soy manso, humilde de corazón". (Mt. 11:29). Pretendemos ser "bolsas llenas" de sabiduría, de conocimiento de Dios, de piedad.

Pretendemos tener la capacidad de comunicar a los pecadores el Evangelio con solo compartir lo bueno que tenemos. Nos hacemos intolerantes con el pecador, a veces expresamos odio hacia ellos. A veces odiamos más al pecador que lo que amamos al Señor al cual predicamos. Debemos ser honestos en reconocer, la existencia de motivaciones inconscientes, en esta actitud, que nos impide alcanzar una vida plena. Es necesario que tomemos conciencia de la gran distancia que existe entre la actitud de Jesús hacia los pecadores y la actitud que asumimos sus discípulos del siglo XX.

II. Nuestros métodos de Evangelización y el de Jesús

a) Nuestros métodos de Evangelización

No podemos ni debemos afirmar que Jesús tuvo un método rígido de evangelización al cual se ciñó de una manera inflexible. La metodología de Jesús está determinada por su actitud hacia el pecador y por su ministerio redentor, para hacer posible la redención integral de todo el hombre y de todos los hombres.

Nosotros tendemos a crear métodos rígidos para la comunicación del Evangelio. Así se ha procurado resumir en pocas palabras lo que se ha llamado el plan de salvación. Tradicionalmente la predicación evangelística, se ha basado en esquemas rígidos y ha estado limitada a unos cuantos puntos básicos del Evangelio. Por ejemplo se ha intentado resumir el Evangelio en la aceptación del señorío de Jesucristo y el arrepentimiento de pecado, haciendo de la conversión puntual el objetivo de la predicación del Evangelio. Por todos los medios se procura una decisión personal, muchas veces para llenar modelos estadísticos, pero no se pone ante el presunto convertido la necesidad de un largo camino por recorrer, con Jesucristo como guía, Señor, Maestro y Redentor. Se ha ofrecido un Evangelio de ofertas y sin compromisos, un Evangelio barato en el que aquel que lo acepta tiene todos los beneficios y ninguna responsabilidad. Solo hay que aceptar a Jesucristo, arrepentirse de los pecados y todo lo demás queda automáticamente solucionado. Recuerdo la situación angustiosa de un predicador que vino a verme y me planteó el siguiente problema: Él había estado predicando la salvación y la solución de todos los problemas por la aceptación de Cristo como Señor y Salvador y el arrepentimiento del pecado. Entre las personas que aceptaron a Cristo, estaba un joven que planteó al predicador su problema. "Mire, pastor, yo soy hermafrodita. Mi sexo no está bien definido. Sin embargo yo me siento mujer. Como no puedo tener relaciones normales practico la homosexualidad. Hace cinco años que vivo con un hombre aunque comprendo que mi relación no es normal. Yo quisiera resolver mi problema y ser un hombre o una mujer como todos los demás. Usted ha dicho que el que acepte a Cristo como Señor y Salvador y se arrepiente de sus pecados, puede tener la seguridad de que sus problemas van a ser resueltos. Yo le juro sobre la Biblia que tan pronto llegue a casa voy a romper con el hombre que ha sido mi marido y me voy a poner en las manos del Señor. Pero dígame pastor ¿cómo hago para resolver mi problema?". Tenía ante mí al predicador pidiéndome que lo orientara sobre la forma de asesorar a esta persona conflictuada. Este predicador había ofrecido lo que él no estaba seguro que podía dar. Realmente él había tratado de manipular a Dios cuando afirmaba que "su Dios" podría resolver cualquier problema. El predicador que proclame que, por el mero hecho de hacer una declaración de aceptar a Jesucristo como Señor y Salvador y por el arrepentimiento de pecado, cualquier persona resuelve de inmediato todos sus problemas es deshonesto. Seguramente quien predica tal enseñanza tiene sus propios problemas personales. Aquí está el neo–fariseísmo. Dice nuestro Señor Jesucristo: "Porque atan cargas pesadas y difíciles de llevar, y la ponen sobre los hombros de los hombres, pero ellos –los fariseos– ni con un dedo quieren moverlas" (San Mateo 23:4). Otra característica de la predicación evangelística de nuestro tiempo que no se parece a la predicación de nuestro Señor, es una interpretación subjetiva del concepto de pecado. Son muchos los tratados que se reparten donde se habla de pecado sin definir lo que se entiende por tal. Un detenido examen de estos tratados parecería indicar que implícitamente el pecado tiene connotaciones exclusivamente sexuales. No tiene sentido una predicación evangélica sobre el pecado sin un previo análisis profundo del concepto del mismo en los Evangelios. Es necesario una buena exégesis y una buena hermenéutica. Cada cual toma un pasaje, lo interpreta a su manera v concibe el pecado como mejor le place. Se siguen interpretaciones tradicionales muchas de las cuales no tienen nada que ver con el mensaje evangélico, por eso no se logran los resultados que se desean. Es necesario que sea la Biblia quien hable y no los predicadores con sus interpretaciones subjetivas. Esto es un problema muy grande para cada predicador. Es muy difícil alcanzar la objetividad, la entrega plena al Señor para que el Espíritu Santo nos inunde con su paz y nos oriente a predicar lo que realmente la gente necesita de acuerdo con la doctrina cristiana tal como la encontramos en el Nuevo Testamento. Nadie puede pretender tener el monopolio de la verdad, ni haber alcanzado la interpretación correcta de todos los pasajes evangélicos. Pero es indispensable que al evangelizar tengamos en cuenta a todo el Evangelio, que apunta hacia la salvación integral de todo hombre y de todos los hombres. No debemos conformarnos con solo una parte de ese Evangelio. Debemos recordar que la herejía no es una afirmación, necesariamente contra la verdad. Por el contrario, ésta herejía, en griego **"hairesis"**, consiste en concentrar toda la atención sobre una parte de la verdad, considerándola como toda la verdad, desconociendo el resto. En este sentido podemos afirmar que la predicación del Evangelio ha sido en gran manera herética, pues ha sido parcial. Se ha proclamado un Evangelio según una interpretación muy particular. Lo que se ha predicado es verdadero, pero no es todo el Evangelio. Viajando hacia la ciudad de Rosario para tener cultos especiales de evangelización, conversaba con la persona sentada a mi lado en el ómnibus. Era un estudiante de Filosofía y Letras en la Universidad de Buenos Aires. El joven, con marcadas influencias marxistas, conversaba conmigo sobre la redención cristiana, sobre Jesucristo, etc. Habíamos conversado sobre la dimensión social del Evangelio, también sobre la redención integral del ser humano, que tiene un elemento ultra terreno, pero que incluye la totalidad de la vida del hombre. El joven estaba bastante bien impresionado y hasta había mostrado interés por asistir a una iglesia en su ciudad. Entraba el ómnibus a la ciudad de San Nicolás y cuando pasamos frente a una iglesia, él fijó sus ojos en un enorme cartel que decía: "Salva tu alma". Al instante el joven me dice: "Está bien, pastor, todo lo que usted me ha dicho, pero mire lo que la Iglesia está predicando. Está muy bien salvar el alma, pero y lo demás: ¿quién lo salva?". Es interesante señalar que un cartel colocado con muy buenas intenciones, con propósitos de salvación, en este caso particular, sirvió para que el joven que había mostrado interés en el Evangelio, ahora reaccionara en forma agresiva con relación a los que las iglesias están proclamando. El hombre es una unidad indivisible que necesita redención integral. Es una unidad biológico–psicológico–espiritual, que se manifiesta en un ámbito social. La pretendida salvación del alma sola, no es un error de la Biblia. Es un error hermenéutica de aquellos que la predican. La Biblia anuncia la salvación integral del hombre en Jesucristo. Si sus pasajes no se interpretan en el contexto total, podemos hacer daño a la evangelización, aun cuando tengamos muy buenas intenciones.

b) La metodología evangelizadora de Jesús

Todo parece indicar que hay en Jesús una motivación bien definida. Él sabe lo que quiere alcanzar. Diríamos que Jesús tenía una política de trabajo claramente definida y que esa política determinó su plan de acción para lograr sus objetivos. El Evangelio según San Lucas (4:18–19) nos muestra que Jesús, basándose en la profecía de Isaías 61:1–2, considera su ministerio de la siguiente manera:

1.　　– **Dar buenas nueva a los pobres**. Esto estaría reñido con la interpretación de que lo único que debemos tratar de lograr los evangelistas es la salvación del alma.

2.　　– **Sanar a los quebrantados de corazón**. Esto significa que la redención cristiana tiene que ver con todo aquello que aliena al hombre y le impide alcanzar una vida plena. Sea un problema de índole emocional, sea un conflicto en las relaciones interpersonales, dificultades efectivas, tiranía de un vicio, tiranía de otra persona, etc.

3.　　– **Pregonar libertad a los cautivos**. El hombre que no se descubre a sí mismo como hombre perfectible a la luz de Cristo, es un cautivo de su propia mediocridad. Los cautivos necesitan libertad. Alcanzar la libertad es básicamente alcanzar la plena humanidad. Cuando nos esclavizamos a nosotros mismos o cuando nos esclavizan y nos impiden alcanzar una vida plena, estamos necesitando liberación cristiana. El Señor Jesucristo dijo: "Yo he venido para que tengan vida, y para que la tengan en abundancia". (Juan 10:10).

4.　　– **Dar vista a los ciegos**. Aquí se refiere a la curación de las enfermedades del hombre. Luego la redención cristiana se aplica a la totalidad de la vida.

Caeríamos en herejía si nos ajustáramos exclusivamente a este pasaje para tratar de elaborar una teología de la evangelización a nivel puramente terreno. Es evidente que en este pasaje particular no hay claras alusiones a una vida más allá de la muerte. Lo cual no significa que esté excluido. Por eso toda interpretación de un pasaje de la Escritura que esté en desacuerdo con el tenor general del Evangelio es una interpretación incorrecta. Creemos que este pasaje es fundamental para la interpretación de nuestra tarea evangelizadora aquí y ahora. Creemos que este pasaje no excluye elementos trascendentes en la vida del hombre, que encontramos en otros pasajes del Evangelio. Creemos que esta es la parte de la evangelización que ha sido descuidada. Pero no debemos dejar de predicar lo que tradicionalmente se ha proclamado desde los púlpitos evangélicos. Sencillamente debemos completar el mensaje evangelizador, teniendo en cuenta estos elementos fundamentales de la predicación de nuestro Señor.

Si la motivación de Jesucristo, tal como lo expresa San Lucas, es lograr la redención de todo el hombre, esto debe manifestarse en su trabajo personal con las personas a las cuales comunicó el Evangelio. Luego es indispensable que ahora hagamos un análisis del método evangelizador de Jesús en las entrevistas personales que Él tuvo con distintas personas. Debemos señalar que la información con que contamos no es exhaustiva. Tenemos importantísimos datos en los Evangelios, pero es evidente que tendremos que utilizar un poco de nuestra reflexión para completar elementos en algunas de las entrevistas.

1. Cómo Jesús evangeliza a sus Discípulos

Con solo leer los Evangelios nos damos cuenta de que el Señor no utilizó el tan conocido esquema de: "Arrepiéntete de tus pecados y acéptame como Señor y Salvador" para lograr la conversión de sus apóstoles. No les sometió a un esquema rígido ni les hizo pasar por un nuevo legalismo. Si bien es cierto que utilizó en algunas ocasiones el esquema de la predicación de Juan el Bautista: "Arrepentíos, el Reino de los Cielos se ha acercado Lo cierto es que este esquema no es el más común en la predicación de Jesucristo, ni en su trabajo de evangelización personal. (Para ampliar estos conceptos, véase el Volumen II de esta colección, capitulo III: La Conversión, páginas 77–79). La invitación de nuestro Señor es bien clara: **Sígueme**. En Palestina era natural, en tiempo de Jesús, que un rabino invitara a un candidato a seguirle como discípulo. En este caso la invitación tiene un carácter muy especial. Si analizamos el contenido de los Evangelios, nos damos cuenta que Jesús fue preparando a *sus* discípulos a través de parábolas clarificadoras y tensoras. Jesús les daba elementos de reflexión para que ellos, en su proceso de maduración y desarrollo llegaran a una decisión personal que les permitiera seguir creciendo hacia la meta del completamiento de su condición humana. En la evangelización personal con los apóstoles, la confesión de Pedro, a nombre del grupo, es fundamental. Parecería que Jesucristo estuvo preparando a este pequeño grupo para que paulatinamente, fueran llegando a la conclusión de quién era su Maestro y cuál debería ser su relación con El. Antes de la confesión de Pedro, las enseñanzas de Jesús parecían tener como objetivo el logro de la comprensión de este grupo pequeño. Después que Jesucristo recibe del pequeño grupo, a través de Pedro, la confesión de que Él era el Cristo, el Hijo del Dios Viviente, el Señor Jesús asume une actitud diferente para con ellos. En lugar de buscar comprensión, se ocupa en lograr la lealtad, la obediencia plena hacia las metas que Él les propone. Después de la confesión de Pedro, Jesús se vuelve más autoritario con sus discípulos. Ellos han alcanzado un grado de maduración y desarrollo que permite al maestro exigir un poquito más. Luego, parecería que la metodología de Jesús en la primera parte de su trabajo personal con los discípulos, consistió en escindir los contenidos espirituales que ellos ya tenían. A medida que seguían a su Maestro e iban captando paulatinamente sus ideas y actitudes, pudieron llegar a un punto focal a la manifestación de fe. La declaración de Pedro es el eje alrededor del cual gira la metodología de Jesús para con sus discípulos. Esto no quiere decir que el Señor se quedó satisfecho con esta confesión. Si bien es cierto que este es un momento crucial en el desarrollo del cristiano, no es menos cierto que no se trata sino de un jalón esencial en el largo camino a recorrer. El llamado de Jesús: **Sígueme**, es dinámico y muestra que hay mucho camino por recorrer, jalonado de experiencias significativas.

Después de la confesión de Pedro –según el testimonio unánime de los sinópticos– Jesús anuncia su muerte y desafía a sus discípulos a tomar su cruz: "Entonces Jesús dijo a sus discípulos: "Si alguno quiere venir en pos de mí, niéguese a sí mismo, tome su cruz y sígame" (Mt. 16:24; Ma. 8:34; Le. 9:23). Al principio Jesús solo invitaba a sus discípulos a seguirle. Luego, al alcanzar ellos cierto grado de maduración, el Señor los invita a tomar su cruz. De todos los pasajes donde Jesús los invita a esto, solo uno aparece antes de la confesión: Mateo 10:38. El pasaje paralelo de Lucas (14:27) aparece después de la misma. (Lucas 9:18–20).

La invitación a tomar la cruz no significa que Jesús esperaba que sus discípulos le siguieran al Calvario. Soportar estoicamente lo que nos sucede no es llevar la cruz de Cristo. Puede ser una gran virtud, pero la fe cristiana no se agota en una virtud. Llevar la cruz de Cristo significa tomar una decisión responsable, consciente y voluntaria, a la luz del Evangelio, de algo que podemos evadir. Significa asumir una responsabilidad que no se nos obliga a tomar. Significa ponernos, sin reservas, al servicio de Jesucristo para contribuir a crear las condiciones para la consumación del Reino de Dios sobre la tierra.

Después de la confesión de Pedro (Mt. 16:13–20; Marcos 8:27–30; Lc. 9:18–21), del anuncio de su muerte y de la necesidad de que sus discípulos tomen su cruz, viene la experiencia del Monte de la Transformación. Es importante que notemos que los tres Evangelios Sinópticos colocan esta experiencia inmediatamente después de la confesión de Pedro, del anuncio de su cruz y del desafío a sus seguidores de tomar su cruz respectiva. Es importante que notemos que Jesús no hizo pasar a todos sus discípulos por la misma experiencia. Después de haber hecho pública manifestación de su fe en Él como Señor y Maestro, escoge a un grupo pequeño para darles un cursillo de especialización a fin de que pudieran enriquecer al grupo para cumplir un ministerio particular dentro de la Iglesia. Y es precisamente el extrovertido, el arrogante Pedro y los ambiciosos Jacobo y Juan quienes tienen la oportunidad de pasar por una experiencia, que podríamos llamar mística. Es interesante destacar que solo Lucas habla de la Transfiguración y dice que "la apariencia del rostro de Jesús, se hizo otra". Mateo y Marcos no dicen eso. Ellos usan el verbo **metamorfoo**, que no significa transfiguración sino transformación: Metamorfosis. Jesús se transformó delante de ellos por alguna razón que no les dijo explícitamente. Encontramos aquí a

Jesús ofreciendo un mensaje a través de un audio–visual. Primero les hace ver a un hombre, transformado y después les hace escuchar la voz: "Este es mi hijo amado...". En esta experiencia singular, el Señor está mostrando a este pequeño grupo de sus discípulos que el que le sigue debe procurar ser un hombre diferente, transformado, alguien que verdaderamente escucha la voz de Dios. Si el hombre no hace lo que Jesús espera de él, será un autómata, una máquina, un robot, pero no será un hombre. Este audio–visual, del Monte de la Transformación, tiene una gran actualidad para la situación concreta del hombre de nuestro tiempo. Además lleva implícita la enseñanza de que el hombre debe alcanzar el pleno desarrollo de su metamorfosis. Dios nos muestra en la naturaleza la imagen clara de lo que el hombre debe llegar a ser. El gusano tiene una gran movilidad pero con el tiempo comienza a envejecer, se va anquilosando. La posibilidad de caminar se dificulta cada vez más, se va convirtiendo en crisálida hasta que muere. Muere para poder resucitar como mariposa. Dios nos está dando la gran lección de que si ciertamente nuestra vida se va endureciendo camino de la muerte, Él tiene para el hombre una vida más allá. Pero, aunque los cristianos aceptamos esta verdad, en la evangelización no debemos hacer un desmedido énfasis en el más allá. Debemos ocuparnos también del más acá. Hay una metamorfosis espiritual a la cual debemos dar preferencia y que se expresa en el más acá.

2. Evangelización tensora en San Juan

Ya mencionamos en el segundo volumen de esta colección,[46] que en el Evangelio según San Juan no aparecen ni el sustantivo arrepentimiento ni el verbo arrepentirse. Luego si el núcleo del Evangelio es la aceptación de una norma rígida que implica el arrepentimiento puntual en un momento dado y la aceptación

---

[46] Véase Psicología de la Experiencia Religiosa, página 78.

de Jesucristo como Señor y Salvador, entonces el de San Juan no sería un Evangelio. Como una prueba de que la metodología Evangelística de Jesús tiene como objetivo el logro del completamiento de la condición humana en Jesucristo, encontramos en San Juan muchos casos de evidente contenido espiritual. Nicodemo, quien viene a Jesús de noche por temor de los judíos, se encuentra con Jesús quien utiliza con él una evangelización tensora. En el diálogo con Nicodemo, podemos ver claramente la intención del Maestro de escindir los contenidos religiosos que había en Nicodemo, que le habían impulsado a acercarse al famoso rabino galileo, aunque fuera de noche. La máxima expresión de la evangelización tensora la encontramos en estas palabras de Jesús: "¿Eres tu maestro de Israel y no sabes esto? de cierto, de cierto te digo, que lo que sabemos hablamos y lo que hemos visto testificamos y no recibís nuestro testimonio. Si os he dicho cosas terrenales y no creeis, ¿cómo creeréis si os dijere las celestiales?" (San Juan 3:10–12). Jesús no hizo sentar a Nicodemo para hacerle escuchar un sermón. Jesús se abre al diálogo, seguro que dentro del propio Nicodemo están las soluciones para sus inquietudes. Es evidente que este tipo de evangelización da resultados, porque en el momento en que los discípulos públicos de Jesús estaban escondidos después de la muerte de su Maestro, fue Nicodemo quien con José de Arimatea, se atreve a pedir el cadáver de Jesucristo para sepultarlo. (Juan 19:38–40).

La actitud de Jesús hacia el hombre pecador –que hemos descripto en este mismo capítulo– encuentra en la mujer samaritana una de sus expresiones más claras. Se trata de una mujer de mala vida, que viene a sacar agua del pozo de Jacob en horas del día, contra la costumbre de la época, para no tener que encontrarse con las mujeres de la ciudad, que venían al atardecer. Jesús despierta el asombro en esta mujer con su petición: "Dame de beber". Sabiendo qué clase de mujer era la que tenía delante, el Señor se acerca a ella con un gran respeto por su persona. Continúa con su método tensor, creando una nueva inquietud en ella: "Si conocieras el don de Dios, y quien es el que te dice: dame de beber; tú le pedirías y él te daría agua viva" (Juan 4:10).[47] El respeto de Jesús por la persona humana, le lleva a descubrirse como Mesías ante esta mujer, (Juan 4:26) contra su costumbre. Usualmente Jesús ocultaba su verdadera identidad. El propio evangelio, 4:39, da testimonio de que muchas personas llegaron a creer en Jesús por las palabras de testimonio personal de esta mujer. En el versículo 42 leemos: "Y decían a la mujer: ya no creemos **solamente** por tu dicho, porque nosotros mismos hemos oído y sabemos que verdaderamente este es el Salvador del Mundo, El Cristo". El propio Evangelio nos dice: "más todos los que le recibieron, a los que creen en su nombre les dio potestad de ser hechos hijos de Dios; los cuales no son engendrados de sangre, ni de voluntad de carne, ni de voluntad de varón, sino de Dios" (Juan 1:12–13). El Evangelio de Juan nos muestra lo que el hombre necesita: Aceptar a Jesucristo, recibirle, en la forma que lo hizo la mujer samaritano y otros moradores de la ciudad de Sicar. Ese es el inicio de un largo proceso. En el mismo Evangelio, Jesús nos dice: "Yo soy el camino, la verdad, y la vida; nadie viene al Padre, sino por mi" (Juan 14:6). Además también nos dice que ha venido para que tengamos vida y para que la tengamos en abundancia. (Juan 10:10).

La idea de que la vida cristiana es un camino largo que debemos recorrer con la ayuda de Dios y teniendo a Jesucristo como guía, fue para la Iglesia primitiva algo muy importante. Esto se pone de manifiesto en el hecho de que el primer nombre que recibieron los seguidores de Jesús fue: "los del camino".[48] Es quizás

---

[47] Véase volumen l: Psicología Pastoral para todos los cristianos, 3a. Edición, Capítulo V: "Jesús como Pastor", páginas 108–112, donde reflexionamos en torno a este pasaje aunque subrayando la actitud pastoral de Jesús, por oposición a la actitud de los escribas y fariseos.

[48] Hechos 9:2; 19:9; 22:4; 24:14; 24:22.

lamentable el hecho de que se les llamara cristianos en Antioquía. (Hechos 11:26). Si así no hubiera sido, posiblemente conservaríamos todavía el nombre más antiguo: "los del camino", es decir, los que seguimos a Jesucristo en el camino hacia el completamiento de nuestra condición humana. Quizás no hubiéramos caído en tantos errores de interpretación en cuanto a la tarea evangelizadora de la Iglesia. El cristiano es un peregrino en pos de su plenitud en Cristo.

3. Evangelización Tensora en los Evangelios Sinópticos

a. Jesús evangeliza a un abogado

Si examinamos el Evangelio según San Lucas encontramos también la evangelización tensora de nuestro Señor. En Lucas 10:25-37, un abogado se acerca a Jesús para entablar un diálogo acerca de la vida eterna. La intención del abogado no parece buena. En la nota introductoria, Lucas señala que el abogado quería probar a Jesús y se acerca en una actitud de desafío. Jesús no acepta lo que se le propone: La discusión violenta. Con toda serenidad contesta con una pregunta, que no tiene por objeto añadir elementos a los contenidos religiosos del abogado. Por el contrario, quiere hacer brotar esos contenidos. Están frente a frente, las dos metodologías: el debate (para decidir quién gana la polémica) y la evangelización tensora. Jesús condujo al abogado al terreno donde Él quería librar la batalla para beneficio y Salvación de su interlocutor. Este hombre responde a Jesús de esta manera: "Amarás al Señor tu Dios con todo tu corazón, y con toda tu alma, con todas tus fuerzas y con toda tu mente, y a tu prójimo como a ti mismo". Entonces Jesús le dice: "bien has respondido. Haz esto y vivirás". Debemos señalar que Jesús no trata al abogado como una bolsa vacía de contenidos espirituales que necesita ser llenada por el evangelizador. En este caso Jesús sí estaba lleno de sabiduría, de Poder, de Gracia de Dios. No obstante, Jesús quiere mostrar un método de comunicación del Evangelio y responde como deberíamos hacerlo sus seguidores.

Pienso que además de ayudar al abogado, estaba mostrando a sus discípulos la manera en que deben encarar el trabajo de evangelización personal. Es importante señalar que Lucas atribuye al abogado una reflexión teológica que no le conceden los otros evangelistas. En Mateo 22:34-40 y en Marcos 12:28-34, es Jesús quien hace la combinación de dos textos del Antiguo Testamento (Deuteronomio 6:4-9) (Levítico 19:18) para señalar la necesidad de unir el amor a Dios, al prójimo y a sí mismo. O sea que no se puede amar a Dios sin amar al prójimo y viceversa. No vamos a entrar en un análisis crítico de estos pasajes. Sencillamente queremos hacer resaltar este pasaje de San Lucas que nos da un lindo ejemplo de la evangelización tensora de Jesucristo. Nuestro Señor trata de hacer surgir los contenidos espirituales de su interlocutor, porque al dialogar, pretende escindir los contenidos que ya están en el individuo para resaltar la distancia entre el ser y el deber ser. Una vez que la persona está en condiciones de recibir, entonces el Señor añade lo que falta en forma armoniosa, produciendo gozo en la persona que lo recibe. Afirma Lucas que el abogado: "Queriéndose justificar a sí mismo dijo a Jesús: ¿Y quién es mi prójimo?". Entonces Jesús presenta su famosa parábola del buen samaritano. Esta parábola tiene un gran **poder tensor**. No le da contenidos, masticados para que sean aceptados y digeridos o vomitados por su interlocutor. Presenta varias opciones para que éste tenga que decidirse por una de ellas, aceptando el compromiso que va implícito en la decisión que asume. La parábola debe interpretarse en función de la pregunta que Jesús levanta a la terminación de la misma: ¿Quién pues de estos tres te parece que fue el prójimo del que cayó en manos de los ladrones? (verso 36). Para Jesús habría sido muy fácil presentar una serie de conceptos, muy bien elaborados, que serían el inicio de una larga discusión retórica. Pero Jesús con su metodología **tensora** hace responder al abogado: "el que usó misericordia con él"; Jesús le dice, con la autoridad que le da su condición de Hijo de Dios: "Vé y haz tú lo mismo". Lamentablemente el evangelista no nos da más datos sobre este abogado, pero es muy posible que se haya convertido en uno de los seguidores de Jesús.

b. Jesús evangeliza a los fariseos

Ya hemos señalado que hay pasajes en los Evangelios –los que presentan las acusaciones de Jesús hacia los escribas y fariseos y los que relatan la expulsión de los mercaderes del Templo– que parecerían ser la excepción en la actitud de Jesús hacia el pecador que hemos señalado: amor, humildad y respeto por el ser humano sumido en el pecado.,[49] Debemos reiterar lo que ya hemos dicho, en la interpretación de los Evangelios se han creado ciertos clichés que determinan nuestra propia interpretación. Así, pasajes como Marcos 12:38–40 y sus paralelos (Mateo 23:1–36; Lucas 11:37–54), han dado la impresión de que Jesús utilizó un método condenatorio para todos los fariseos. Es necesario que tengamos en cuenta que Jesús necesitaba opositores para hacer posible su muerte en la cruz. Pero además, como ya lo hemos señalado, toda interpretación de un pasaje de las escrituras debe ser convalidado por el tenor general de la Biblia. Jesús es consecuente con sus actitudes. Si Jesús asume una actitud condenatoria para los fariseos, es lógico esperar que siempre actúe de esa manera. Pero este no es el caso. Algunas de las más tiernas parábolas de Jesús son dedicadas a los fariseos. La mayor paciencia de Jesús está dedicada a ellos. Luego debemos aceptar que independientemente de la necesidad que Jesús tenía de buscar oposición para hacer posible su muerte, el Señor está utilizando una metodología tensora cuando utiliza palabras tan fuertes como las de los pasajes que hemos citado. Es significativo el hecho de que Lucas coloca estos dichos de Jesús, que son condenatorios de la actitud de los fariseos, en el contexto de un

---

[49] Sobre la Expulsión de los mercaderes en el Templo, véase Vol. l, páginas 105–106.

banquete. Mateo y Marcos lo presentan en otro contexto. Según Lucas es un fariseo el que invita a Jesús a comer en su casa y es en ese banquete donde Jesús pronuncia palabras condenatorias como estas: "Ay de vosotros, escribas y fariseos hipócritas, que sois como sepulcros que no se ven y los hombres que andan encima no lo saben" (Lucas 11:44). Hay ocasiones en que la mejor manera de presentar el Evangelio es encarando a la persona con su realidad. Los fariseos pretendían ser los celosos guardadores de la palabra de Dios. Eran los fundamentalistas de la Ley de Dios. Ellos conservaban fielmente todos los principios de la ley, pero estaban muy lejos de alcanzar el ideal que estaban predicando. En el Ministerio pastoral he tenido ocasión de colocar a algunas personas frente a la realidad de su vida, porque no podían ver la contradicción entre lo que afirmaban ser y lo que realmente eran.[50] Pero es evidente en este caso como en el de los mercaderes del Templo, que Jesús no pierde el dominio de su vida emocional. Jesús, movido por el amor, hace lo mejor posible por aquellas personas. Porque de otra manera, esas personas no podrían ser sacudidas al punto de llegar a reflexionar seriamente sobre su situación delante de Dios. Así ocurre en nuestras Iglesias cuando encontramos tantas personas que creen que las campañas de evangelización son solo para los inconversos. Cada culto de evangelización debe estar dirigido a la totalidad de las personas que integran la comunidad ya que por lo general están muy lejos de alcanzar los ideales evangélicos. La evangelización consiste en la introyección del Evangelio en nuestras vidas y ante el Evangelio, el cristiano honesto es consciente de lo que le falta para alcanzar la meta.

El propio evangelio según San Lucas nos presenta otro caso en que un fariseo invita a Jesús a cenar con El. (Lucas 7:36-50).

---

[50] Véase Vol. I Págs. 56-59, el mecanismo psicológico llamado "aislamiento",

Jesús está comunicando el Evangelio al fariseo y también a la mujer pecadora que llora, besa sus pies y los seca con sus cabellos. Al mismo tiempo Jesús está dando una clase práctica de evangelización personal a sus discípulos, que seguramente le acompañaron en la cena. Cuando Simón el fariseo expresa, quizás con la expresión de sus ojos, su duda de que Jesús sea un profeta por el hecho de permitir que una mujer de mala vida le tocara, Jesús utiliza una parábola para expresar su metodología **tensora**. No presenta una larga serie de conceptos. Presenta esa parábola para que Simón tenga que decidir y comprometerse con su decisión. En ella se da por sentado que Simón también es un pecador. El pasaje no nos dice si Simón aceptó las buenas nuevas de Jesús, pero se afirma que la mujer recibió la Salvación. He aquí las palabras de Jesús: "Tu fe te ha salvado, ve en paz" (Lucas 7:50). Según el Evangelio de Lucas, algunas de las más hermosas parábolas de Jesús son dedicadas a los fariseos. Todo evangélico conoce la Parábola del Hijo Pródigo, lo que no todos tienen presente es que es una parábola dedicada a los fariseos. En el capítulo 15 de su Evangelio, San Lucas nos informa que se acercaban a Jesús por un lado los publicanos y pecadores para escucharle y por el otro los fariseos y los escribas para criticarle. Es en ese contexto que Jesús presenta tres de sus famosas parábolas: La oveja perdida, la moneda perdida y los dos hijos perdidos (Parábola del Hijo Pródigo). Jesús está tratando de evangelizar tanto a los publicanos y pecadores como a fariseos y escribas. Jesús les muestra que una oveja puede estar perdida dentro de la casa. En la tercera muestra dos hijos perdidos, el que se había marchado de casa y el que se había quedado con el padre. Las tres parábolas nos hablan del amor de Dios. Del amor del pastor que sale en pos de su oveja perdida, del gozo de la mujer qué halla la moneda perdida y de la alegría del padre que recibe al hijo perdido. Estas parábolas nos enseñan que los que estamos dentro de la iglesia no debemos mirar con menosprecio a los que están fuera. Nosotros, estando dentro de la casa de Dios, podemos estar perdidos si no tenemos amor y humildad. Si no nos evangelizamos permanentemente, conformando paulatinamente nuestras vidas con los principios y objetivos del Evangelio de Nuestro Señor. No es suficiente la aceptación formal de una fórmula mágica. No es suficiente con el desarrollo de un neo-fariseísmo. Necesitamos una vida plena en Cristo que solo se da en el contexto de un peregrinar hacia el completamiento de nuestra condición humana según el arquetipo que se nos ha dado en la persona de Jesucristo.

Si quedara alguna duda sobre la actitud de Jesús para con todos los hombres, incluidos los fariseos, es suficiente con subrayar el hecho de que en el momento en que el Cristo resucitado necesitaba de un líder capaz de llevar el Evangelio al mundo gentil, escogió, para cumplir esta misión, a un fariseo: Saulo de Tarso (Hechos 26:5; Gálatas 1:14).

Siendo los fariseos los que mejor conocían la palabra de Dios y los que pretendían ser justos, es lógico que el Señor haya sido más exigente con ellos que con los seres comunes y corrientes tales como las prostitutas, los publicanos, etc. En Lucas 18:9-14, Jesús presenta la actitud autosuficiente del religioso y la actitud de verdadero arrepentimiento del publicano. Hoy, cuando el mundo se encuentra sometido a las más grandes tensiones, hoy como ayer, el Señor exige mucho más de aquellos que le confiesan como Señor y Salvador, que de otros que no le reconocen. Si el Señor viniera hoy, sería más exigente con los evangélicos que con los que no lo han aceptado. ¿Por qué haría esto Jesús? Por la sencilla razón de que Él nos ha llamado al crecimiento, al desarrollo de nuestra condición de discípulos suyos y nos hemos conformado con una vida mediocre. Porque no hemos aceptado el desafío a seguirle en el camino. Al hacer estas afirmaciones nos estamos refiriendo por supuesto a una buena parte de las personas que militan en las Iglesias Evangélicas. Gracias a Dios que queda un remanente, como en el pasado, que le es fiel a su Señor y está tratando de ubicarse en la situación concreta en que Dios nos ha colocado para ser testigos de Cristo y agentes de evangelización.

c) Otras entrevistas evangelizadoras

Podríamos señalar otras entrevistas de Jesús con personas a las cuales trató de comunicar su Evangelio: Zaqueo, el joven rico, etc. También podríamos reflexionar en torno a la forma en que Jesús presentó el Evangelio a la mujer adúltera en el pasaje de Juan 8. Pero el análisis de estas y otras entrevistas serviría solo para reiterar lo que ya hemos señalado.

En las entrevistas personales de Jesús siempre está latente su método: la evangelización tensora. Creemos que es indispensable que la Iglesia de nuestro tiempo reexamine los Evangelios para descubrir la actitud evangelizadora de Jesús, a nivel de entrevista personal, para que la pongamos en práctica. Esta obra no pretende hacer un estudio exhaustivo de la evangelización tensora tal como aparece en los Evangelios. Solo pretende hacer una introducción a la misma. Un estudio completo requeriría una labor exegética más profunda y extensa. Sencillamente estamos haciendo una contribución a la reflexión teológica para la elaboración de una Teología de la Evangelización para la situación en que nos ha tocado vivir. Para esta época llena de tensiones, necesitamos una evangelización tensora que ayude a la gente a encarar su propia realidad. Que cada uno pueda descubrirse como ser humano pecador, pero perfectible a la luz del Evangelio Redentor de Cristo: Hijo de Dios, Salvador del Mundo y Arquetipo de humanidad.

III. Los objetivos de la evangelización

Ante la interrogación de cuál es el por qué y el para qué de la evangelización, encontraríamos múltiples respuestas. También encontraríamos personas que no podrían responder estas preguntas. Son los cristianos que no se preocupan ni se ocupan de la evangelización porque no tienen claridad sobre sus objetivos. Son los que siempre están buscando la misión de la Iglesia, como si se tratara de un objeto perdido que jamás encuentran. Otros tienen muy claro el objetivo de la evangelización: La salvación de las almas. Entre los cristianos radicales, el interés se centra en la acción social y política. Se entiende que se ofrece un testimonio cristiano cuando se alimenta a los hambrientos, se brinda hogar a los refugiados políticos, se predica en favor de la liberación de los oprimidos, cuando la Iglesia se compromete con los cambios socio-políticos. Creemos que no vale la pena reflexionar mucho en torno a los valores de tal o cual posición. Lo importante es que acudamos a los Evangelios en forma objetiva y desapasionada, para tratar de descubrir los objetivos de la evangelización. Las dos posiciones extremistas que procuran salvar el alma y el estómago respectivamente son heréticas, como ya hemos señalado. Ambas posiciones caen en un reduccionismo simplista que reduce la redención cristiana a una parte limitada de las enseñanzas evangélicas. La redención cristiana incluye tanto la esencia como la existencia del ser humano. Es cristiano hablar en términos de salvación del alma, pero también es cristiano hablar en el sentido de redención social, política y económica. La Redención es integral, incluye a todo el hombre y a todos los hombres. Solo en el Evangelio podremos descubrir los objetivos de la evangelización. No en estériles reuniones de teólogos que buscan la misión de la Iglesia en el contexto de sus propias ideologías.

En líneas generales afirmamos que los objetivos de la evangelización, se concentran en la humanización del hombre, por razones metodológicas nos referimos a dos objetivos concretos:

1. El desafío a marchar hacia el completamiento de la condición humana en Jesucristo

En el Sermón de la Montaña Jesús dice: "Sed pues vosotros perfectos como vuestro Padre que está en los cielos es **perfecto**". (Mateo 5:48). En su entrevista con el joven rico, nuestro Señor Jesucristo dice: "Si quieres ser **perfecto**, anda, vende todo lo que tienes y dalo a los pobres y tendrás tesoro en el cielo y ven y sígueme" (Mateo 19:21), en ambos pasajes la palabra que se traduce por perfecto es **teleios** que proviene de **telos**, que significa fin, objetivo final. La palabra griega **teleios** aparece solo dos veces en los Evangelios, siempre en San Mateo. En San Pablo la encontramos en varias ocasiones: en Romanos 12:2 se refiere a la voluntad de Dios "Agradable y Perfecta". En todos los demás casos, Pablo la utiliza en un sentido antropológico. En I Corintios 2:6, Pablo dice: "Hablamos sabiduría entre los que han alcanzado **madurez**". Aquí **teleios** no se traduce por perfecto sino por "madurez". Igual traducción le da la versión Reina-Valera en I Corintios 2:20: "Hermanos no seáis niños en el modo de pensar, sino sed niños en la malicia pero **maduros (teileios)** en el modo de pensar". En la epístola a los Efesios encontramos estas palabras: "La meta es que todos juntos nos encontremos unidos en la misma fe y en el mismo conocimiento del Hijo de Dios y con eso se logrará el **hombre perfecto** que en la madurez de su desarrollo es la plenitud de Cristo (Efesios 4:13).[51] Muy interesante resulta el análisis del uso de este término en la Epístola a los Colosenses. La palabra **teleios** aparece dos veces en ella: en 1:28, Pablo presenta una definición de los objetivos de la evangelización cuando dice: "A quien anunciamos, amonestando a todo hombre y enseñando a todo hombre en toda sabiduría, a fin de presentar **perfecto (teleios)** en Cristo Jesús a todo hombre". Es decir presentar a todo hombre acabado, terminado en su pleno desarrollo en Cristo. Esa sería la meta de la proclamación del Evangelio. En la misma epístola capítulo 4 versículo 12 San Pablo dice: "Os saluda Epafras el cual es uno de vosotros, siervo de Cristo, siempre rogando encarecidamente – por vosotros en sus oraciones, para que estéis firmes, **perfectos (teleios)** y completos en todo lo que Dios quiere". Este verso es muy importante para la comprensión de la antropología paulina. Las oraciones de Epafras, tienen como objetivo rogar a Dios que

---

[51] La Biblia Pastoral, traducida por un equipo pastoral bajo la dirección de Ramón Ricciardi, Ediciones Castilla, Madrid.

los cristianos de Colosas se mantengan firmes. Mantenerse firme significa estar **teleiois**, es decir, estar acabados o en proceso de alcanzar el **telos**, el objetivo. También significa ser **portadores de la plenitud**. Esta sería la mejor traducción para lo que Reina–Valera traduce por "**completos**". La palabra griega viene del verbo **pleroforeo** que a su vez está compuesto de dos palabras: **pleres**, de donde viene nuestra palabra "pleno" y **foreo** que significa portar, llevar. Tratándose de un participio perfecto, la mejor traducción a nuestro juicio sería la de "**portador de la plenitud**", se da por sentado que se trata de la plenitud de Cristo. Cf. 1:28.

Nos hemos referido al concepto de **teleios**, en Pablo, porque es el mejor intérprete de Jesucristo, pero fundamentalmente debemos investigar en los Evangelios. Hemos señalado que la palabra **teleios** aparece sólo dos veces en ellos, pero tenemos, varias veces, verbos relacionados con este término y que ahora vamos a analizar.

El verbo **teleio** se utiliza siete veces en San Mateo. En cinco expresa la idea de terminación de una enseñanza. En una ocasión, expresa la acción de pagar y en la otra la de terminar un recorrido. En el Evangelio según San Lucas, este verbo aparece seis veces y siempre se utiliza para significar el cumplimiento de una tarea. Cumplir algo que está previsto y debe ser alcanzado. "Después de **haber cumplido** con todo lo previsto en la ley del Señor" (Lucas 2:39) "De un bautismo tengo que ser bautizado y ¡cómo me angustio hasta que se **cumpla**!" (12:50) "Tomando Jesús a los doce les dijo: He aquí subimos a Jerusalén y se **cumplirá** todas las cosas escritas por los profetas acerca del Hijo del Hombre" (18:31). "Porque os digo que es necesario que se **cumpla** en mí aquello que está escrito; y fue contado con los inicuos; porque todo lo que está escrito de mí, tiene **cumplimiento**" (22:37). Este verbo se usa dos veces en San Juan: "Después de esto, sabiendo Jesús que todo estaba **consumado**, dijo para que la escritura se cumpliese: Tengo sed". (Juan 19:28). "Cuando Jesús hubo tomado el vinagre, dijo: "Consumado es". (19.30). El verbo

teleioo, sinónimo de **teleo**, que da la idea de acabar, terminar algo que está previsto, alcanzar una meta, aparece varias veces en los Evangelios.[52] El significado de **teleio** es alcanzar un **teilos**, una meta. Es en ese sentido que Jesús dice a cada creyente: "Sed pues vosotros **perfectos**..." (**teleioi**) La referencia a Dios tiene un valor comparativo. Como Dios es un ser acabado, terminado, perfecto, el hombre a su nivel debe alcanzar el grado de maduración que le permita ser semejante a Dios, aunque salvando las distancias. Nuestro Señor no espera que nosotros nos convirtamos en dioses, sino que el **Imago Dei** sea restaurado en nosotros a su esplendor original. En el caso del Joven Rico (Mateo 19:21,), las riquezas eran un impedimento para que alcanzara el grado de completamiento de su humanidad. Las riquezas lo estaban deshumanizando. Es lógico que Jesús le pidiera que se deshiciera de aquello que le impedía alcanzar su máximo desarrollo. De lo que hemos reflexionado en torno a la meta de la evangelización, según el testimonio de los Evangelios, parecería que es coincidente con los objetivos de la evangelización que Pablo presenta en Colosenses 1:28: "A fin de presentar **perfecto (teleios** en Cristo a todo hombre". Luego el objetivo de la evangelización es la humanización del hombre, el completamiento de su condición humana según el arquetipo que se nos ha dado en la persona de Jesucristo. Jesús vino a cumplir, a completar un proceso que hace posible la redención total del hombre por su muerte expiatoria. Pero Jesucristo, además de arquetipo de lo humano, es Dios. "Sed pues **perfecto** como vuestro Padre...", implica una imitación de Cristo. El cumplió un proceso para hacer posible que nuestro completamiento de la condición humana pueda realizarse. Es muy probable que San Pablo para desarrollar su reflexión teológico sobre: "Jesucristo segundo Adán" (Romanos 5:12–25; I Corintios 1, 5:21, 25), se inspiró en los relatos sobre la tentación de Jesús en el desierto.

---

[52] Lucas 2:43; 13:32; Juan 4:34; 5:36; 17:4; 17:23; 19:28.

(Mateo 4:1–11: Marcos 1:12–13; Lucas 4:1–13).[53] Jesús vino al mundo a **completa** una misión. En la cruz pudo exclamar: **"Consumado es"**. ¿Se puede decir lo mismo de los cristianos? ¿Tenemos la perspectiva de una tarea por concluir? En el quinto capítulo veremos que la predicación central de Jesucristo es el Reino de Dios. Jesús proclama que en su persona y en su ministerio se inicia una nueva etapa que marcha hacia la consumación. La meta de ese proceso es la consumación del Reino. Si Jesús predica una nueva organización social bajo su Señorío, ya iniciada y por consumarse: ¿No es lógico que Jesús proclame la necesidad de un hombre nuevo para una sociedad nueva? San Pablo, el mayor intérprete de Jesucristo proclama la necesidad de ese nuevo hombre.

El objetivo fundamental de la evangelización, es el logro de un hombre nuevo y una sociedad nueva, bajo el pleno Señorío de Jesucristo. Este esquema de interpretación hace justicia al Evangelio que presenta el mensaje de Salvación integral del hombre. Por supuesto, incluye los dos enfoques extremistas: "Salvación del alma sola" y "Salvación del hombre en sus necesidades materiales". El Evangelio implica la redención total: Alma, cuerpo, mente, vida emocional, vida sexual, vida afectiva, lo volitivo, lo intelectivo, etc.

2. La liberación del pecado y de la muerte

Alguien podría señalarnos, con razón, que el real objetivo de la evangelización es la liberación de la tiranía del pecado y de la muerte. Creemos, no obstante, que esa liberación está implícita

---

[53] Debemos tener presente que cuando Pablo escribió sus epístolas, no existían los Evangelios que han llegado hasta nosotros. Es posible que existieran algunas notas de las predicaciones de Jesús y otras informaciones. Las narraciones acerca del ministerio y la vida de Jesús, circulan por vía oral entre los creyentes.

en el logro del completamiento de la condición humana según el arquetipo que se nos ha dado en Jesucristo. Para probar nuestra afirmación, es necesario que tengamos claro el concepto de pecado. En los Evangelios no encontramos ni un solo pronunciamiento de Jesús sobre el pecado como tal. No encontramos en Jesús una doctrina del pecado. No compartió con sus discípulos reflexiones profundas sobre su naturaleza y realidad. Pero reconoció la realidad del pecado y actuó en consecuencia. A pesar de no habernos dejado una definición, en los actos y dichos de Jesús, está implícita la realidad de que Él era consciente de ser vencedor sobre el pecado. Además aceptó como pecadores a quienes eran considerados como tales por la comunidad. Si se acercó a ellos, fue precisamente porque eran pecadores. Es evidente que muchas de estas personas no comprendieron la actitud de Jesús. Por ejemplo, Pedro, después de la pesca milagrosa, confiesa que es un hombre pecador y por lo tanto no merece tener tratos con Jesús (Lucas 5:8) Zaqueo, el publicano, hace la misma confesión cuando da la bienvenida a Jesús (Lucas 19:6).

Un estudio cuidadoso del Nuevo Testamento, en griego, nos muestra que el término más usado para expresar la idea de pecado es **hamartía** Esta palabra viene de una raíz que significa errar el blanco. Luego el pecado es una acción sin objetivo. En otras palabras, pecar significa no alcanzar el **telos** de la existencia humana. Pecado es todo aquello que conspira contra el logro del completamiento de la condición humana. Pecado es la alienación de la persona del objetivo del Evangelio. La alienación fundamental consiste en no estar en Cristo, por cuanto sin Cristo es imposible el logro del completamiento de la condición humana. No errar el blanco, es alcanzar el **telos**, la vida en abundancia que Jesús trajo al mundo. En Jesucristo tenemos la posibilidad de reconstituir la imagen perdida. No proseguir hacia la meta, el **telos**, es una frustración existencias. Pecado no es solo la arrogancia y el orgullo del hombre que se niega a depender del Ser Supremo con la pretensión de lograr su propia libertad. Pecado es también la molicie o el desinterés por alcanzar el objetivo de la vida humana. Pecado no es solo el orgullo y la vanidad que conducen al hombre a sobrestimarse, es también la negligencia que lleva al hombre a subestimarse al extremo de complacerse con la mediocridad. La vida cristiana se expresa plenamente a través de un equilibrio entre la libertad individual y la dependencia Divina. El cristiano es un peregrino en pos de su completamiento en Cristo. El concepto teológico de pecado se acerca al concepto psicológico de frustración. Una vida en pecado es una vida frustrada ante el impedimento de continuar por el camino que, en Cristo, conduce hacia el blanco, el premio de Dios para aquellos que aceptan su señorío sobre sus vidas. Luego, el logro del completamiento de la condición humana en Jesucristo es la derrota definitiva del pecado y de la muerte. Dice Jesús: "Deja a los muertos que entierren a los muertos" (Mateo 8:22; Lucas 9:60). La muerte es el estado de quietud y pérdida de interés por el completamiento de la condición humana. La muerte es lo opuesto al seguimiento de Jesús. En Mateo 8:22 la nota tónica es: "Sígueme". En Lucas 9:60 y siguientes, Jesús añade a la idea de seguirle, una imagen que muestra que quien mira atrás no es digno del Reino de Dios. La imagen del arado enfocado hacia el objetivo lejano es el desafío del cristiano a marchar en pos de su completamiento. El objetivo de la evangelización tal como lo interpretamos en esta obra, debe ser el objetivo de la vida personal de cada evangelizador. Si no sabemos dónde estamos, ni hacia dónde vamos, difícilmente podremos orientar a otros. "Si un ciego guía a otro ciego, los dos caerán en el hoyo", dijo Jesús. El líder cristiano debe conocer el Camino y marchar por El hacia la meta: Vencer al pecado y a la muerte, para lograr la resurrección de la humanidad (Efesios 2:5–6).

El distinguido teólogo Paul Tillich afirma que uno de los más grandes aportes que la psicología profunda ha hecho a la teología es el descubrimiento de la palabra pecado. Afirma Tillich que este concepto se habla hecho ininteligible por la identificación del pecado con los pecados y por la identificación de los pecados con ciertos actos que no son convencionales o aprobados. Tillich define al pecado como la separación, la enajenación del ser esencial de uno. Como señalamos en el segundo volumen de esta colección: "El animal no necesita animalizarse porque no puede desanimalizarse, pero el hombre necesita humanizarse porque se ha deshumanizado".[54] El animal no puede pecar por cuanto no es un ser inconcluso, por eso no tiene una vocación ontológica de completamiento. El animal no puede pecar, porque no tiene un objetivo y porque no puede actuar ni por debajo ni por encima de su naturaleza. Solo el hombre puede pecar. El hombre tiene varias opciones: Puede ser hombre como el animal es animal, según la naturaleza. Lo que en el animal es vida normal en el hombre es pecado. Por eso el hombre que vive solo la vida natural, siente un gran vacío existencias, porque su **Imago Dei** clama angustiosamente por completamiento. El hombre tiene una segunda opción: La de actuar por debajo de su naturaleza, bestializarse, ser menos de lo que debe ser por naturaleza. Pero el llamado de Dios a todo hombre es a no vivir bajo la ley del pecado, sino a vivir por el Espíritu. La tercera opción que se le presenta al ser humano es: no pecar. No pecar significa rendirse a Jesucristo aceptándole como Salvador, Señor y Maestro, para alcanzar el **telos**, el objetivo de la vida humana, el completamiento de la imagen de Dios que está en cada uno de nosotros, pero desdibujada por el pecado. La idea de la vida cristiana como un proceso que marcha hacia una meta, la encontramos expresada magistralmente en Hebreos 12:1–2. El pasaje utiliza la imagen de los Juegos Olímpicos para mostrar la vida del cristiano. Tenemos una meta: Jesús el Autor y Consumador de la Fe en quien el atleta cristiano pone sus ojos. Este se encuentra ubicado dentro de un contexto social. Tiene una comunidad de creyentes que le estimula y exhorta, pero además cuenta con una nube de testigos que le contempla. Son aquellos que han vencido

---

[54] Psicología de la Experiencia Religiosa, Pág. 168.

y se encuentran en la presencia del Señor. Esta nube de testigos son los santos presentados en el capítulo 11. Pero el atleta cristiano se encuentra presionado por el pecado que le asedia, que conspira contra sus propósitos de alcanzar su **telos**, Cristo. Por lo tanto –señala el pasaje– el atleta cristiano debe despojarse de todo aquello que le impida desarrollar el máximo de velocidad, el peso y el pecado que le asedia.

El pasaje citado nos muestra la necesidad de mantener el equilibrio en nuestra carrera hacia el objetivo, luchando contra las fuerzas del mal que pretenden desviarnos de la meta y contando con la solidaridad de la comunidad presente en la tierra y en el cielo. El atleta cristiano necesita equilibrio. En un mundo desequilibrado se necesita de creyentes bien equilibrados, pero este equilibrio no es necesariamente el que nos presenta la imagen de los platillos de la balanza. Este sería un equilibrio puntual. Por el contrario, el equilibrio del cristiano es necesariamente lineal. La mejor imagen para expresar el equilibrio humano la encontramos en el equilibrista, quien es consciente de que cada paso sobre la cuerda es una ruptura del equilibrio y un esfuerzo por mantenerlo. Cada paso además, implica un cambio espacial. Luego es preciso desterrar el concepto común de equilibrio como reposo y estabilidad. Este no es algo logrado y obtenido para siempre. Es un objetivo lejano hacia el cual avanzamos en medio de peligros y desafíos constantes, puestos los ojos en Jesús, Autor y Consumador de la Fe. El cristiano de nuestro tiempo es un equilibrista en marcha hacia su meta. Cuando el niño está aprendiendo a caminar, es consciente de que en cada paso hay una pérdida de equilibrio y un esfuerzo por mantenerlo. Después que crecemos perdemos la consciencia de la tensión entre el equilibrio y el desequilibrio presente en cada paso. De lo que hemos expresado se deduce que no puede existir equilibrio sin la aceptación de la realidad del desequilibrio en algunas de las expresiones de nuestra humanidad: La mente, el cuerpo, el espíritu, lo emotivo, lo sexual, lo volitivo etc. La consecuencia del equilibrio es la salud. Esta se alcanza a partir del desequilibrio y la enfermedad, por el reconocimiento de nuestra condición de seres inconclusos, incompletos y por la perspectiva de un objetivo: el completamiento de nuestra condición humana según el arquetipo de Jesucristo. Sólo en Él se puede alcanzar el pleno equilibrio y la salud integral. La toma de conciencia de que estamos lejos de la meta por alcanzar, batidos por el desequilibrio, nos permite seguir adelante, alimentados por las grandes virtudes cristianas: la Fe, la esperanza v el amor, acompañados por el Espíritu Santo quien nos fortalece en cada paso de nuestro peregrinar.

El resultado del equilibrio es la salud, o la salvación. Jesús vino a buscar y a salvar lo que se había perdido, a devolvernos la salud y el equilibrio. Alcanzar el completamiento de la condición humana, significa alcanzar la consumación de la Salvación. El hecho de no haber alcanzado la plenitud de la salvación no significa que no seamos salvos si hemos aceptado el señorío de Jesucristo sobre nuestras vidas. (Para mayor ampliación de estos conceptos véase el Volumen II págs. 51–55).

En este concepto dinámico y cinemática de la vida cristiana, cuando el ser humano ha aceptado el llamado de Jesús a seguirle, ¿dónde está el pecado? Ciertamente la lucha por mantener el equilibrio no es necesariamente pecado. Es solo la expresión de nuestra humanidad en busca de nuestro completamiento. El pecado consiste en no marchar hacia la meta, por temor de caer en desequilibrio a cada paso. Pecar es también dejarse vencer por el desequilibrio y caer en la cobardía que nos impide procurar el equilibrio que no podremos lograr por nosotros mismos. Pero Dios, a través de la obra del Espíritu Santo, puede ayudarnos a alcanzar la meta, siempre que hagamos una entrega absoluta y total de todo el ser.

BUENAS NUEVAS A LOS POBRES

Según el testimonio de San Lucas el primer sermón que Jesús predica comienza con las siguientes palabras: "El Espíritu del Señor está sobre mí, por cuanto me ha ungido para dar buenas nuevas a los pobres..." (Lucas 4:18). En la perspectiva mesiánica de los profetas se incluía la liberación de los pobres, lo cual implicaba la lucha contra los que acaparaban las riquezas y oprimían al pobre. En los cuatro Evangelios aparece la preocupación de Jesús por los pobres, pero es en Lucas donde encontramos más información: "Bienaventurados vosotros los pobres" (Lucas 6:20). "¡Ay de vosotros, ricos!" (Lucas 6:24). "¡Cuán difícilmente entrarán en el Reino de Dios los que tienen riquezas!" (Lucas 18:24).

La predicación de Buenas Nuevas a los pobres es –para Jesús– una demostración de la realidad de que el Reino se ha iniciado en su persona y ministerio. Así se lo hace ver a los discípulos de Juan el Bautista que vienen a verle de parte de su maestro, para asegurarse de que –estaban en presencia del Mesías prometido. Para mostrar la autenticidad de su ministerio mesiánico Jesús comenzó a sanar enfermos y finalmente dice a los mensajeros: "Id, haced saber a Juan lo que habéis visto y oído: los ciegos ven, los cojos andan, los leprosos son limpiados, los sordos oyen, los muertos son resucitados, y a los pobres es anunciado el Evangelio". (Lucas 7:22; San Mateo 11:5). La colocación de la predicación del Evangelio a los pobres como forma de autenticar su ministerio mesiánico y el hecho de colocarlo al final –para hacerlo más enfático– nos muestra la importancia de redescubrir el ministerio de la Iglesia a los pobres, justo en el momento en que se ha redescubierto la realidad del Reino de Dios. Este tema resulta inevitable para la evangelización y nos proponemos analizarlo lo más exhaustivamente posible, naturalmente dentro de las limitaciones de un capítulo en un libro.

1. Los pobres... ¿quiénes son?

Comenzamos nuestra investigación tratando de encontrar el origen de la palabra pobre. En el Antiguo Testamento encontramos varios términos[56] para expresar la idea de "pobre". Nos ocuparemos especialmente del término **ebyon**, que etimológicamente significa: "alguien que desea o desearía algo que no posee, indigente, pobre". No tiene un significado exclusivamente privativo, expresa un deseo. Se trata del pobre que pide o exige.

Parecería que **ebyon** es un término adoptado por los judíos de la lengua de algún país vecino. Según Paul Humbert "...en el estado actual de la documentación **ebyon** no se remonta más allá del siglo IX A. de C. (Éxodo 23:6, 11) y los comienzos del siglo VIII (Amós 2:6; 4:1; 5:2; 8:4, 6). Esto indica que el término puede ser extranjero. Precisamente cuando se implanta la época real, en el momento donde el progreso de la civilización sedentaria y

---

[56] En el Antiguo Testamento –original hebreo– hay cinco términos para expresar la idea de pobreza, a saber: *Dal*, que significa: el flaco, el débil, con gran frecuencia se encuentra la frase: "los flacos del país". *Ani*: El encorvado, aquel que se encuentra bajo un peso, el que no está en posesión de toda su capacidad, el humillado. Anaw: Procede de la misma raíz que *Ani*, pero se refiere más bien a la dimensión religiosa: El humilde ante Dios. *Rash*: Término que se utiliza para designar la pobreza en general. *Ebyon*: Tiene un significado más específico y positivo y por eso lo escogemos para hacer un estudio más profundo. Si tomáramos cada uno de estos términos y lo analizáramos, la lectura de este libro se haría más pesada y perdería la vida y dinamismo que estamos tratando de darle. *Ebyon* nos ofrece una información suficiente para ubicarnos en el concepto de pobre en el Antiguo Testamento. Para dar una idea al lector sobre el uso de estos términos en el Antiguo Testamento, informamos a continuación el número de veces que aparece cada uno: Dal 48, Ani 80, Anaw 25, Rash 21 y Ebyon 61

urbana presenta los contrastes sociales".[57] El significado exacto de **ebyon** podría resumiese en tres palabras: un **déficit**, una **espera** y una **petición**.

En el Nuevo Testamento encontramos también dos palabras para referirse al pobre: **penis** (según la pronunciación del griego moderno) y **ptojos** Trench, en su estudio de los sinónimos griegos, hace la siguiente distinción: **penis** es el pobre que se gana el pan con el trabajo de cada día, **ptojo** es aquel que solo puede subsistir por la mendicidad. Sobre **penis** afirma Thayer que viene de **ponomai** "trabajar por la vida", de donde viene la palabra latina "penuria".

Al leer el Nuevo Testamento debemos tener en cuenta que cuando se habla del pobre se hace referencia a **ptojos**, pues **ponis** aparece una sola vez (II Corintios 9:9) y es una cita del Salmo 112:9.[58] La palabra **ptoios** aparece treinta y cinco veces en el Nuevo Testamento.[59] Pero... ¿significa siempre lo mismo? El término hebreo **ebyon** que en el Nuevo Testamento se traduce por **ptojos**[60] no se limita a las privaciones materiales: "Ebyon, es

---

[57] Humbert P. Le Mot biblique: "Ebyon" R. H. P. R. Estrasburgo, 1952, Pág. 4.

[58] En el Salmo 112:9 (en el original hebreo) se usa el término "ebyon" que es traducido en ll Cor. 9:9 por el término griego penis.

[59] En los Evangelios– 24 veces, en San Pablo 4, en Santiago 4 y en Apocalipsis 3.

[60] Que es un término ennoblecido por el cristianismo. Procede de ptosso que significa "estar asustado, esconderse por tener miedo". Véase Thayer, J. H., Greek– Engish Lexicon of the New Testament, Zondervan Publishing House, Grand Rapids, Michigan, 1963, Pág. 557.

aquel que en su miseria física, moral o espiritual, implora la caridad y especialmente la de Dios. Es un término salido de una realidad sociológica, pero adoptado en el vocabulario de la Teología de la Gracia".[61] Los seguidores de Jehová era un pequeño remanente. "Los piadosos, se llamaban a sí mismos los **pobres** y los **humildes** y tomaban conciencia de su condición privilegiada y del derecho que adquirían bajo la protección de Jehová. De Él esperaban el desquite contra sus opresores los **ricos** que se confundieron pronto con el partido helenista de Jerusalem".[62] "En la línea de los pobres que esperaban la consolación de Israel se colocan luego Simeón, Ana, José y María (Lucas 2:25) y en ellos flameó con más alborozo la llama de la esperanza mesiánica (Lucas 1:51–53; 2:8–14, 25–38) y el Mesías encontró cálida acogida (Lucas 6:30).[63]

Los recientes descubrimientos arqueológicos en cavernas cercanas al Mar Muerto han puesto de manifiesto que la comunidad mesiánica de Qumram –destruida por las tropas romanas que tomaron Jerusalén en el año 70 después de Cristo– usaba el término "pobres" como designación para el grupo. Igualmente parecería que "los pobres de Jerusalén" mencionados por Pablo ,en sus epístolas[64] es una designación de la congregación de Jerusalén.

---

[61] Humbert, P., op. cit. Pág. 6.

[62] Cerfeaux, L. La Theologie de la église suivant St. Paul, Págs. 104–105.

[63] Rivera, L. F., art. "Bienaventurados los pobres" , Revista Bíblica, 1960, Pág. 34.

[64] Romanos 15:26; Gálatas 2:10.

Podemos distinguir claramente dos tipos de pobres: 1. Aquellos que son conscientes del gran déficit espiritual que hay en sus vidas y que esperan recibir de Dios a quien están rogando su bendición y 2. Los que padecen penurias económicas. Parecería que los dos tipos de pobres son bienaventurados por el anuncio del Evangelio: "Bienaventurados por pobres en espíritu" (San Mateo 5:3) y "Bienaventurados los pobres" (San Lucas 6:20). Existe la tendencia a aceptar que estos pasajes son versiones diferentes de un mismo sermón. Es evidente que Jesús debe haber predicado cientos de sermones y es lógico pensar que repitió ideas –como hacemos los predicadores de hoy cuando estamos frente a congregaciones diferentes–, por lo tanto preferimos subrayar la idea de que ambos pasajes son pruebas evidentes de la solidaridad de Jesús con los que tienen necesidad de bendiciones espirituales y también con aquellos que necesitan satisfacer sus necesidades materiales. El hombre necesita la satisfacción de ambas necesidades para poder expresar la plena humanidad.

2. Los pobres y los ricos en el Antiguo Testamento

Definido el concepto de "pobre" en la perspectiva bíblica, trataremos de presentar una visión panorámica de la pobreza material en la historia del pueblo de Israel.

A lo largo de su historia el pueblo de Israel tuvo oportunidad de disfrutar tanto de la abundancia como de la escasez, de la riqueza como de la pobreza. En la época de los patriarcas la posesión de riquezas significaba una señal del amor de Dios, de esta manera la fidelidad al Señor traía como consecuencia las riquezas materiales. Abraham es llamado por Dios a fundar un nuevo pueblo que será su instrumento para la redención de la humanidad (Génesis 12) y como consecuencia de su fidelidad el patriarca se enriquece (Génesis 13:2). Cuando Abraham había envejecido pensó en la necesidad de encontrar esposa para su hijo Isaac. Decide enviar a un criado para que fuera a procurarle esposa entre sus parientes, quien da testimonio a Labán de como Jehová a bendecido a Abraham con las siguientes palabras: "Y Jehová ha bendecido mucho a mi amo, y él se ha engrandecido y le ha dado ovejas y vacas, plata y oro, siervos y siervas, camellos y asnos". (Génesis 24:35). Isaac también se enriqueció (Génesis 26:13–14) y su hijo Jacob (Génesis 30:30). El capítulo diez de I Reyes nos muestra cuán rico era el rey Salomón. La prosperidad del justo es un tema recurrente en la literatura sapiencial.[65]

La Biblia parecería expresar una tensión entre este concepto – según el cual la pobreza vendría a ser un castigo por la infidelidad– y aquel que rechaza la retribución temporal como una respuesta divina ante la conducta humana. El libro de Job protesta con energía contra la idea generalizada de que la fidelidad a Dios y la bondad traen aparejada la riqueza y que la maldad y la desobediencia a Dios trae como consecuencia la pobreza. Hay un buen número de salmos[66] donde el rico es sinónimo de infiel y malvado", mientras que el "pobre" es sinónimo de "justo y piadoso". En tiempos de Jesús los saduceos mantenían la doctrina de la retribución divina temporal según el comportamiento humano. Jesús rechazó esta doctrina. El concepto de retribución parecería desprenderse de la experiencia de los patriarcas hebreos que se enriquecieron siendo obedientes a Dios. Si esto es así, habría un gran error hermenéutica. Los patriarcas no eran ricos en oposición a un pueblo viviendo en la miseria, teniendo en cuenta el concepto de "personalidad corporativa[67] que preva-

---

[65] Probervios 3:16; 15:6; 19:23; 28:20; Job. 5:24; 42:10–12; Eclesiastás 11:21–25; 31:11, etc.

[66] Salmos 10, 12, 14, 37, 40, 41, 52, 70, 72 y 74.

[67] H. W. Robinson afirma que es un error suponer que en el período primitivo de la historia de Israel había conciencia del individuo. Afirma que cada individuo era consciente de ser parte

leció en el pueblo hebreo primitivo –según el cual el pecado de uno incluía al resto del pueblo, por cuanto todos eran solidarios de todos–, es muy probable que en el mundo de los patriarcas (2000 al 1700 a. de C.), la propiedad fue social más que privada. Todos eran uno y uno eran todos para el bien o para el mal. Para nuestra cultura individualista estos conceptos son difíciles de interpretar pero para la conciencia cristiana es inaceptable que Dios castigue con la miseria y el hambre a niños inocentes por causa del pecado de sus padres. Para el cristiano todo pasaje oscuro de las Escrituras debe ser clarificado a la luz de Jesucristo. La idea de que algunos son ricos porque Dios los bendice y que otros son pobres porque son haraganes, borrachos, etc. (pecadores) se mantiene aún hoy. Es evidente que necesitamos un marco de referencia para descubrir la justicia y la verdad. Para el cristiano ese marco de referencia es Jesucristo.

El pueblo de Israel sufrió la más inhumana de las miserias bajo la esclavitud de Egipto. El paso de la esclavitud a la liberación significó el cambio de la nobleza a la riqueza. La tierra prometida fue el gran regalo de Dios que enriqueció materialmente al pueblo después del Purgatorio del desierto. Dios, el Creador y Soberano de la Creación, a quien pertenecen todas las cosas (Salmo 24:1) repartió las tierras a las tribus de Israel (Números 34–36: Josué 13–19). Mientras el pueblo de Dios fue nómada todos eran pobres, no se conocían ni los ricos ni los indigentes. Cuando se vuelve un pueblo sedentario la tierra es repartida y se

---

del grupo. También sería erróneo suponer que en el período posterior la mayor individualidad excluyó la conciencia de membresía en la unidad corporativa. "En todas las generaciones, – pasadas y presentes, el sístole y el diástole de ambos, la Individualidad y la sociabilidad, se escuchan en los latidos del corazón de la humanidad". Robinson, H. W. Corporate Personality in Ancient Israel, Philadelphia, Fortress Press, 1964, Pág. 22.

produce, un proceso –que la Biblia no explica– mediante el cual algunos perdieron sus tierras Y se convirtieron en jornaleros. Por causa de las deudas algunos llegaron a ser comprados como esclavos. Junto con la pobreza de unos surgió la riqueza de otros. ¿Cuándo se produce este cambio? Las excavaciones arqueológicas en ciudades israelitas del siglo IX a. de C. manifiestan un tren de varia muy semejante para todas las familias.[68] Pero las excavaciones sobre ciudades del siglo VIII testimonian ya la diferencia entre pobres y ricos. Amós, quien vivió en el siglo VIII a. de C., es el profeta de la justicia social. Algunas de sus denuncias nos muestran la situación: "... vendieron por dinero al justo, y al pobre por un par de zapatos" (2:6). "... que oprimís a los pobres y quebrantáis a los menesterosos" (4:1) "para comprar los pobres por dinero" (8:6).[69] Isaías y Jeremías, profetas posteriores, también describen y denuncian el estado de injusticia en que vivían los pobres de Israel. "Jehová vendrá a juicio contra los ancianos de su pueblo y contra sus príncipes; porque vosotros habéis devorado la viña y el despojo del pobre está en vuestras casas". (Isaías 3:14). "Aún en tus faldas se halló la sangre de los pobres, de los inocentes" (Jeremías 2:34).

Hay un período de por lo menos cuatro siglos entre la repartición de la tierra y la calamitosa situación que denuncia Amós y que testimonian las excavaciones arqueológicas sobre ciudades del siglo VIII A. de C. No sabemos cómo se produjo la situación de injusticia que condenan los profetas, quienes anuncian el castigo de Jehová.

---

[68] La conquista de Palestina por los israelitas se realiza entre el año 1250 y el 1200 antes de Jesucristo. El período de los Jueces se considera entre 1200 y 1020 A. de C. En el año 1000 el rey David está a la cabeza de la monarquía recién instaurada.

[69] Véase también: Amós 5:11, 12 y 8:4.

La calda de Samaria, capital del Reino de Israel, (año 722 o 721) y la caída de Jerusalén, capital del Reino de Judá (586) son interpretadas como un castigo de Dios por el pecado del pueblo. Al regreso del exilio babilónico (537 A. de C.) todo el pueblo vive en la pobreza. La larga paz asegurada por el imperio persa (538–333) y la de los sucesores de Alejandro Magno (323–64) favoreció la expansión económica del pueblo israelita. Cuando nace Jesús, Palestina estaba ocupada por los romanos y ciertamente había pobres.

3. Pobres y ricos en las enseñanzas de Jesús

San Lucas resume el ministerio de Jesús de esta manera: "... hablé de las cosas que Jesús comenzó a hacer y a enseñar (Hechos 1:1). En la vida de Jesús es fundamental tanto lo que enseña como lo que hace. Es en ese espíritu, antes de reflexionar de Jesús sobre ricos y pobres, que en torno a las enseñanzas nos preguntamos: ¿Cómo vivió Jesús? San Pablo nos da una respuesta: "Porque ya conocéis la gracia de nuestro Señor Jesucristo, que por amor a vosotros se hizo pobre, siendo rico, para que vosotros con su pobreza fueseis enriquecidos". (II Corintios 8:9).

Los Evangelios dan testimonio de que Dios escogió la pobreza para el nacimiento del Verbo Encarnado: "Y dio a luz su hijo primogénito, y lo envolvió en pañales, y lo acostó en un pesebre, porque no había lugar para ellos en el mesón" (Lucas 2:7). Dos palabras de este versículo expresan la magnitud de la pobreza en que nació Jesús: Mesón y pesebre. Mesón es la traducción para la palabra **catalima**. Comúnmente se ha pensado en una posada, pero esta palabra también significa "habitación para invitados". Estas habitaciones solían tener un compartimiento para los animales que trajera –el viajero. No habla pared divisoria, pero el piso era más bajo en la parte dedicada a los animales. Así eran las casas de los humildes, de una sola habitación para humanos y animales. Para los viajeros era una morada temporaria, para los pobres era la vida cotidiana. Parecería que Jesús nació en un

catalima, pero en la sección destinada a los animales, porque la parte reservada para los seres humanos ya había sido ocupada por otros viajeros, "no había lugar en el **catalima**". La palabra que se traduce por "pesebre" **fatne**, viene del verbo "comer". La cuna del niño Jesús fue una especie de caja donde se deposita el alimento para que los animales coman. El nacimiento no pudo ser más humilde. Los humildes pastores reciben un mensaje angelical paradójico: Dios ha enviado al mundo un Salvador y ellos deben ir a encontrarlo. Se le dan dos señales, una "que el niño estará envuelto en pañales", parecería que los pañales ocuparían el lugar del colchón. La segunda señal es que encontrarían al Salvador del mundo teniendo por cuna el comedero de los animales. (Lucas 2:10–12). El mensaje no tenía mucha lógica para las humanos que esperan otro tipo de nacimiento para un Rey, pero impresionados por un mensaje angelical salieron a buscar al niño y lo hallaron (Lucas 2:16). Parecería que Jesús era el único niño que nacía en Belén ese día en tales condiciones, porque los ángeles no informaron donde encontrar al niño. Las dos señales fueron suficientes. En el cumplimiento de los requisitos exigidos por la ley mosaica José y María se presentan –en el templo de Jerusalén en su condición de pobres. Su ofrenda en el acto de presentación del niño es la que correspondía a los pobres: "Y para ofrecer conforme a lo que se dice en la ley del Señor: Un par de tórtolas o dos palominos" (Lucas 2:24). ¿Qué dice la ley en cuestión? "**Y si no tiene lo suficiente para un cordero**, tomar á entonces dos tórtolas o dos palominos, uno para holocausto y otro para expiación" (Levítico 12:8). José tampoco dispuso de los medios económicos para enviar a Jesús a la Escuela de los Escribas: "Y se maravillaban los judíos diciendo: ¿cómo sabe este letras, sin haber estudiado?" (Juan 7:15). El mismo Jesús afirma que no tiene ni donde reclinar su cabeza (Mateo 8:20). Sus compatriotas lo conocían como un trabajador manual: "¿No es éste el carpintero, hijo de María, hermano de Jacobo, de José, de Judas y de Simón?" (Marcos 6:3). Durante su vida no acumuló riquezas y al morir tiene –que encargar a un amigo que cuide de su madre (Juan 19:25–27).

Creo que para entender las enseñanzas de Jesús sobre ricos y pobres era necesario ubicarnos frente a su experiencia cotidiana. Así Podemos mejor valorar la grandeza de su doctrina. ¿Cómo encara Jesús –un pobre obrero manual– el problema de las riquezas? En sus enseñanzas no encontramos una condenación absoluta de las riquezas, pero recrimina a los ricos que han adquirido sus bienes en forma injusta. Reconoce que la vida del hombre no consiste en la abundancia de posesiones materiales (Lucas 1:2–15). Jesús combate el poder insidioso de las riquezas que esclavizan al hombre y destruyen su confianza en Dios y su Reino, pero no condena las riquezas como tales. Las demandas especiales a sus apóstoles, y seguidores más íntimos, (Lucas 9:1–6, 10:1–12) eran necesarias dada la naturaleza muy especial del ministerio a realizar. Por otro lado. Jesús no alabó la pobreza ni la recomendó como forma de vida. Alaba a la viuda que entregó dos monedas (Marcos 12:41–44; Lucas 21:1–4), pero no por ser pobre sino porque tenía tal fe y confianza en Dios que podía dar todo lo que tenía en devoción a Él. En el relato de Lucas se expresa cierta desilusión por el hecho de que los ricos podrían dar mucho más y no lo hacían. Jesús no hace discriminación de los hombres por sus riquezas o por su pobreza. El vino "a buscar y a salvar lo que se había perdido" (Lucas 19:10). Estas palabra las pronuncia después de haber traído la salvación a la casa del rico Zaqueo y después que éste, como prueba de su fe, decide repartir la mitad de sus bienes entre los pobres y devolver con intereses todo dinero mal habido.

De los cuatro Evangelios es el que más información ha conservado con relación a las enseñanzas de Jesús sobre los ricos. Mateo tiene solo dos citas, una no tiene mayor importancia y solo indica que José de Arimatea era rico (27:57). La otra es compartida con los otros dos Sinópticos y se refiere al joven rico que viene a entrevistar al Maestro con muy buenas intenciones. Al final de la entrevista, cuando al tener que decidir entre las riquezas y Dios se queda con las riquezas, Jesús afirma: "difícilmente entrará un rico en el Reino de los Cielos" (Mateo 19:23;

Marcos 10:23; Lucas 18:24). Marcos menciona las riquezas dos veces; en el pasaje que acabamos de citar y cuando Jesús alaba a la viuda por su valiosa ofrenda (12:41). San Lucas tiene una gran riqueza de material. En 6:24 encontramos el único pasaje que podría entenderse como una condenación a los ricos solo por tener posesiones: "Mas ¡ay de vosotros, ricos! porque ya tenéis vuestro consuelo". En general Jesús condena la riqueza como idolatría, es imposible seguir a dos señores: a Dios y a Mamón, el dios de las riquezas (Mateo 6:24). En el capítulo 12 se presenta a un rico como a un insensato que solo piensa en enriquecerse sin darse cuenta de que la muerte va a tocar a su puerta. En el caso del rico y Lázaro no se dice que la razón para la condenación del rico radica en sus riquezas. Uno puede imaginar que se trata de riquezas mal habidas, de falta de misericordia para con Lázaro, de idolatría, etc.

Tanto en Mateo 6:19–21 como en Lucas 12:32–34 se recomienda a los fieles que no acumulen tesoros sobre la tierra sino en el cielo. Por su parte el Evangelio según San Juan no se ocupa del tema de los ricos y de las riquezas.

Veamos ahora la actitud de Jesús hacia los pobres. Ya hemos señalado, al iniciar esta parte del capítulo, que Jesús menciona su predicación del Reino a los pobres como una señal de que el Reino de Dios se ha iniciado en su persona y ministerio (Lucas 4:18 y Lucas 7:22; Mateo 11:5). Debemos recordar también lo que ya hemos adelantado, la realidad de dos tipos de pobreza: la espiritual y la material. Sugerimos que Mateo 5:3 y Lucas 6:20 se refieren respectivamente a esos dos tipos de pobreza. En Mateo se hace referencia a la pobreza espiritual del creyente frente a la riqueza de Dios. El súbdito del Reino no asume una actitud de autosuficiencia, sino que reconoce con humildad la gran distancia que existe entre lo que es y lo que su Señor quiere que llegue a ser. El cristiano que marcha en pos del completamiento de cm condición humana según el arquetipo que se nos ha dado en la persona de Jesucristo siempre está en déficit, siempre es pobre ante la realidad de la riqueza de Cristo. Es bueno que tomemos conciencia de que el pasaje no dice "pobres de espíritu", sino "pobres en espíritu". El heredero del Reino no es uno que se siente orgulloso de su fe y que mira a los demás hombres con menosprecio, sino el "pobre" el humilde que de Dios para su vida. Solo con humildad, con "pobreza en el espíritu" es que podemos dirigirnos a Dios en oración. Como dice el padre Randle: "La oración es el coloquio en el cual el Salvador ofrece su salvación al indigente y éste acepta, agradece, espera y se encamina hacia la salvación".[70] Algunos desearían que este fuera el único significado de la palabra "pobre" en las enseñanzas de Jesús. Mateo 5:3 se refiere al déficit espiritual del creyente –en su marcha hacia la riqueza de la vida plena en Cristo–, que al tomar conciencia de lo que le falta y no conformarse con lo que es, recibe el adjetivo divino de bienaventurado. Lucas 6:20, dentro del contexto general de ricos y pobres, se refiere al déficit económico –que también dificulta la meta redentora de la fe cristiana– del cual el seguidor de Cristo debe tomar conciencia y no conformarse con lo que es. En esa perspectiva de seguidor de Cristo para el logro de una redención integral es que aquel que tiene un déficit económico puede ser llamado bienaventurado.

Llama la atención que ya en tiempos de Jesús se usaba la demagogia aprovechándose de los pobres. Cuando Jesús es ungido en Betania, nos dice Mateo que los discípulos se enojaron porque consideraban que era un desperdicio de dinero –una mala administración de fondos– y que el perfume debió ser vendido y el dinero entregado a los pobres. (Mateo 26:6–13). En el relato paralelo de Marcos se menciona el incidente pero no se dice que fueron los apóstoles los que protestaron: "y hubo algunos que se enojaron dentro de sí..." (Marcos 14:3–9). El relato de Juan es una

---

[70] Randie, G. La oración y unidad conflictual, Nuestra Revista, órgano de la Asociación Cristiana de Jóvenes de Buenos Aires, N° 3, Pág. 8.

acusación a Judas: "Y dijo uno de sus discípulos, Judas Iscariote, hijo de Simón, el que le había e entregar: ¿por qué no fue este perfume vendido por trescientos denarios y dado a los pobres? Pero dijo esto, no porque se cuidara de los pobres, sino porque era ladrón, y teniendo la bolsa, sustraía lo que se echaba en ella". (Juan 1:2; 4-6). Hoy como ayer hay quienes hacen demagogia con los pobres y viven como ricos con el producto de la defensa de los pobres. Es al final de este incidente que Jesús pronuncia unas palabras que han sido objeto de mucha discusión: "Porque siempre tendréis pobres con vosotros, pero a mí no siempre me tendréis". (Mateo 26–11–, Marcos 14:7; Juan 12:8). Versión Reina–Valera). Es significativo que Lucas –quien tanto se ocupa de hacer resaltar la preocupación de Jesús por los pobres haya omitido todo el relato del ungimiento de Jesús y el tan discutido versículo. También llama la atención la coincidencia de Juan con dos de los Sinópticos.

Es muy importante que se logre una clarificación de este dicho de Jesús por sus implicaciones que pueden favorecer o entorpecer la evangelización. Comenzamos por analizar el texto en la lengua original y descubrimos que –los tres evangelistas –Mateo, Marcos y Juan– coinciden en los términos fundamentales. Lo primero que salta a la vista es que el verbo "tener" no está en futuro como aparece en la Versión Reina–Valera, sino en presente como en la Versión Hispanoamericana del Nuevo Testamento y en la Versión Moderna. El verbo está en presente tanto cuando se refiere a los pobres como cuando se refiere a Cristo.

Pasemos al análisis del contexto. Mateo y Marcos relatan el arresto de Jesús –que le llevará a la muerte– en el mismo capítulo que el dicho que estamos estudiando, luego el "a mí no siempre me tenéis" (Versión Moderna) se refiere a una ausencia inminente. Un texto mal traducido e interpretado fuera de su contexto, puede conducirnos a monstruosas conclusiones. Jesús está defendiendo la buena acción de la mujer que ha venido a ungirlo a fin de prepararlo para su muerte expiatoria por toda la humanidad. "¿Por qué molestáis a esta mujer pues ha hecho conmigo una buena obra?" (Mateo 26:10, Marcos 14:6). "Déjala; para el día de mi sepultura ha guardado esto" (Juan 12:7)." El pensamiento de Jesús podría expresarse así: "Dentro de unas horas no podréis ofrecerme el perfume porque estiré muerto, pero podréis hacer bien a los pobres porque estarán con vosotros".

Si por razones contextuales o teológicas es necesario traducir el verbo "tener" en futuro debería hacerse en lo que se refiere a Cristo y no a los pobres. El Espíritu Santo hace contemporáneo a Cristo.[71] En un enfoque teológico bien podríamos traducir: "A mí siempre me tendréis con vosotros". (Cf. Mateo 28:20). Solo a partir de la realidad socio–económica en que vive el traductor de las Escrituras y de determinados patrones culturales es posible traducir: "A los pobres siempre los tendréis con vosotros".

Lamentablemente muchos interpretan este dicho de Jesús como si se tratara de un designio divino tan absoluto e inevitable como la ley de la gravedad. Hay quienes afirman que la pobreza es una institución divina a fin de que los cristianos puedan ejercitar su piedad a través de las buenas obras. Esta interpretación es incorrecta en la perspectiva bíblico–teológica y monstruosa en la dimensión humana. ¿Cómo es posible creer en un Dios que sume a algunos seres humanos en la miseria para que sirvan de entrenamiento para la piedad de otros? Ese no es el Dios que nos reveló Jesucristo. Esta interpretación también resulta monstruosa en la dimensión divina y no hace justicia al texto ni al contexto, ni a la actitud que Jesús asume hacia los pobres. Recordemos que Jesús mismo es un pobre. El alivio de las necesidades humanas estuvo permanentemente en su vida y ministerio. ¿Cómo es posible mantener esa interpretación neofarisea a la luz de Mateo 25:31–46?

Hasta aquí nos hemos referido a la interpretación de aquellos que están en una buena posición económica y que por lo tanto

---

[71] Véase Juan 14:16–19, 26.

no les afecta. Pero es necesario que analicemos también el daño que esta tergiversación de las enseñanzas de Jesús podría ocasionar en cristianos de pocos recursos, que por lo general son personas poco cultivadas intelectualmente. La explicación ofrecida por una persona de más alto nivel intelectual, Biblia en mano, podría dar como resultado la aceptación de un vaticinio de pauperismo eterno que algunos seres humanos deben sufrir "con cristiana resignación". Esto daría pie a la afirmación de que la religión es el opio de los pueblos. Tal religión merece ser extirpada de la tierra por deshumanizante y por opositora al plan redentor de Dios. La aceptación del vaticinio de pauperismo eterno sería deshumanizante por cuanto inhibiría al hombre de esforzarse por alcanzar su plena realización. La liberación de todo el hombre y de todos los hombres iniciada en la vida y ministerio, muerte y resurrección de nuestro Señor Jesucristo y que ha de consumarse en el futuro, es traicionada cuando se presenta un Evangelio cercenado. Todo esfuerzo evangelizador debe tener muy en cuenta esta realidad.

La actitud de Jesús se refleja en las enseñanzas de la Iglesia Primitiva. Pablo urge a los cristianos a trabajar, pero no solo para lograr la plena satisfacción de todas sus necesidades (I Tesalonicenses 4:11; II Tesalonicenses 3:12) sino también para contar con más medios económicos a fin de poder ayudar a los que tienen menos. (II Corintios 8:13-15).

En la primera epístola a Timoteo se amonesta a los cristianos a estar contentos con la satisfacción de las necesidades mínimas: comida, vestido y techo. Aquellos que desean enriquecerse caen en tentaciones que pueden conducirlos a la ruina, porque el amor al dinero es la raíz de todos los males (I Timoteo 6:8-11, 17).

Gracias damos a Dios por algunos cristianos que tratan de ubicarse en una perspectiva evangélica a pesar de las incomprensiones de los cristianos y de los no cristianos. Un veterinario cubano se sentía oprimido por la represión comunista. El trataba de vivir como cristiano, pero las autoridades sospechaban de él por sus convicciones religiosas y por no identificarse con la filosofía marxista, para ellos debía tratarse de un agente de la CIA.[72] Un día escapó en un bote con algunos amigos. Después de pasar varios días desesperantes en alta mar, fueron recogidos por una nave estadounidense y desembarcados cerca de Miami. Por causa de su compromiso cristiano decidió ir a servir en la América Latina donde su profesión sería más útil. Después de algunos contactos viajó a un país sudamericano donde ya tenía trabajo. Un recio estanciero le recibió complacido y le ofreció todas las facilidades para realizar sus tareas además de un interesante sueldo. Al día siguiente surgió el primer problema, un indio –de los muchos que trabajaban en la estancia– se fracturó un brazo. El veterinario lo subió al vehículo que le había facilitado el estanciero y lo llevó al pueblo para que lo atendiera un médico. Horas después estaba de regreso con su indio vendado. El estanciero le esperaba enojado. Según él se había cometido una falta grave pues "los indios deben arreglárselas solos, no hay que ayudarlos". El veterinario no podía entender el porqué de aquella regla absurda. Se refirió a la dignidad de la persona humana, habló del amor al prójimo, del sacrificio de Cristo por la salvación de todos los hombres, etc., mientras el estanciero lo observaba con asombro. Al final del discurso el estanciero dijo secamente: "Creo que me he equivocado con usted, tengo mis razones para pensar que usted es un cubano comunista infiltrado". Tres días más tarde el veterinario consideró su deber cristiano presentar la renuncia a su puesto. Es muy probable que este estanciero se considerara cristiano. ¡Cuán fácil es apodarse cristiano! ¡Cuán difícil resulta vivir como cristiano! Pero gracias sean dadas a Dios que nos ha dado a nuestro Señor Jesucristo, en quien ricos y pobres podemos encontrar la redención total. No hay otro nombre ni filosofía política, económica y social en que podamos ser salvos (Hechos 4:12).

---

[72] Agencia Central de Inteligencia de los Estados Unidos de América.

4. Los ricos, los pobres y la evangelización

Algunos cristianos tienen muy buenas intenciones y creen servir al Señor y a la humanidad de la mejor manera posible, pero no se dan cuenta que están determinados por ciertas ideologías. Tienen objetivos concretos que alcanzar a fin de poder consolidar el status en una determinada clase social. Por eso hay muchos creyentes que pueden dar y dan dinero a la Iglesia, pero no pueden darse a sí mismos, no pueden dar parte de su tiempo.

Es necesario que cada cristiano se ubique –a la luz de Jesucristo– en la realidad en que vivimos. Aparte de la realidad que vemos a simple vista, hay otra de la cual no siempre somos conscientes. No recordamos, no sabemos, o no queremos saber que hay en nuestro continente: hambre, pobreza, analfabetismo, tuberculosis, etc.

Necesitamos desarrollar nuestra sensibilidad humana ante la realidad de la pobreza en todas sus manifestaciones. ¡Que no podemos resolver todos los problemas! Ciertamente, Jesús tampoco resolvió todos los problemas de su época, pero no les dio la espalda, no dejó de solidarizarse con los humildes en su sufrimiento. Es necesario que la Iglesia tome conciencia de la realidad de todas las miserias humanas –tanto las económicas como las no económicas–, no para convertirse en un partido político o en algo por el estilo, sino para tratar de influir en la comunidad a fin de solucionar dificultades. Si en un barrio no hay escuelas, la Iglesia debe estar a la cabeza del grupo que se esfuerza por gestionar la solución del problema ante las autoridades correspondientes. A veces la Iglesia vive de espaldas a estas necesidades. ¿No estamos traicionando a Cristo mediante la indiferencia?

Lamentablemente hoy existe mucha confusión. Algunos predicadores –en su reacción– han convertido sus sermones en charlas políticas bajo la influencia de determinadas ideologías. La Palabra de Dios es la única norma de fe y conducta para el cristiano, no necesita otra cosa que el Evangelio. El cristiano debe tener bien claro que todo lo social cabe dentro del Evangelio, pero el Evangelio no se agota en lo social. Que la acción social no es igual que la salvación, pero que la redención cristiana no se agota en la salvación del alma.

Cuando pensamos en la actitud de Jesús frente a la viuda, frente a Zaqueo el publicano, o frente a la pecadora María Magdalena, no podemos dejar de pensar que la dignidad de cada una de estas personas residía –para Jesús y para nosotros– en la condición de imagen de Dios. Analizados desde distintas perspectivas los tres son indignos. Según el punto de vista de "tanto tienes tanto vales", la pobre viuda no valía nada. Desde el punto de vista patriótico, el publicano –judío traidor– al servicio del imperio romano es un ser despreciable. Los zelotes –los guerrilleros de su tiempo– habían condenado a muerte a todos los publicanos. Desde el punto de vista de lo moral corriente, una prostituta no vale nada, es un ser despreciable. Pero Jesús contempla al ser humano desde una dimensión diferente: Para El hay una dignidad inherente a todo ser humano porque es imagen de Dios y porque El da su vida en la cruz por cada uno de los hombres.

En Buenos Aires tenemos villas miseria y lugares como el Barrio Norte, donde viven familias de muy buena posición económica. Pero la miseria no puede ser ubicada geográficamente, ni debe ser identificada con la situación económica. Hay entre los ricos muchos miserables, también los hay entre los pobres y en la clase media. El hombre es un pecador, independientemente de su posición social o económica.

Uno de los grandes problemas de los cristianos de hoy es que no se predica lo que predicó Jesús y no se vive como vivió Jesús. Cada predicador escoge lo que le gusta como tema de predicación, si algo le disgusta o le es indiferente jamás lo toca. No es justo que una congregación sea alimentada según los gustos de una persona, aunque sea el pastor. No siempre lo que tiene buen sabor es lo mejor.

La evangelización de nuestro tiempo tiene sabor ultramundano y angelical. No es malo que tenga ese sabor, lo malo está en que suele ser el único. Es necesario descubrir en la Palabra de Dios cuales son los lineamientos generales de la acción y la predicación evangelizadora de nuestro Señor a fin de imitarle. Uno de esos lineamientos generales es el tema de este capítulo, otro es el reino de Dios –que veremos en el próximo capítulo– y que en el Evangelio de Juan se presenta como Vida Eterna. La evangelización no se realiza necesariamente desde el púlpito. No deseo ponerme como ejemplo, pues soy consciente de la distancia que existe entre lo que el Señor quiere que sea y el lugar donde me encuentro en el proceso del completamiento de mi condición humana en Jesucristo. Me falta mucho para llegar a la meta. Pero he sido muy impresionado por una experiencia ocurrida recientemente y que comparto con el lector: Viajaba en un vagón repleto de pasajeros en un tren subterráneo de Buenos Aires. Los pasajeros iban ensimismados, cada uno pensando sabe Dios en qué. En la Estación Independencia subieron dos niños de 10 y 7 años aproximadamente. Estaban sucios, uno calzaba sus pies con viejas zapatillas, el menor estaba descalzo. Sus pantalones cortos ponían al descubierto sus sucias piernas. Sus caritas no estaban más limpias. Se sentaron en el suelo, abrieron una bolsa de papel que traían y comenzaron a comer algunas golosinas que seguramente alguien les habría regalado. La gente salió de su ensimismamiento y centraron su atención en los chicos que, por su parte, no parecían interesarse en otra cosa que en lo que comían. Unos niños se burlaban, una dama hacía referencia a los microbios y a las manos sucias con expresión de asco, –el guarda los miraba con asombro. ¿De dónde habrán salido estos chicos?, seguramente se preguntaba. Observé la calidad humana del mayorcito que reservó el último dulce para el más chico, posiblemente su hermanito. Una pregunta vino a mi mente: ¿Por qué los miran así si estos también tienen la **imagen de Dios**? No son animalitos salvajes, ¡son seres humanos, son niños! Me acerqué a ellos, entregué un billete de banco a cada uno, acompañado de sendas caricias en sus cabecitas sucias y unas palabras amistosas.

Sus rostros reflejan alegría y agradecimiento: "Gracias señor", dijo el mayor, "**que Dios se lo pague**" añadió el chiquitín, "Es en el nombre de Dios que hago esto por ustedes, Dios les ama", les dije. Por largo rato conservé en mi retina la imagen de aquellos ojitos oscuros del chiquitín y también resonaban en mis oídos sus palabras: "**Que Dios se lo pague**". Entonces vinieron a mi mente las palabras de Jesús: "Mas bienaventurado es dar que recibir" (Hechos 20:35).

¡Que no resolví el problema! Claro que no, pero... ¿Debo como cristiano ser indiferente porque no puedo resolver todos los problemas de esos niños? ¿No es pecado dar la espalda a la realidad? ¿Cómo puedo medir el alcance de la impresión que dejé en esos chicos? ¿Qué resultado dará la semilla del Evangelio que dejé sembrada en sus mentes? ¿No es evidente que estos niños apreciaron más mis palabras y mis caricias que el dinero? ¿Cómo permanecer indiferente ante un grupo de personas que agredían –con su actitud– a un par de niñitos que no tienen la culpa de lo que les pasa? ¿No habría –entre los que se burlaban de la mugre de estos niños– algunos que se consideraban "cristianos consagrados"? ¿Qué habría hecho Jesús en mi caso? ¿Qué habría hecho usted? ¿Podemos tratar mal a un ser humano si tenemos la conciencia de que se trata nada más y nada menos que de la imagen de Dios y de un ser tan valioso que Jesucristo dio por él su vida en la cruz? ¿Cuál es el mejor método para evangelizar a estos niños? ¿Existe otro mejor que el que utilicé? ¿Por qué el chiquitín –de alrededor de siete años– mencionó a Dios? ¿De dónde salió esa idea? ¿Fue solo por casualidad? ¿Dónde hay más calidad humana, en el sucio niño de diez años que cuida de su hermanito de siete y le reserva el último manjar o en la gente "culta", indiferente, limpia y bien vestida que se burla de ellos? ¿Se propende en nuestras iglesias –a través del proceso de introyección paulatina del Evangelio en la vida de todos los hombres –a crear sensibilidad humana ante los que sufren? ¿Cuánto bien podrían hacer miles de cristianos?

Como ya se ha señalado, las miserias humanas no son solo de tipo económico. En el vagón del tren subterráneo encontré mucha miseria humana, la de tipo económico –en los niños– y la de la otra en los que se burlaban de ellos.

Si entendemos que la evangelización es el proceso a través del cual, paulatinamente, vamos haciendo del Evangelio carne de nuestra carne y sangre de nuestra sangre, las enseñanzas evangélicas sobre ricos y pobres debe ocupar su lugar en la predicación evangélica. El error de pensar que la evangelización está dirigida solo a los que no han aceptado a Cristo como Salvador y Señor, ha traído como consecuencia la predicación de un Evangelio cercenada según el gusto o el color ideológico del pastor. El púlpito debe ofrecer un alimento espiritual balanceado a la congregación, haciendo justicia a la totalidad del mensaje evangélico. El tema ricos y pobres ocupa un lugar importante en la vida y predicación de nuestro Señor, debe ocuparlo también en los púlpitos de las iglesias y en la vida de los cristianos. Redescubramos el Evangelio en toda su integridad y revivamos el ministerio de Jesucristo al mundo bajo la inspiración del Espíritu Santo. AMEN.

LA EVANGELIZACIÓN Y EL REINO DE DIOS

I. Jesús predica el Reino de Dios

Fácilmente podría escribirse un capítulo, y aún un libro, sobre la homilética evangelizadora de grandes predicadores como Juan Wesley, D. L. Moody, Spurgeon, etc., porque conservamos sus sermones. La tarea resulta mucho más difícil cuando no contamos ni siquiera con un sermón completo. Ese es el caso de Jesús de Nazaret, el más grande evangelista que el mundo ha conocido. Sin embargo, la humanidad ha podido conservar el fruto de su predicación. La Iglesia es ese fruto.

Las limitaciones para nuestra investigación son bien evidentes. No obstante, vamos a afirmar nuestras reflexiones sobre dos puntos fundamentales:

1.   La actitud de Jesús hacia el hombre que necesita ser evangelizado, tema del cual nos ocupamos en el tercer capítulo.

2.   El análisis de porciones de sermones que han llegado hasta nosotros, en los Evangelios. No se necesita mucho esfuerzo para descubrir que el Reino de Dios (o Reino de los Cielos) es el tema central de la predicación de Jesús.

1. Predicación expositiva de Jesús

Se puede ver a simple vista, que Jesús fundamenta bíblicamente tanto su predicación como su trabajo personal.

Ciertamente la expresión Reino de Dios no aparece en la Biblia que usó Jesús, el Antiguo Testamento. Pero son muchos los pasajes donde se presenta claramente a Jehová como el Rey. Veamos solo algunos ejemplos: "Jehová reinará eternamente y para siempre" (Exodo 15:18). "Solo tú eres Dios de todos los reyes de la tierra, tú hiciste el cielo y la tierra" (II Reyes 19:15b). "La gloria de tu reino digan, y hablen de tu poder. Para hacer saber a los hijos de los hombres sus poderosos hechos, y la gloria de la magnificencia de tu reino. Tu reino es reino de todos los siglos, y tu señorío en todas las generaciones". (Salmo 145:11–13).

¿De dónde surge la idea de Dios como rey? Algunos autores han sugerido que el concepto se debe a la influencia persa. Es cierto que el pueblo de Israel estuvo bajo la influencia de la cultura persa por más de doscientos años.[73] También es cierto que los

---

[73] Desde la liberación de la cautividad babilónico (538 A. de C.), hasta la gran victoria de Alejandro (332 A. de C.) que coloca a la Palestina bajo la influencia cultural griega.

persas tenían una especie de teología del Reino de Dios. Pero afirmar la dependencia persa es negar la evidencia bíblica. El origen del concepto de Dios como rey se remonta a casi un milenio antes de que el pueblo de Israel cayera bajo la influencia persa. La experiencia transformadora de la liberación de la – esclavitud en Egipto, condujo al pueblo a vivenciar a un Dios Todopoderoso que reinaba sobre su pueblo y lo conducía de la esclavitud a la liberación, de muerte a vida. Fue este impacto el que dio origen a la teocracia hebrea.

Al defender el origen divino del concepto de reino de Dios, a partir de la experiencia histórica del pueblo de Israel, no dejamos de reconocer que es imposible que una cultura no sea afectada por el contacto con otra. Lo cual no significa que se haya producido una adulteración de la verdad revelada. En el Nuevo Testamento tenemos muchos ejemplos de cómo la cultura grecorromana –reinante en el siglo I de la era cristiana– influyó sobre el lenguaje en que se comunicaba el Evangelio. Conceptos griegos como **soma** y **logos** fueron "cristianizados" para expresar –en lenguaje popular– las verdades reveladas por Jesucristo. Como la cultura griega fue un buen vehículo para la comunicación del Evangelio a los cristianos primitivos, sin duda alguna la cultura persa debe haber ayudado al pueblo de Israel a sistematizar las ideas que ya tenían. Debemos tener en cuenta, además, que la mente judía no era especulativa y que nunca los hebreos intentaron enmarcar sus ideas en una estructura teológica. Las especulaciones persas, como las griegas, ayudaron a los hebreos a desarrollar y formular sus propias creencias, a partir de su experiencia histórica. Dios mismo es el autor del concepto de Reino de Dios y resulta significativo que los persas –como otros pueblos– hayan tenido la idea de Dios como rey.

Un simple análisis del Antiguo Testamento nos lleva a la conclusión de que aún después del establecimiento de la monarquía, Jehová seguía siendo el Rey. Reiteradamente en el Antiguo Testamento se habla de la rebelión de los reyes de Israel y de Judá contra el Verdadero Rey. "Hizo lo malo ante los ojos de

Jehová", se repite constantemente en los libros de Reyes y Cróni-cas, refiriéndose a los reyes. La realidad de que Jehová era el auténtico rey dio autoridad a los profetas, ya que estos hablaban en el nombre del Verdadero Rey. A veces el sacerdote también se convertía en guía del rey terrenal en representación del celestial: "Joas hizo lo recto ante los ojos de Jehová todo el tiempo que le dirigió el sacerdote Joyada" (II Reyes 12:2). Un caso espectacular es el que protagonizaron el rey David y el profeta Natán. David, como máxima autoridad, podía disponer de la vida de Natán. Pero éste tenía la autoridad de ser un vocero del Verdadero Rey. En el uso de esa autoridad acusa al rey por el asesinato de Urías y lo lleva al arrepentimiento (II Samuel 12:1–12).

Estamos en presencia de una tremenda tensión entre el "ya" y el "no todavía". Hay rey pero no es rey, solo es un virrey. Jehová es el verdadero rey, pero solo el pueblo de Israel lo reconoce cons-cientemente. Todavía no es reconocido como tal por todos los pueblos del mundo.

La predicación de Jesús se basa en el Antiguo Testamento, que actualiza y reinterpreta. Su vida y mensaje de amor tienen sus raíces en el Antiguo Testamento.[74]

Para Jesús el reino no está al margen de la trayectoria histórica del pueblo de Israel. Por el contrario, el ayer y el mañana se encontrarán en las personas de Abraham, Isaac y Jacob, quienes ocuparán un lugar preferencial en la consumación del reino: "... vendrán muchos del oriente y del occidente y se sentarán con Abraham e Isaac y Jacob en el reino de los cielos" (Mt. 8:11). La predicación del reino es una secuencia lógica de la revelación divina, que toma especial importancia en labios del Mesías esperado.

---

[74] Véase, Vol. 1 3a. Edic. Págs. 72–75, donde nos referimos a la predicación de Jesús sobre el amor al prójimo y el trasfondo vetereotestamentario de tal predicación.

Es evidente que la predicación de Jesús se basa en el Antiguo Testamento. Pero también es evidente que no solo utilizó las Escrituras como fuente de estudio, sino también en forma devocional. Durante su corta vida terrenal recibió inspiración permanente mediante la lectura devocional de la Biblia y la oración. A la hora de su muerte en medio de cruentos dolores, sus labios se abrieron para recitar salmos (Cf. Mateo 27:46; Salmo 22:1). Dice Bonhoeffer que: "el salmo es el libro de oraciones de Jesucristo en el sentido más propio. Él ha rezado el salmo y así éste se ha convertido en su oración para toda la humanidad".[75]

Jesús comienza su ministerio anunciando la llegada del reino de Dios y la destrucción del reino de Satanás. En la respuesta a Juan el Bautista –quien desea una ratificación de que Jesús es el Mesías– muestra como el reino de Satanás está siendo destruído. (Mateo 11:1-19, Lucas 7:18-35).

En la predicación de Jesús encontramos la tensión que aparece en el Antiguo Testamento entre el "ya" y el "no todavía". Nos presenta el "ya está aquí" del reino cuando dice: "Pero si yo, por el Espíritu de Dios, echo fuera los demonios, ciertamente ha llegado a vosotros el Reino de Dios" (Mateo 12:28; Cf. Lucas 11:20). Pero en otros pasajes subraya el **"todavía no"** del reino. "... desde ahora veréis al Hijo del Hombre sentado a la diestra del poder de Dios y viniendo en las nubes del cielo" (Mateo 26:64 y paralelos). En otros pasajes nos presenta la idea del crecimiento del reino (Parábolas del sembrador, la semilla de mostaza, la levadura, etc.). Es evidente que el reino se ha iniciado en la persona y ministerio de Jesús, pero que todavía no se ha consumado.

---

[75] Bonhoeffer, D., Vida en Comunidad. Buenos Aires, 1966, Editorial La Aurora, Pág. 39.

2. Jesús comienza donde la gente está

Según el testimonio de los Evangelios Sinópticos, Jesús predicó y enseñó permanentemente sobre el Reino de Dios, pero sin definirlo. Parecería que los oyentes estaban tan familiarizados con el concepto que no era necesaria una definición.

Durante los dos siglos anteriores y el siglo posterior a la venida de Jesucristo se produjo, entre los judíos, una abundante literatura apocalíptica. El libro de Daniel pertenece a esa época. Fuera del canon de las Sagradas Escrituras hay una buena cantidad de esos libros, algunos de los cuales eran muy conocidos en tiempos de Jesús. El más importante es el libro de Enoc, el cual es citado en la epístola de Judas, versos 14 y 15, como si fuera un libro canónico. Durante varios siglos el libro de Enoc estuvo perdido, se conocía de su existencia gracias a algunas citas conservadas. Fue en el presente siglo que los eruditos en temas bíblicos descubrieron que la Iglesia Copta de Etiopía lo había incluido en su canon.

Hay evidencias en los Evangelios, de que Jesús conoció y utilizó el libro de Enoc. A continuación vamos a poner lado a lado un pasaje de Enoc y otro de San Mateo, el comentario se lo dejamos al lector:

"Cuando vean al Hijo del Hombre sentado en el trono" (Enoc 62:5). "Cuando el Hijo del Hombre se siente en el trono de su gloria" (Mateo 19:28). Generalmente se reconoce que Jesús interpretó su ministerio a la luz del siervo sufriente de Isaías 53 y del Hijo del Hombre de Daniel 7:13. Es importante señalar que en el libro de Enoc se encuentra con mucha frecuencia el título de Hijo del Hombre, aplicado al Mesías. También aparece la idea del Mesías como **Cordero**. El toro que se vuelve cordero, veamos un pasaje muy interesante:

"Y vi que nació un toro blanco con grandes cuernos y todas las bestias del campo y todas las aves del cielo le temieron y le hicieron peticiones todo el tiempo. Y vi hasta que todas las generaciones fueron transformadas y todos ellos se volvieron

toros blancos, y el primero de ellos se volvió un cordero y aquel cordero se volvió un gran animal y tuvo en su cabeza grandes cuernos negros y el Señor de "las Ovejas se regocijó en él y sobre todos los bueyes".

1 Enoc 90:37–38

En el caso de los siete hermanos que tuvieron a la misma mujer (Mt. 22:23–33, Ma.12:18–27), preguntan a Jesús: ¿De cuál de los siete será mujer en el día de la resurrección de los muertos? Jesús responde: Erráis ignorando LAS ESCRITURAS y el poder de Dios. ¿Qué Escrituras? No hay nada en el Antiguo Testamento sobre ese tema. Es posible que Jesús se refiera a 1 Enoc 10:4 que dice: "Estad esperanzados no echéis fuera vuestras esperanzas, porque tendréis gozo como los ángeles del cielo".

Jesús es consciente de que Él es el Mesías prometido, basa sus enseñanzas y su predicación en las Escrituras y tiene en cuenta el contexto en que le ha tocado vivir y predicar. Este ejemplo de Jesús debe ser tomado muy en serio por los predicadores de nuestro tiempo.

Partiendo de las expectativas mesiánicas de sus contemporáneos, Jesús se coloca donde la gente está, para de ahí conducirlos más allá de lo que la gente espera.

Muchos se sintieron desilusionados cuando Jesús no entró en Jerusalén cabalgando sobre un corcel de guerra para iniciar un movimiento insurreccionar que liberaría a Israel del yugo romano e instauraría el reino de Dios, cuya capital seria Jerusalén. Jesús entró cabalgando sobre un animal que no simbolizaba la guerra sino la paz. Su Reino no es como los de este mundo.

Jesús comienza donde la gente está, pero los lleva mucho más allá de lo que se espera. Los judíos esperaban un caudillo que interpretara el sentimiento del autor del Salmo 110:1 "Jehová dijo a mi Señor: Siéntate a mi diestra, hasta que ponga a tus enemigos por estrado de tus pies". El salmista afirma que Jehová exaltará a su Señor a un lugar de privilegio, "a su diestra", desde allí dominará a todas las naciones. Los enemigos serán convertidos en **"estrado de sus pies"**. Aquí se expresa una vieja costumbre, según la cual los reyes victoriosos colocaban su pie sobre el cuello de los reyes vencidos. Con este acto se ponía de manifiesto el completo sometimiento de los vencidos.

Jesús le da una interpretación mesiánica a este salmo, pero con un nuevo sentido. En el Evangelio más antiguo (Marcos 12: 36) el Salmo 110:1 está copiado literalmente de la Septuaginta, solo con dos alteraciones: A la palabra griega **kurios**. (Señor) le falta el artículo y se sustituye el sustantivo **hupopódion** (que viene de **hupo**, debajo y de **pous** pie) que significa "estrado", "taburete", por la preposición **hupokato** (debajo). Tenemos razones para pensar que el cambio no es fortuito. Esta convicción se ve fortalecida por el hecho de que en Mateo 22:44 se respeta el cambio realizado en Marcos 12:36. En los manuscritos más antiguos el cambio no aparece en San Lucas 20:42–43, en este pasaje se copia literalmente del texto griego del Antiguo Testamento. En algunos manuscritos posteriores aparece en Lucas el cambio que encontramos en Marcos y en Mateo.

Pienso que Jesús tuvo que ver con este cambio, aunque sabemos que Jesús predicó en arameo y no en griego.[76] La actitud de Jesús hacia los pecadores muestra que el cambio realizado en el salmo era absolutamente necesario. Se podría suponer que el cambio fue realizado por la Iglesia Primitiva a partir de la actitud de Jesús hacia los pecadores. Pero la unanimidad del testimonio de los Evangelios Sinópticos es un argumento convincente. La

---

[76] Lo cual no significa que Jesús no haya conocido esta lengua. Moulton afirma que la Palestina de tiempos de Jesús era una región bilingüe. Según Moulton, se puede suponer que las masas de Jerusalén conocían el griego aunque imperfectamente. Afirma que Jesús y sus discípulos – además del arameo– tenían acceso ail idioma griego. Cf. Moulton, J. H., R. Grammar of the New Testament Greek, Vol. l, Edimburgo, T. T. Clark, 1957, Pág. 8.

interpretación es de Jesús, la Iglesia la recibe como herencia. No tiene sentido que Jesús haya, usado este Salmo sin hacer el cambio, pues nunca asumió el rol de caudillo victorioso sobre los enemigos de Israel. El contexto también ayuda a nuestra interpretación, los tres Sinópticos están de acuerdo en que Jesús está dialogando sobre si el Mesías es o no el Hijo de David.[77]

Nuestra interpretación se ve confirmada y completa en el dicho de Jesús ante el sumo sacerdote: "Yo soy y veréis al Hijo del Hombre sentado a la diestra del poder de Dios, y viniendo en las nubes del cielo" (Marcos 14:62). Aquí vuelve a usar el Salmo 110:1, pero combinándolo con Daniel 7:13. Este dicho es conservado por los tres Sinópticos.[78] Theo Preiss señala que es necesario subrayar los dos extremos: **sentado y viene.** "Sentado significa haber recibido todo el poder, ser el lugarteniente de Dios. Venir en las nubes significa venir, juzgar, reinar con autoridad, la gloria, la potencia de Dios mismo.[79]

Jesús comienza donde la gente está. Se espera un reino mesiánico y comienza a predicar que el reino se ha acercado y que está entre los 'hombres. Jesucristo es el Rey que hace posible el reino. Por eso ordena bautizar. El bautismo es un rito de iniciación en la comunidad mesiánica, es una señal del "ya" del reino. Por el contrario, la eucaristía señala el "no todavía". "Porque os digo que no beberé más del fruto de la vid, hasta que el Reino de Dios venga (Lucas 22:8). "Hasta aquel día en que lo beba de nuevo con vosotros en el reino de mi Padre". (Mt. 26:29, Ma. 14:25). "Así que

---

[77] Véase toda la discusión que sobre estos pasajes hacemos en Teología de la Unidad, Págs. 34–40.

[78] Marcos 14:62; Mateo 26:64: Lucas 22:67–70.

[79] Preiss, T., Le Fils de l'Homme, Montpellier, Facuité de Théologie Protestante, Montpellier, 1965, Pág. 35.

todas las veces que comieres este pan y bebierais esta copa, la muerte del Señor anunciáis, **hasta que El venga**". (I Cor. 11:26).

Los sacramentos representan los dos polos de la tensión en que se expresa el reino. Por medio de uno –que se recibe una sola vez– somos conscientes de que ya pertenecemos al reino. Por el otro –del cual participamos muchas veces– tenemos siempre presente que marchamos hacia la consumación del reino. Jesús nos presenta una escatología en curso de realización.

Podríamos concluir afirmando que la predicación de *Jesús* tiene dos características distintivas: Es bíblica y contextual. Por un lado se basa en la revelación del Antiguo Testamento que El confirma, clarifica y amplía. Por otro lado toma conciencia de la situación del mundo donde le tocó vivir y partiendo de las expectativas de sus contemporáneos les conduce mucho más allá de lo que éstos esperaban. Como resultado de la predicación de Jesús surge la Iglesia, avanzada del reino de Dios.

3. La relación del Reino con la Iglesia en la predicación de Jesús

Si Jesús es el Mesías prometido en el Antiguo Testamento, la comunidad mesiánica es tan necesaria como un polo de la tierra hace necesario al otro. Justo González afirma: "Aunque el término "iglesia" solo aparece dos veces en los Evangelios Sinópticos, esto no nos autoriza a pensar que la idea sea posterior a ellos. Al contrario, en los Evangelios Sinópticos se concibe la misión de Jesús de tal modo que es imposible concebir a Jesús sin una comunidad de discípulos. Jesús ha venido a establecer un nuevo pacto y los creyentes son el pueblo de ese nuevo pacto".[80]

---

[80] González, J. Historia del Pensamiento Cristiano, Buenos Aires, Editorial La Aurora, 1965, Págs. 62–63.

Por su parte René Padilla afirma: "La objeción a la posibilidad de que Jesús hubiera contemplado la formación de la Iglesia responde por lo menos en parte, a una total confusión de la **ecclesía** del Nuevo Testamento con la institución "**iglesia**" que surgiría posteriormente. Que Jesús tuviera en mente la idea de formar una organización eclesiástica, con todos sus ritos y jerarquías, es ciertamente dudoso.[81] Más adelante añade: "La referencia a la comunidad mesiánica **mu ecclesía** ("mi iglesia") en boca de Jesús cuadra perfectamente bien con uno de los propósitos de su misión".[82]

Es evidente que Jesús, como Mesías, necesitó organizar una comunidad y para lograr ese fin invitó a personas a seguirle como discípulos y les pidió que ganaran a otros. Luego la evangelización tiene como objetivo comenzar a realizar los ideales del reino en una comunidad que él llama "**Ecclesía**" según la traducción griega –en la Septuaginta– del término hebreo **Kajal** que significa pueblo. El pueblo de Dios es la avanzada del reino que viene en su consumación. Ese pueblo es parte del reino, pero no es todavía la totalidad del reino cualitativa y cuantitativamente. La iglesia primitiva –consciente de la realidad de un reino a la vez iniciado y por consumarse– expresó esta realidad tensora a través de dos grandes afirmaciones de fe: "Jesucristo es el Señor", o sea hay reino por cuanto hay Rey. Hechos 2:36; 10:36; Rom. 1:4; 5:1, 11, 21; 6:23; 7:25; 8:39, etc.), y 29 "Maran–ata, el Señor viene" (1 Cor. 16:22). La soberanía de Jesucristo ya es una realidad, pero la consumación continúa siendo la esperanza de los creyentes. Como afirma K. Barth: "la Iglesia es la única

---

[81] Padllla R. La Iglesia y el Reino de Dios en El Reino de Dios y Latinoamérica, Casa Bautista de Publicaciones, El Paso, Texas, por aparecer en 1974, Pág. 11 (en el original).

[82] Padilia, R., op. cit., Pág. 11 (en original).

comunidad sobre la tierra que sirve a Jesucristo conscientemente... quienquiera que esté en autoridad sobre una región dada, afectará invariablemente las vidas de sus habitantes".[83] La Iglesia es la primicia, el anticipo del reino, ocupa el espacio entre el ya y el "no todavía". "En conclusión, no hay razón para negar que Jesús concibiera que entre el cumplimiento de su misión y el fin del mundo habría un período que podría caracterizarse como el período de la Iglesia. La incompatibilidad que los escatologistas creen hallar entre la Iglesia y el Reino de Dios no es tal, sino más bien entre la Iglesia y una interpretación "futurista" de la escatología de Jesús que reduce el Reino a un orden futuro cuyo advenimiento es considerado inminente".[84]

Jesús no funda su Iglesia para que sea un fin en sí misma. La Iglesia es más bien una institución temporal y de servicio. Es la avanzada del reino, pero no es el reino en sí. En la metamorfosis del reino, la Iglesia dejará de existir como gusano para comenzar a vivir como mariposa, pero nunca dejará de existir".[85] Esta imagen implica que, con la consumación del reino, la Iglesia tendrá continuidad, será diferente y vivirá en un mundo nuevo. La Iglesia tiene características tensoras porque es la heredera de un reino en tensión entre el inicio y la culminación. Jesús, en el juicio de las naciones, (San Mateo 25:31-46) separará a su Pueblo (**ecclesía**) de los demás hombres "cómo aparta el pastor las ovejas de los cabritos" (Mateo 25:32). El Señor del Reino dice a su pueblo (**ecclesía**). "Venid, benditos de mi Padre, heredad el

---

[83] Barth, M. The Broken Wall, A Study of the Epistle to the Ephesians, Londres, Colfins, 1960, Pág. 139.

[84] Padilla, R. Op. Cit., Pág. 11 (en el original).

[85] León, J. A. Teología de la Unidad, Buenos Aires, La Aurora, 1971, Págs 153-154.

reino preparado para vosotros desde la fundación del mundo". (25:34). Pedro, en su epístola a la Iglesia Universal se refiere a una herencia incorruptible e inmarcesible, reservada en los cielos". (I Pedro 1:4) "... para alcanzar la salvación que está preparada para ser manifestada en el tiempo postrero". (1:5). Aquí se trata de la consumación de la salvación.[86] La herencia está reservada en los cielos, en su momento será entregada a la Iglesia. Pablo, escribiendo a personas que participan de la vida de la Iglesia, les advierte contra ciertas formas de inmoralidad y afirma que los que practican tales cosas no **heredarán** el reino. Esta afirmación categórica lleva implícita la idea de que la parte de la Iglesia que es fiel[87] sí heredará el reino de Dios. Resulta interesante que en estos pasajes también se expresa la tensión entre el "ya" y el "no todavía". En Efesios 5:5, Pablo usa un presente de indicativo: "ningún fornicario... **tiene herencia** en el reino". En I Corintios 6:9–10 y Gálatas 5:16–21 utiliza el futuro "no **heredará** el reino". En esta tensión negativa está implícita la idea de que en la Iglesia hay un remanente fiel que "ya" está disfrutando de las bendiciones del reino, aunque éste "todavía no" se ha consumado. La Iglesia fiel al Señor es la heredera del Reino, tanto en la predicación de Jesús como en la de sus dos apóstoles más destacados: San Pablo y San Pedro.

---

[86] En San Pablo también encontramos la tensión entre el "ya" y el "no todavía" de la salvación. Escribiendo a creyentes les dice: "ocupaos de vuestra salvación" (Filip. 2:12), "porque ahora está más cerca de nosotros nuestra salvación que cuando creímos". (Romanos 13:11).

[87] Apocalipsis 21:1–8 se refiere a los últimos tiem@Pos, cuando el reino llegará a su consumación. En este pasaje también se hace referencia a una porción de la Iglesia que se mantiene fiel: "El que venciere heredará todas las cosas" (21:7).

¿Cómo debe expresar su fidelidad al Rey el remanente que participa del "ya" del reino? La predicación de Jesús es clara, el súbdito del reino debe:

a) **Ofrecer al Rey una lealtad absoluta**. El Señor no admite una lealtad compartida. Solo hay un **Señor** (Mateo 6:24; Lucas 16:13). Hay que decirle **no** a cada interés personal que pueda interferir con nuestra lealtad. El Señor debe ser amado y servido con una devoción sin paralelo. "El que ama a padre o madre más que a mí, no es digno de mí, y al que ama a hijo o hija más que a mí no es digno de mí. Y el que no toma su cruz y sigue en pos de mí, no es digno de mí" (Mateo 10:37-38). La lealtad al Señor **no** implica que no podamos amar a nuestros seres queridos, significa que nada ni nadie debe ocupar el lugar que corresponde a Dios. El súbdito del Reino debe evitar caer en idolatría. Somos conscientes de la dificultad que plantea esta lealtad absoluta. El hombre prefiere ser él mismo un dios, el centro de su interés y el objetivo de sus esfuerzos. La aceptación de un Señor trascendente, con autoridad para interferir en nuestra vida cotidiana, suele ser parcial. La lealtad suele ser cercenada en sus aspectos fundamentales.

b) **Confiar en su Señor**. El destino del súbdito leal está enteramente en las manos del Rey. El Señor es poderoso, por lo tanto el súbdito debe evitar la ansiedad: "No os afanéis por vuestra vida, qué habéis de comer o qué habéis de beber... buscad primeramente el reino de Dios y su justicia, y todas estas cosas os serán añadidas". (Mateo 6:25-34; Lucas 12:22-31). Cuando Jesús calma la tempestad, en el Mar de Galilea, no acusa a sus discípulos de cobardía, les hace ver su falta de confianza en El. Les pregunta: "¿Dónde está vuestra fe?" (Lucas 8:25). "¿Por qué teméis, hombres de poca fe?" (Mateo 8:26). "¿Por qué estáis así amedrentados? ¿Cómo no tenéis fe?" (Marcos 4:40). Es interesante que ninguno de los evangelistas ha conservado la pregunta de Jesús en la misma forma, pero el espíritu es idéntico en los tres, Jesús señala que a sus discípulos les ha faltado la confianza en su Señor.

c)   **Ser obedientes**. Cuando *los discípulos* piden a *Jesús* que les enseñe a orar, les muestra la necesidad de obediencia: "Padre nuestro que estás en los cielos, santificado sea tu nombre. Venga tu reino. **Hágase tu voluntad**. (Mateo 6:9–10, Lucas 11:2). "Porque aquel que hace la **voluntad de Dios**, ese es mi hermano, y mi hermana y mi madre" (Marcos 3:35).

d)   **Colaborar en la extensión del Reino**. Pablo afirma que el creyente es un compañero de trabajo (**sunergós**) de Dios (I Corintios 3:9). Nosotros no podemos traer el Reino, no se trata de la renovación de la sociedad realizada por hombres bien intencionados. Tanto la iniciación del Reino (encarnación de Jesucristo) como su culminación (segunda venida) está enteramente en las manos de Dios. Pero los súbditos podemos y debemos predicar el Evangelio del Reino. (Hechos 8:12; 19:8; 28:23, 31), aunque tengamos que encarar la incomprensión y el sufrimiento (II Tesalonicenses 1:5).

II. La predicación del Reino en la historia de la Iglesia

1. La visión panorámica

No es nuestro propósito hacer una investigación exhaustiva sobre la predicación del Reino de Dios en veinte siglos de historia eclesiástica. Sencillamente pretendemos dar una visión panorámica del lugar que ha ocupado en la historia de la Iglesia el tema central de la predicación de Jesús, según el testimonio de los Evangelios Sinópticos. Confiamos en que esta perspectiva histórica ha de ayudarnos a lograr una correcta ubicación para nuestra tarea de proclamar las Buenas Nuevas a los hombres.

La resurrección del Señor levantó la esperanza mesiánica que había decaído con el aparente fracaso de la entrada triunfal de Jesús en Jerusalén y su muerte en la cruz. Es lógico que se le pregunte al Cristo resucitado: ¿Restaurarás el reino a Israel en este tiempo? (Hechos 1:6). Los discípulos no se refieren a un reino "espiritual", sino a un reino terrenal sobre el modelo del de David, pero incluyendo la totalidad de la tierra habitada. El Señor no les dice que ellos están equivocados, que jamás habrá tal Reino. Les dice que no les corresponde saber cuándo se concretará su esperanza, solo Dios sabe. El traerá la consumación del Reino cuando así lo determine. La Iglesia no es equivalente al reino –como ya hemos visto–, pero entre el inicio y la consumación –tiempo de la Iglesia– el Espíritu Santo ofrece a los creyentes el poder que necesitan para proclamar el Evangelio hasta lo último de la tierra (Hechos 1:8). El Cristo resucitado no hace más que confirmar lo que antes había enseñado a sus discípulos: El Reino iniciado en su vida y ministerio se ha de consumar en el futuro (Mateo 19:2–29 Lucas 22:29–30).

Entre el inicio y la consumación hay cosas secretas que pertenecen al Padre (Deuteronomio 29:29). Son los misterios que se van revelando paulatinamente, a medida que el tiempo se va cumpliendo (Efesios 1:9–10; 3:5–6; Colosenses 1:26).

Es evidente que Jesús no optó por ninguna de las opciones político–religiosas de su época. Fustigó a fariseos y saduceos por igual. No se dejó seducir por el partido "pro–imperialista" de los herodianos, ni por la subversión que procuraban los "guerrilleros" zelotes. Él puso su fe en la comunidad mesiánica –**su ecclesía**– que debería actuar como levadura que leudara toda la humanidad. Es por eso que la Iglesia Primitiva no identificó el Reino con un determinado sistema político–social. Los cristianos morían en el coliseo romano, no porque hubieran sido sorprendidos realizando actividades subversivas, sino porque no podían llamar a César Señor. Ellos tenían un solo Señor: Jesucristo. Ellos proclamaban que ese Señor volvería a consumar el Reino que ya había iniciado.

Los padres apostólicos mantuvieron su esperanza en una parusía cercana. Los creyentes tenían conciencia de estar viviendo en los últimos tiempos. Esta esperanza mantenía unida a la Iglesia a pesar de las dificultades que tenla que encarar. La presencia de falsos profetas, el crecimiento de la maldad y las persecuciones, parecían ser señales indubitables de la cercanía de la segunda venida de Cristo.

La esperanza de una pronta consumación del Reino –con la parusía– comenzó a perderse en la Iglesia post–apostólica. Al parecer los cristianos se cansaron de esperar la venida de su Señor y comenzó a arraigarse la idea de un Reino ultraterreno y espiritual. La esperanza de la consumación permaneció en ciertos grupos al margen de la Iglesia. El Montanismo, (138) en parte, fue un intento por mantener la esperanza escatológico de la Iglesia Primitiva.

Una nueva etapa comienza a partir del siglo IV, cuando el cristianismo deja de ser perseguido y se convierte en religión oficial, protegida por el imperio Romano.

El personaje más sobresaliente –para el estudio de la predicación del reino de Dios– en esta época es sin duda alguna San Agustin.[89] Su obra: "La Ciudad de Dios",[90] presenta dos ciudades: la celestial y la terrenal". La Iglesia es una nueva sociedad, una nueva clase de vida que los hombres pueden comenzar a vivir: la comunión de los santos, el perdón de los pecados y la vida eterna. Vida que se inicia aquí y ahora y que perdura por la eternidad. Para San Agustín la Iglesia es una provincia del Reino en la cual los súbditos tendrán que vivir en una atmósfera que no es su "elemento nativo". La Iglesia es la avanzada del Reino de

---

[89] Nació en Tagasta, pequeña ciudad de Numidia, en el norte de Africa, en el año 354. Murió en Hipona, también en el norte de Africa, en el año 430.

[90] Escrita en trece años: 413–426 como reacción ante el impacto causado por el saqueo de Roma por las hordas visigodas de Alarico ocurrida en el año 410

Dios que desarrolla en el mundo –bajo la dirección del Espíritu Santo– una triple misión: **Comunal**, **profética** y **redentora**. Como la "Ciudad de Dios" (Reino) no debe identificarse con la Iglesia, la "Ciudad Terrestre" tampoco debe identificarse totalmente con el Estado. A pesar de la distinción entre Iglesia y Reino, la Teología de Agustín contribuyó a la identificación posterior de la Iglesia y el Reino. Posición que prevaleció en la Iglesia Católica hasta el Concilio Vaticano U, a partir del cual existe una nueva perspectiva.

Los reformadores del Siglo XVI, que hicieron profundos trabajos exegéticos y hermenéuticos, no dedicaron mucha atención al concepto de Reino de Dios. Ciertamente la hermenéutica cristiana en general no ha hecho justicia al tema central de la predicación de Jesús. Es en el presente siglo que se le ha dado el lugar que le corresponde. Aunque es bueno recordar que la soberanía de Dios ocupa un lugar central en la teología de Juan Calvino. Aunque Calvino interpretaba la soberanía de Dios con referencia a la salvación y la vida eterna. Es decir, en términos puramente apolíticos.

En el cristianismo posterior se destacan interpretaciones muy particulares:

1.   La concepción de un Reino en forma individualista y espiritualizada. El Reino "entre vosotros está", se entiende en el sentido de gozo y paz interior producto de la gracia de Dios.

2.   Juan Wesley[91] (fundador del movimiento metodista, gran exégeta, traductor del Nuevo Testamento al inglés) identifica el Reino de Dios con el cristianismo auténtico, por oposición al falso. En un sermón: "El Camino del Reino", basado en las palabras contenidas en San Marcos 1:15, "El Reino de Dios está cerca: arrepentíos y creed al Evangelio" Wesley dice: "Debemos

---

[91] Wesley vivió de 1703 a 1791.

considerar en primer lugar, la naturaleza de la verdadera religión que el Señor llama: "el Reino de Dios.[92] A lo largo del sermón encontramos siempre la identificación del Reino con la "verdadera religión". Realmente 'Wesley, que dominó el idioma griego, no pudo hacer justicia a la Hermenéutica del Reino

3.	La interpretación tradicional de la Iglesia Católico-romana, que identificaba el Reino con la Iglesia tiene su expresión muy particular en el primer teólogo que reflexiona en torno a la problemática de nuestra tierra americana; Bartolomé de las Casas:

"De manera que toda potestad o poderío que Cristo dio a San Pedro y a sus sucesores, se refiere, como a último fin, al reino de los cielos, es decir: es ordenado al gobierno y dirección del mundo de tal manera que los hombres alcancen el reino de los cielos para que se consiga la salvación de las almas por las que Cristo murió, y bien manifiesto es que esta potestad se refiere a los bienes y cosas espirituales y sobrenaturales, dentro de los cuales no están comprendidas las posesiones y bienes y estados temporales que, por consiguiente, no están bajo la autoridad de San 'Pedro y sus sucesores de un modo absoluto, sino en cuanto pueden ayudar o desanudar a la consecución de lo espiritual y eterno".

"Por esto en la promesa del Sumo Pontificado dijo a San Pedro Nuestro Redentor: «A ti te daré las llaves del reino de los cielos»; no dijo «de los reinos de la tierra»".

"Luego queda manifiesto que el Sumo Pontífice puede juzgar y ordenar y poner su hoz sobre las mieses de las cosas temporales y los estados y bienes seglares tanto y no más de lo que le pareciere,

---

[92] Wesley, J. Sermones, Vol. l., Kansas City, Beacon Hill Press, Págs. 102.

según la recta razón, que es necesario y conveniente para guiar a los hombres por el camino de la vida eterna".[93]

Refiriéndose a esta cita Samuel Escobar comenta:

"Están en germen aquí las nociones teológicas y misioneras que se entrelazan con las políticas en la conquista de América. La particular forma que había de adquirir el constantinismo católico en América está determinada en este momento inicial en el que la noción de Reino de Dios juega un papel importante. Tras las palabras de Las Casas se advierte la visión histórica de San Agustín, en la que Reino e Iglesia se han equiparado, y la forma en que España adopta el concepto al intentar articular las razones de su presencia en el nuevo mundo".[94]

Es necesario reconocer que el pensamiento de Wesley es coincidente con el catolicismo romano en su Teología del Reino. Wesley reacciona contra la Iglesia Anglicana de su época, que para él no es la Iglesia, es decir el Reino de Dios.

Estas interpretaciones hay que juzgarlas a la luz de su época. El autor de esta obra –hijo espiritual de Wesley– no comparte la Teología del Reino de su padre espiritual. Igualmente la Iglesia Católica, a partir del Concilio Vaticano II ha cambiado su enfoque. Hoy tenemos teólogos católicos que se refieren al Reino que

---

[93] Bartolomé de las Casas, El Evangelio y la Violencia, selección de escritos editada con una introducción por Marianne Mahn-Lot. ¡Editorial ZYX, Madrid, 1967, Pág. 141.

[94] Escobar, S. El Reino de Dios, la Escatología y la Ética Social y Política en América Latina. Obra por aparecer en 1974, Pág. 2 del original.

no ha venido, pero que está viniendo, y a la Iglesia peregrina, que no ha llegado, pero que va en camino hacia la meta.[95]

4.   Para la Teología Liberal el Reino de Dios es un quehacer básicamente humano. Es el producto de una evolución de la sociedad, hacia el ideal que Dios quiere. Esta corriente tuvo gran auge en el siglo XIX y principios del XX. La Teología Liberal expresó un gran optimismo sobre las posibilidades del hombre. Estos conceptos tienen una entusiasta expresión en el Social Gospel (Evangelio Social). La Primera Guerra Mundial, con todos sus horrores, echó por tierra esta utopía.

5.   Reflexiones teológicas más recientes.

A Johannes Weiss, a pesar de haber vivido la mayor parte de su vida en el siglo XIX (murió en el año 1914) se lo puede considerar un teólogo del siglo XX. Comenzó su contribución a la discusión teológica sobre el Reino de Dios con una obrita de solo sesenta y siete páginas que apareció en el año 1892. Su mayor aporte está en su argumentación en el sentido de que hay una estrecha relación entre las enseñanzas sobre el Reino de Dios de la literatura profética y apocalíptica judía y las enseñanzas de Jesús. Para Weiss la interpretación de las enseñanzas de Jesús sobre el Reino debe estar enmarcada en la predicación profética y apocalíptica de su época. Las ideas de Weiss fueron popularizadas por Albert Schweitzer, quien tuvo el honor de haber forzado a los estudiosos de la Biblia a considerar seriamente los problemas que plantea la predicación del Reino de Dios en las enseñanzas de Jesús. Afirmaba Schweitzer que Jesús esperaba que el Reino vendría el mismo año en que comisionó a sus discípulos para que predicaran la inminencia del Reino. Al enviar a sus discípulos –según la descripción de San Mateo capítulo

---

[95] Lumen Gentíum, (Documentos del Segundo Concilio Vaticano).

diez– Jesús no esperaba volverlos a ver antes de la venida del Reino.[96] Schweitzer mantiene esa opinión basándose en las siguientes palabras de Jesús: Cuando os persigan en esta ciudad, huid a la otra; porque de cierto os digo, que no acabaréis de recorrer todas las ciudades de Israel, antes que venga el Hijo del Hombre" (Mateo 10:23). Afirmaba Schweitzer que como los acontecimientos no ocurrieron tal como Jesús esperaba, los discípulos no tuvieron que enfrentarse con el sufrimiento y, lo más importante, el Reino no vino, Jesús tuvo que cambiar sus planes.[97] Según la interpretación de Schweitzer, como no se produjeron los sufrimientos que según las expectativas apocalípticas judías debían preceder o acompañar la venida del Reino, Jesús precipita los acontecimientos viniendo a Jerusalén, a fin de morir y por sus sufrimientos cumplir los requisitos para la pronta venida del Reino.[98]

Albert Schweitzer inicia una corriente teológica conocida con el nombre de "**Escatología Consecuente**". Uno puede estar de acuerdo o en desacuerdo con Schweitzer, pero nadie tiene derecho a desconocer su valioso aporte a la Teología Contemporánea. Es un verdadero precursor del movimiento que conduce la reflexión teológica, a la correcta interpretación de las enseñanzas de Jesús sobre el Reino. Sus atrevidas interpretaciones fueron como fuertes aldabonazos que despertaron las conciencias de los teólogos a la necesidad de una seria consideración del tema. Oscar Cullmann rinde homenaje a este gran teólogo, médico, misionero, artista, etc., de la siguiente manera: "...la

---

[96] Schweitzer, A., The Quest of the Historical Jesus, Londres, Adam y Charles Black, 1954, Pág. 357.

[97] Ibid. Pág. 358.

[98] Ibid, Pág. 386.

obra imponente del teólogo Schweitzer plantea cuestiones que no resuelve. El hecho mismo de situar los problemas de la discusión actual, le hace jugar un papel cuya importancia escapa en gran parte a los interlocutores del debate.[99]

Frente a la "Escatología Consecuente" de Schweitzer, como reacción, surge la "Escatología Realizada" de C. H. Dodd. Cullmann afirma que "la lucha se entabla alrededor de la tesis exagerada de Schweitzer según la cual Jesús había dado a su escatología un carácter exclusivamente futuro. De manera viva y decidida, el inglés C. H. Dodd ha tomado el punto de vista contrario".[100] Dodd encuentra un argumento contra la interpretación de Schweitzer en estas palabras de Jesús: "Pero si yo, por el Espíritu de Dios, echo fuera los demonios, ciertamente ha llegado a vosotros el Reino de Dios" (Mateo 12:28 cf. Lucas 11:20). Dodd, refiriéndose al verbo que Jesús usarla originalmente (en arameo) afirma: "Con un ojo puesto en el presunto origen arameo, debemos traducir "el Reino ha venido".[101] Para mantener su posición extremista –en oposición al extremismo de Schweitzer, Dodd afirma que algunos dichos de Jesús que parecerían indicar que el Reino vendrá en el futuro, se refieren a algo que se encuentra más allá del espacio y del tiempo.[102] Con relación a las parábolas escatológicas Dodd afirma: "Su intención era reforzar su exigencia a los hombres para que reconocieran que el Reino de Dios estaba presente en todas sus consecuencias momentá-

---

[99] Cullman, O., Le salut dans l'histoire, Delacheaux et Niestlé, 1966, Pág. 26.

[100] Ibid, Pág. 27.

[101] Dodd, C. H. The Parables of the Kingdom, Londres, Nisbet and Co. Ltd., 1948. Pág. 44.

[102] Ibid, Pág. 56.

neas y que por su conducta en presencia de esta crisis tremenda se juzgarían a sí mismas como fieles o infieles, sabios o necios".[103] Sobre las parábolas del crecimiento (el sembrador, la cizaña y el trigo, la semilla de mostaza) nos dice: "No deben tomarse como implicando un largo proceso de desarrollo introducido por el ministerio de Jesús y para ser consumado por su segunda venida, aunque la Iglesia lo haya entendido más tarde en ese sentido".[104]

Una vez pasado el calor de la polémica –que a veces nos conduce a la polarización de ideas complementarias– Dodd revisó con serenidad sus afirmaciones y modificó su posición. En su obra **The Coming of Christ** (La Venida de Cristo), reconoce que había considerado con ligereza algunos dichos de Jesús. Se refiere a lo que llama "un dicho extraño" de Jesús frente al sumo sacerdote: "... desde ahora veréis al Hijo del Hombre sentado a la diestra del poder de Dios, y viniendo en las nubes del cielo" (Mateo 26:64), y se pregunta: "¿Podemos dar algún significado a tal declaración a menos que pensemos en otro mundo distinto a este?".[105]

Insiste en su afirmación de que la venida de Cristo en la historia se cumplió en la resurrección, pero acepta una venida más allá de la historia: "Definitivamente, yo diría más allá de la historia y no como un hecho posterior a la historia, ni siquiera como el ultimo acontecimiento de la historia".[106]

---

[103] Ibid, Pág. 174.

[104] Ibid, Pág. 193.

[105] Dodd, C. H., The Coming of Christ, Cambridge University Press, 1954, Pág. 15.

[106] Ibid, Pág. 16.

Joaquín Jeremías nos presenta al Reino como una realidad tanto presente como futura. La salvación es presente[107] pues la misericordia de Dios es una realidad para todos los pecadores,[108] pero el Reino de Dios es también futuro. Como resultado de sus investigaciones exegéticas y hermenéuticas ha propuesto –para definir las enseñanzas evangélicas sobre el Reino de Dios– la expresión: "Escatología en curso de realización".[109]

El punto de vista de Oscar Cullmann es muy similar al que sostiene Jeremías: "Comenzamos por las afirmaciones de Jesús que expresan claramente que el Reino de Dios está ya presente en su persona... Es suficiente llegar a este punto para tener la confirmación del vínculo estrecho que existe entre la fe de Jesús, donde la palabra "ya" juega un papel tan grande y su conciencia mesiánica: Jesús cree que todo está "ya" cumplido y enlaza esta certeza con la convicción de que un día será acabado todo lo que no existe todavía".[110] Cullmann ratifica estas afirmaciones ilustrándolas con la imagen de una guerra: "... la batalla decisiva puede haber sido librada en el curso de una de las primeras fases de la campaña; sin embargo, las hostilidades continúan todavía por largo tiempo".[111]

---

[107] Jeremías, J., Les Paraboles de Jésus, Le Puy– Lyon, París, Editions Xavier Mappus, 1962, Págs. 120–26.

[108] Ibid, Pág. 127–149.

[109] Ibid, Pág. 219.

[110] Culiman, O., op. cit. Págs. 196–197.

[111] Cuilman, O., Christ et les temps, Neuchatel– París, Delachaux et Niestlé, 1950, Pág. 57.

Ni la **"Escatología Consecuente"** propugnada por Schweitzer ni la **"Escatología Realizada"** de C. H. Dodd hacen justicia a la totalidad de las enseñanzas de Jesús sobre el Reino de Dios. Sin embargo, existe hoy cierto consenso entre los teólogos contemporáneos en el sentido de que la predicación del Reino de Dios en los Evangelios Sinópticos presenta una escatología en curso de realización. En las enseñanzas de Jesús se puede detectar la tensión escatológica que surge de un concepto de Reino de Dios que es una realidad presente, pero también futura.

III. Una interpretación, de la historia de la predicación del Reino

La visión panorámica que hemos intentado mostrar al lector es circular, termina donde comienza. Después de un largo recorrido la reflexión teológica llega a redescubrir a Jesús predicador del Reino de Dios. Al final de un largo recorrido la Iglesia comienza a ver la totalidad de su ministerio al mundo.

Los Evangelios dan testimonio de que Jesús no se comprometió con ninguna de las tantas opciones políticas que le presentaron sus contemporáneos. El confió en su **ecclesía** y esperó de ella que fuera la "comunidad levadura" que leudara la masa. Pero la Iglesia cometió el error de hacer lo que Jesús no hizo, optar por un sistema político e identificarse con él. As! surge la iglesia constantiniana –a partir del siglo IV– que ha llegado hasta nuestros días con distintos nombres pero con el mismo compromiso.

En lugar de ocuparse en la implementación del "ya" del Reino, la Iglesia post–apostólica comenzó a desanimarse por dos razones: 1) No se ocupaba del "ya" y 2) Estaba demasiado preocupada por la tardanza del "todavía no", del Reino. Ante tal situación traicionó a su Señor al ofrecerle una lealtad compartida con otro señor (Mateo 6:24; Lucas 16:13). A la Iglesia le faltó confianza y obediencia, por eso el concepto bíblico del Reino fue enterrado, permaneciendo en su tumba por varios siglos. Damos gracias a Dios porque nos ha permitido ver su resurrección.

Durante siglos las enseñanzas de Jesús sobre el Reino fueron espiritualizadas, ultra mundanizadas o ignoradas. La salvación se concebía solo en su dimensión personal por cuanto se habla perdido la perspectiva del Reino iniciado en la persona y ministerio de Jesucristo y a consumarse en el futuro.

No obstante, la Iglesia ha cumplido –en estos siglos pasados– su misión aunque en forma parcial. Se ha proclamado un Evangelio al cual se le había cercenado el tema central de la predicación de Jesús.

El compromiso con varios sistemas sucesivos condujo a la Iglesia a lo que llamaríamos "pecado inconsciente". Conscientemente la Iglesia servía al Señor (con mayúscula) pero inconscientemente estaba sirviendo a otro señor. Todo esto como consecuencia de haber perdido la lealtad absoluta, la confianza y la obediencia al Señor del Reino, para acomodarse bajo la seguridad de otro señor. El concepto del Reino se pierde en la Iglesia cuando no se reconoce al Rey o cuando se le ofrece una lealtad compartida. Pero el Reino ha estado y estará a pesar de los conceptos teológicos.

Nos cuesta reconocer la existencia del "pecado inconsciente", pero lo mejor que podemos hacer con los problemas inconscientes es tratar de colocarlos en el nivel consciente y encararlos con honestidad para encontrar soluciones satisfactorias. Los protestantes latinoamericanos hemos denunciado reiteradamente los errores de la Iglesia Católica, como instrumento de la colonización y opresión de los aborígenes americanos. Lamentablemente muchos misioneros protestantes han seguido un método similar. El pastor Ezequiel C. Makunike nos muestra como la cultura africana fue avasallada por el misionero que impone su propia cultura. "Los representantes de la Sociedad Misionera Metodista Wesleyana llegaron al recientemente ocupado país alentados por Rodhes, cuando este ofreció, en nombre de la Compañía Británica Sudafricana, 100 libras anuales para los misioneros que quisieran servir en el nuevo país. El primer contingente integrado por Owen Witkins e Isaac Shimmin arribó a Fort Salisbury el 29 de setiembre de 1891. A semejanza de otras sociedades misioneras, los Wesleyanos recibieron vastas porciones de tierra de manos de la Compañía Británica Sudafricana a fin de que dieran inicio a sus obras".[112] Makunike muestra como aún los nombres africanos son menospreciados por los misioneros que desean imponer su "cultura superior". Dice Makunike: "En la mayoría de los casos los nombres eran elegidos por el evangelista o el misionero sin tomar en consideración si la familia, para quien los nombres eran significantes, era capaz de pronunciarlos".[113]. "... en el instante del bautismo, tantos nombres africanos tuvieron que ser reemplazados por nombres occidentales y no necesariamente por nombres bíblicos, lo que sería perdonable".[114] Sin mencionarlo con la nomenclatura que sugerimos, este líder evangélico se refiere al "pecado inconsciente" de la Iglesia cuando dice: "A pesar de que los misioneros tenían que llevar a cabo una misión diferente que el colonialismo imperialista, el hecho de que

---

[112] Zvobgo, C. J. M. "La influencia de las Misiones Metodistas Wesleyanas en Rodesia del Sur, 1891–1923", Pág. 63, en el libro El Cristianismo en el Sur de Zambezi, J. A. Pachs– Mambo Press, Gwelo, Rodesia, 1973. Citado en artículo del Pastor Ezequiel C. Makunike, Revista Testimonio Cristiano, Nº 4, Buesos Aires, Pág. 34.

[113] Makunike, E. C., Evangelización y Contexto Cultural Punto de vista de un Cristiano Africano. Revista Testimonio Cristiano, Nº 4, Buenos Aires, 1974, Pág. 33.

[114] Ibid, Pág. 32.

ambos estuvieron tan estrechamente relacionados, siendo incluso complementarios, no debe ser pasado por alto".[115]

Debemos señalar, no obstante, que a pesar de que a veces se ha presentado un Evangelio cercenado, éste, aunque parcialmente presentado, tiene un tremendo poder liberador y ha producido hombres como Makunike a pesar de las deficiencias misioneras. Recordemos además que en Angola, la Iglesia ha sufrido mucho y docenas de pastores han sido masacrados por su compromiso a favor de la liberación del yugo colonial portugués. Como bien dice Makunike: "... resulta natural y honesto exponer la doctrina cristiana en términos de su propia experiencia cultural. No podía esperarse que actuaran (los misioneros) de otro modo".[116]

Debemos tener en cuenta también la visión profética de algunos misioneros que en su momento, presentaron ideas revolucionarias. Este es el caso de Roland Allen quien, en 1927, escribió un libro sobre la evangelización en los campos misioneros que es traducido y publicado en español[117] en 1970 debido a su pertinencia y actualidad. Veamos solo un par de párrafos: "Los extranjeros nunca pueden dirigir con éxito la propagación de ninguna fe en todo un país. Si la fe no se naturaliza y expande entre el pueblo por su propio poder vital, ejerce una influencia alarmante y odiosa y los hombres le temen y la evitan como algo extraño"...[118] "... nuestros misioneros deben tener como finalidad colocar los cimientos para que la India sea evangelizada por los

---

[115] Ibid, Pág. 34.

[116] Ibid, Pág. 30.

[117] Allen, R. La expansión espontánea de la Iglesia, Buenos Aires, Editorial La Aurora, 1970.

[118] Ibid, Págs. 40–41.

hindúes, la China por los chinos, África por los africanos, cada país por sus propios cristianos. Esto ciertamente debe significar que nuestros misioneros debieron preparar el camino para la evangelización del país por la libre y espontánea actividad de nuestros convertidos, y que su éxito debe ser medido no tanto por el número de misioneros extranjeros empleados, o por el número de convertidos, como por el desarrollo de una iglesia nativa con poder para expandirse".[119]

Este es el momento de encarar con honestidad la proclamación del Evangelio y despojarla del "pecado inconsciente". La visión panorámica de la predicación del Reino de Dios en la historia eclesiástica termina donde comienza, pero este movimiento aunque es circular no implica falta de progreso. La tierra, en su movimiento de traslación alrededor del sol, teóricamente debería pasar todos los años por el mismo lugar, pero no es así. Por cuanto todo el sistema solar está en movimiento, al parecer en forma lineal, la tierra nunca vuelve a pasar por el mismo lugar. Igualmente la Iglesia no ha vuelto al estado de la época Apostólica, no puede volver. Pero puede aprovechar su experiencia histórica para ser fiel a su Señor, y divorciarse de cualquier otro señor al cual pueda estar todavía vinculada a fin de poder predicar y vivir el Evangelio del Reino en toda su integridad.

IV. ¿Predicamos el reino... o qué?

Cada predicador debe preguntarse: ¿Por qué predico lo que predico? ¿Cuáles son los elementos que determinan los temas que escojo? ¿Selecciono los aspectos fundamentales o me ocupo en proclamar aspectos de menos importancia? ¿Cuáles son los parámetros para determinar que es importante? ¿Estoy predicando el Evangelio de Jesucristo o la cultura en que nos ha

---

[119] Ibid, Pág. 41.

llegado envuelto? Una respuesta apropiada a estas interrogaciones evitaría muchos problemas.

En una buena parte de las iglesias protestantes de América Latina encontramos, entre otras, dos ideas –producto de la predicación recibida– que son muy peligrosas, a saber:

1.	Un individualismo creciente, que a veces da la impresión de que a Jesucristo se le toma como si fuera una póliza de seguros barata con alcances ilimitados. Esto se pone de manifiesto en algunas oraciones públicas en que se utiliza el pronombre de primera persona singular, cuando debe suponerse que es toda la Iglesia la que ora bajo la dirección de uno de sus miembros. Si la oración es personal... ¿para qué hacerla en alta voz?

2.	Un fatalismo, casi musulmán, que anula la libertad individual de decidir en cuestiones fundamentales. Esto se pone de manifiesto en lo relativo a la integración de las parejas: "El Señor tiene para vos un compañero, Él te va a mostrar quien es", le dijeron a una joven recién convertida. La chica lo creyó de todo corazón y comenzó a esperar. Pasaron los años y el compañero no aparecía. Ante la impaciencia de la joven el pastor, muy seguro de sí mismo, le dijo que lo que ocurría era que le faltaba' la fe. Según la joven –que me consultó– a ella no le faltaba la fe sino un compañero. Otro caso es el del joven que esperaba que Dios le indicara quien debía ser su compañera. Después de mucho orar llegó a la conclusión de que cierta señorita de la congregación era la persona "elegida por el Señor" y dio testimonio público de la "revelación" que había recibido. La señorita en cuestión estaba también en el culto y después de escuchar el emocionado testimonio se puso de pie para decir: "Yo lo lamento hermano, pero el Espíritu Santo a mí no me ha revelado nada al respecto".

Algunos creyentes han recibido una orientación según la cual el plan de Dios para cada individuo es tan rígido y determinante como lo son para el tren las paralelas del ferrocarril. Hay ciertas estaciones en las cuales hay que detenerse irremisiblemente, donde Dios tiene para nosotros algunas sorpresas: el cónyuge, por ejemplo. ¿Dónde está la libertad? ¿Dónde la responsabilidad? ¿Cómo podemos estar seguros de que es la voluntad de Dios que uno se case con ésta u otra persona? ¡Cuántos matrimonios realizados entre creyentes han fracasado! ¡Cómo se siembra la irresponsabilidad del cristiano conspirando así contra la integridad de la familia!

Creo en el poder de la predicación. Creo que la predicación puede conformar la mentalidad de una congregación, para bien o para mal. Creo que algunos tipos de mentalidad eclesiástica se deben a una deficiente selección de los temas de predicación. Al abandono de los temas centrales del Evangelio para colocar al centro de la predicación patrones culturales –a veces ajenos o contrarios al espíritu del Evangelio– o aspectos secundarios de la vida cristiana.

Una ilustración nos servirá para alcanzar el panorama de la predicación evangélica o no evangélica en nuestro Continente. El Río de la Plata es el más ancho de todos los ríos del mundo. Desde Buenos Aires no se puede ver la costa uruguaya, solo se ve agua y cielo. Pero no tenemos una idea de la profundidad de las aguas. Solo los expertos lo saben. De vez en cuando ocurren terribles choques de barcos que parecerían paradójicos en un río tan ancho. Lo que ocurre es que a pesar de tanta agua, en algunas partes no <u>hay</u> suficiente profundidad. Los barcos de gran calado tienen que navegar por estrechos canales que son dragados permanentemente. Conocer estos canales es fundamental si se toma en serio la vida de los pasajeros y tripulantes de las grandes embarcaciones. Claro que para viajar en una lancha o en un pequeño barco no tenemos dificultades. Todos los días pequeñas embarcaciones atraviesan el río de Buenos Aires a Colonia (Uruguay). Con la Biblia ocurre lo mismo. Para leer la Biblia devocionalmente no hay dificultades. Cualquiera puede atravesar sus páginas disfrutando de la belleza y bendición que Dios ha provisto en su Palabra. Pero cuando uno es capitán del barco de gran calado que es la iglesia, necesita conocer los canales profundos para navegar por ellos, conduciendo con seguridad a pasajeros y tripulantes. Cuando uno que solo sabe manejar un bote de remos pretende actuar como capitán de un trasatlántico, por muy buena voluntad que tenga, podemos esperar que surja una catástrofe. Lamentablemente muchos errores de interpretación se producen en las iglesias protestantes y sobre todo, falta en muchos predicadores un conocimiento profundo de las Escrituras. Además del conocimiento y la experiencia personal, el predicador necesita cierto nivel de salud mental. Un predicador neurótico puede hacer mucho daño y lamentablemente los hay.

No vamos a señalar todos los canales profundos sobre los cuales debe navegar la nave de la Iglesia.[120] Solo menciono el tema central de la predicación de Jesús según el testimonio de los Evangelios Sinópticos: El reino de Dios.

¡Cuántos pastores no saben que este es el tema central de la predicación de Jesús! ¡Cuántos pastores predican sobre el reino dándole al tema interpretaciones muy particulares! Quiera Dios que estas reflexiones ayuden a tomar conciencia de la necesidad de conducir a la Iglesia por este canal profundo.

Hemos visto como Jesús predicó el Reino y también hemos visto los errores históricos que la Iglesia ha cometido. No contribuyamos a apartar a la Iglesia de la verdad que es en Cristo Jesús Señor nuestro.

TENDENCIAS EVANGELÍSTICAS ACTUALES

---

[120] Otro canal nos lo señala Jesucristo: la preocupación por los pobres y por los ricos, aspecto descuidado por la Iglesia de hoy y al cual Jesús dedicó especial atención. Véase el capítulo IV.

Resulta sumamente difícil hacer un análisis exhaustivo de la predicación evangelística de nuestro tiempo. No nos proponemos realizar un estudio profundo de las diferentes metodologías de la evangelización. Nos vamos a limitar a señalar tres tendencias que se expresan en el mundo cristiano.

En la América Latina se ha producido una nueva forma de división dentro de las denominaciones, las cuales han dejado de ser bloques monolíticos. En algunas confesiones cristianas se ha producido cierta atomización entre grupos antagónicos. Al mismo tiempo se ha producido una nueva forma de ecumenismo, al margen de las estructuras eclesiásticas, entre grupos polarizados de diferentes confesiones que se atraen entre sí. Así ocurre que católicos tercermundistas y protestantes radicales se sienten unidos entre sí, como hermanos, y muy alejados de algunos de sus colegas confesionales. El tema de discusión –que ha creado el fenómeno del pluralismo confesional– es fundamentalmente el alcance del mensaje redentor del Evangelio. Se discute en torno a tres falsas disyuntivas:

1.   **"Lo individual o lo social"**. ¿Debemos cambiar al hombre para que la sociedad sea transformada o debemos proceder al revés?

2   **"Lo espiritual o lo material"**. ¿Debemos procurar la salvación del alma o mejorar las condiciones de vida?

3   **"Lo presente o lo futuro"**. ¿Debemos preocuparnos por el aquí y el ahora o debemos pensar fundamentalmente en nuestra salvación eterna?

De estas tres disyuntivas surgen tres posiciones: 1) La misión de la Iglesia consiste en ganar almas para Cristo, asegurando la salvación personal que abre las puertas del cielo. 2) La misión de la Iglesia consiste en lograr mejores condiciones de vida para el hombre, para lo cual es indispensable el cambio de las estructuras de la sociedad. La salvación se expresa en términos de liberación de la opresión política, económica y social. 3) Los que no aceptamos las tendencias antes mencionadas como verdades absolutas, los que no aceptamos las tres disyuntivas a que hemos hecho referencia. Las dos tendencias anteriores no son contradictorias sino complementarias. Un análisis sereno y profundo de los Evangelios nos conduce a la indiscutible conclusión que el mensaje cristiano tiene como objetivo la redención de todo el hombre y de todos los hombres. De lo espiritual y también de lo material, de lo individual y de lo social, para el hoy y también para el mañana.

Cada una de estas tendencias necesita un nombre y propongo los siguientes: **neo-farisea**, **neo-gnóstico** y **Evangélica**.

Es bueno que repitamos nuestra aclaración del Vol. II "... no deseamos colocar etiquetas".[121] El hecho de que señalemos algunas "tendencias" no significa que intentemos clasificar a líderes cristianos de nuestro continente. Solo pretendemos señalar algunos elementos de reflexión para que seamos conscientes de la realidad actual, de los peligros que asechan a la Iglesia y de la posibilidad de que a pesar de nuestra sinceridad y buenas intenciones, algunos de nosotros estemos emulando al Pedro que niega a su Señor para salvar la vida o al Saulo de Tarso que persigue a la Iglesia pretendiendo servir a Dios.

Creemos que la mayoría de los cristianos no se encuentran ubicados, a plenitud, en uno de estos tres grupos, pero es evidente que tendemos a ubicarnos cerca de una de estas posiciones. Otros cristianos no tratan de ubicarse, son más bien indiferentes al tema en discusión.

Aunque nuestra preocupación básica está en las iglesias evangélicas de América Latina, no podemos dejar de señalar que en la Iglesia Católica también existen tres claras posiciones. Hay un catolicismo post-conciliar con una clara apertura hacia la dimen-

---

[121] Pág. 145.

sión social del Evangelio, una teología radical y un énfasis en el Compromiso de la Iglesia en los aspectos políticos, económicos y sociales. Hay un catolicismo pre-conciliar que se caracteriza por ser conservador y tradicionalista que pretende mantener el **status quo**. Hay un tercer grupo que trata de mantener el equilibrio entre los dos anteriores. Pensamos que dentro de la Iglesia Católica también es válida la división de los cristianos en tres tendencias: **neo-fariseos**, **neo-gnóstico** y **evangélicos**.

1. Los neo-fariseos

En el capítulo III nos hemos referido a la actitud pastoral de Jesús hacia los fariseos. Señalamos que Jesús fue muy fuerte con ellos por cuanto se consideraban los creyentes por excelencia, los que mantenían los fundamentos de la fe frente a la teología liberal de los saduceos. Es lógico pensar que los fariseos, convencidos de que poseían un gran tesoro espiritual, se sintieron movidos a trabajar por la propagación de su fe. Jesús reconoce que los fariseos eran los más esforzados "evangelistas" de su época pero no comunicaban el Evangelio: "¡Ay de vosotros, escribas y fariseos, hipócritas! porque recorreréis mar y tierra para hacer un prosélito, y una vez hecho, le hacéis dos veces más hijo del infierno que vosotros". (Mateo 23:15). Este verso señala: 1º El denodado esfuerzo que los fariseos ponían en sus intentos de comunicar su fe a otros. 2º La etiqueta que Jesús les pone: "hipócritas". El nombre les viene porque se suponía que estaban trabajando en pro del Reino de Dios, sin embargo estaban sirviendo al reino de Satanás. Esta actitud es un doble delito, no solo no entran en el Reino, sino que además cierran el Reino delante de los hombres. (Mateo 23:13). Cuando estamos predicando un Evangelio cercenado... ¿no caemos en el mismo delito que los fariseos? ¿No somos neo-fariseos? Ciertos métodos y ciertas interpretaciones de la revelación bíblica pueden ser elementos tendientes a la alienación de los hombres. Ya hemos señalado en el capítulo IV, el peligro de una interpretación incorrecta del dicho de Jesús: "A los pobres los tenéis siempre con vosotros, pero a mí siempre no me tenéis". Los fariseos según las críticas de Jesús en Mateo 23:13, 15, caían en el pecado de cercenar el mensaje del Reino, obteniendo como resultado que los conversos no militaban en el Reino de Dios, sino en el reino del Enemigo. En la evangelización de nuestro tiempo existe la tendencia a presentar el Evangelio en una sola de sus dimensiones. Sobre este hecho René Padilla dice:

"Desde esta perspectiva, la misión de la Iglesia no es la multiplicación de iglesias, sino la manifestación del Reino de Dios que ha venido en Jesucristo. El crecimiento numérico de la Iglesia importa, pero exclusivamente como resultado concomitante de una acción que apunta más allá de la preocupación de la Iglesia con su propio crecimiento numérico. En América Latina urge una toma de conciencia del significado del "ya" del Reino de Dios para la totalidad de la vida y la misión de la Iglesia. El énfasis unilateral en la evangelización, y en una evangelización concebida en términos de la predicación de los rudimentos del arrepentimiento y la fe, ha dado por resultado una comunidad "evangélica" marcada por el – profesionalismo y a menudo carente de las señales más elementales del Reino, como son la comunión *(koinonía)* y el servicio (diakonía). Desafortunadamente, la "estrategia" que varias de las "misiones" imponen a la Iglesia en América Latina se inspira en una noción eclesiocéntrica de la evangelización que identifica la conversión a Cristo con el asentimiento mental a una fórmula doctrinal y el poder espiritual con la habilidad para la manipulación ideológica del prójimo. A la teología en este sector del mundo le cabe la tarea de forjar una definición de la misión de la Iglesia desde un punto de vista cristocéntrico. Una definición que evite las aberraciones en que ha caído esa "estrategia" como resultado del condicionamiento que el sistema capitalista ha venido ejerciendo sobre los "misiólogos" del mundo evangélico. Una definición que haga justicia a la enseñanza bíblica respecto a la Iglesia como la comunidad mesiánica que no busca su propia gloria sino la gloria de su Señor".[122]

La predicación de un Evangelio cercenado, la omisión de aspectos fundamentales de la redención cristiana conduce a la herejía. Aquí no utilizamos el término "herejía" en un sentido peyorativo ni con la carga emocional que tuvo en los últimos siglos. Lo usamos en el sentido bíblico de "**hairesis**" (secta) (Cf. Hechos 5:17; 15:5; 26:5). Es interesante señalar que la Iglesia Primitiva rechazó ser considerada una "**hairesis**" entre otras (Hechos 24:5, 14; 28:22). El sectario enfatiza uno o varios aspectos de la verdad, escoge (que es el significado del verbo **hairéomai**, de donde viene **hairesis**, algunos aspectos y los magnifica. La herejía no consiste en la negación de la verdad, sino en la absolutización de una parte de la realidad al extremo de desconocer los demás aspectos de esa realidad. En este esquema la predicación que se limita exclusivamente a la "salvación del alma" desconociendo los demás aspectos de la redención cristiana no hace justicia al Evangelio en toda su integridad y por lo tanto debemos reconocer tal predicación como sectaria (**hairesis**) o herética. De igual manera la predicación exclusiva de la "salvación del estómago" es igualmente herética.

La predicación de los fariseos se diferencia de la de Jesús en que éstos predicaban pero no vivían a la altura de su predicación. De ahí la etiqueta de hipócritas que Jesús les dedica. Los Evangelios nos muestran como Jesús combinaba el **hacer** con el **enseñar**. En esos dos verbos resume San Lucas el Evangelio que lleva su nombre (Hechos 1:1).

Hoy como ayer, el cumplimiento del deber cristiano de proclamar el Reino no está en la forma de hacer la publicidad sino en el producto que se anuncia. Los predicadores debemos cuestionar-

---

[122] Padilla, R., La Iglesia y el Reino de Dios, obra por aparecer, Págs. 21–22 del manuscrito original.

nos permanentemente si lo que estamos proclamando es el Evangelio Redentor u otra cosa. Y si descubrimos que proclamamos el Evangelio debemos cuestionamos si lo estamos anunciando en toda su integridad o solo en forma fraccionaria. Al hacer estas afirmaciones no dejamos de reconocer la importancia de una metodología adecuada para la comunicación efectiva del Evangelio.

Los fariseos se esforzaban mucho en hacer prosélitos, pero no en la perspectiva del Reino. Hoy existen tendencias neofariseas que expresan más lealtad hacia su denominación que hacia el Reino de Dios. El exceso de amor por la denominación puede conducirnos a la idolatría. La denominación puede llegar a ocupar el lugar que corresponde al Reino. Cuando esto ocurre, las palabras que Jesús dirigió a los fariseos resultan las más apropiadas para estos idólatras, algunos de los cuales ni siquiera se dan cuenta de lo que son.

¿De dónde surge esta interpretación parcial del Evangelio? Es difícil aventurar una respuesta, pero parecería que el cercenamiento viene de muy atrás. En el capítulo V nos referimos al hecho de que la Iglesia de los primeros siglos estuvo tan preocupada por el "todavía no" del Reino, que no se ocupó en implementar el "ya". Entonces se perdió la perspectiva bíblica del Reino de Dios y las enseñanzas de Jesús fueron espiritualizadas, ultramundizadas o ignoradas. En lo individual la salvación del alma ocupó el lugar de la salvación del hombre y en lo social la Iglesia Institucional ocupó el lugar del Reino. La Reforma del siglo XVI no modificó sustancialmente el esquema medieval.

Aventuramos una segunda respuesta: El énfasis exclusivo en la salvación del alma se debe a que las expectativas de vida del hombre medieval eran muy reducidas. Era lógico que se pensara en la muerte. Las catedrales góticas expresan la realidad de que el hombre de esa época miraba hacia arriba. El arte expresa la vida humana. También debemos reconocer que la vida del hombre medieval fue tan dura que la muerte, en la perspectiva de la fe cristiana, era para ellos una liberación. Parecería que el hombre medieval se acercó a la fe cristiana solo para morir bien y no para vivir bien. La longevidad del hombre de nuestros días le hace pensar más en la vida que en la muerte. De ahí que un Evangelio parcial que se ocupa solo del pasaporte y de la visa para el cielo no tenga pertinencia para la mayoría de nuestros coetáneos. La fe cristiana tiene que ver con nuestro destino eterno, eso es evidente. Pero también tiene que ver con nuestra vida intelectual, económica, política, social, afectivo-sexual, emocional, intepersonal, etc. La redención cristiana tiene como objetivo tanto a la totalidad del individuo como a la sociedad toda.

2. El neo-gnosticismo

El gnosticismo se desarrolló a partir del siglo II d. de C., pero ya en el siglo I se expresaban algunas de sus ideas. Algunos autores se refieren al pre-gnosticismo del siglo I. En II Timoteo 4:3-4 encontramos una clara alusión a este movimiento: "Porque vendrá tiempo cuando no sufrirán la sana doctrina, sino que teniendo comezón de oír, se amontonarán maestros conforme a sus propias concupiscencias, y apartarán de la verdad el oído y se volverán a las fábulas".

Los gnósticos proponían una especie de alianza estratégica entre las corrientes filosóficas y religiosas del paganismo y la Iglesia. Algunos afirmaban que fundamentalmente no había grandes diferencias. Hablando en términos de la jerga teológica actual, diríamos que los gnósticos propugnaban el **aggiornamento**, la puesta al día de la Iglesia.

Para el **aggiornameno** de la Iglesia era necesario, afirmaban, combinar la revelación cristiana con la sabiduría de este mundo. La Iglesia predicaba la divinidad de Jesús y la tontería de la cruz y eso estaba mal porque obstaculizaban el diálogo con los paganos. La muerte de Jesús, aparente o real, no sirvió para salvar a los hombres. La venida de Jesús al mundo tuvo como misión fundamental, traer el conocimiento –**la gnosis**– a los hombres que fueran dignos de Él.

Afirmaban los gnósticos que la salvación del hombre no se logra ni por la fe ni por las obras, el hombre se salva solo por medio del conocimiento –**la gnosis**–.

Aceptaban la existencia de un plan divino de salvación, aceptaban además la tradición cristiana y la centralidad de Jesucristo en la historia humana, pero estos tres elementos eran distorsionados. Los gnósticos se consideraban los verdaderos cristianos y miraban con menosprecio a los creyentes que no aceptaban sus doctrinas.

No se interesaban por la moral, por lo tanto surgieron dos posiciones extremas entre ellos. Unos predicaban y practicaban la abstinencia de relaciones sexuales. Otros entendían que la carne solo puede mortificarse a través del exceso de gratificación. La **gnosi** estaba por encima de las reglas morales que solo gobiernan la conducta de los no iniciados.

Por último negaban la resurrección de los muertos y la inmortalidad personal del individuo. Todos los hombres son parte del **ANTHROPOS** (hombre) CELESTE, al cual vuelven a integrarse después de la muerte.

El gnosticismo murió y fue enterrado hace muchos siglos, pero parecería que estamos presenciando una especie de resurrección de esta corriente sincretista. Hoy también se proclama la identificación de la revelación cristiana con corrientes ideológicas, no ya las del mundo grecorromano sino de nuestro tiempo. Algunas de las verdades fundamentales del Evangelio: La resurrección de Jesucristo, la realidad del pecado, la necesidad de salvación trascendente –y no solo la terrenal, la singularidad de la obra redentora de Cristo, etc., están siendo cuestionadas por pensadores de gran prestigio, sea por manifestación abierta o en forma privada. Los textos bíblicos suelen ser utilizados más bien como pretextos. Algunos intérpretes bíblicos tienen ciertos presupuestos ideológicos que tratan de fundamentar bíblicamente. Realmente se está tratando de vestir una ideología con un ropaje cristiano.

Conozco algunos "evangélicos" que afirman estar convencidos de que la Iglesia "no tiene remedio", que no vale la pena participar del culto juntamente con gente reaccionaria que jamás va a cambiar, que la evangelización tradicional es un medio de alienación, etc. Yo mismo he tenido que publicar -a fines de 1968- una carta abierta en respuesta a un pastor de mi propia denominación quien afirmó en un discurso de graduación de una Facultad de Teología que la Iglesia debía prepararse para morir y que los cristianos debíamos unirnos a los grupos subversivos de América Latina quienes hoy representan a los zelotes de tiempos de Jesús, con los cuales el Señor estaba de acuerdo. Para este predicador ser cristiano sería sinónimo de ser guerrillero. ¡Hasta dónde llega la confusión de los pseudo-teólogos!

Hoy se ha desarrollado una Teología de la Liberación, tanto en el campo católico como en el protestante. Surge una identificación de algunos teólogos con lo que llaman "socialismo" sin definirlo, aunque por el contexto uno se da cuenta de que se trata del socialismo marxista, que no es socialismo sino totalitarismo y capitalismo de Estado. Uno de estos teólogos presentó en Lima una ponencia sobre el tema: "La relación del Reino de Dios y la Historia", como parte de la Segunda Consulta Teológica Internacional auspiciada por la Fraternidad Teológica Latinoamericana. Este teólogo dijo:

Pero no basta llegar hasta aquí. Precisamente, porque no se trata de una construcción especulativa, sino de una obediencia activa, tengo que hacer una opción concreta, histórica, en términos de la cual procuro condiciones que respondan mejor a esa vida que tiene futuro en el Reino. Nuevamente, con otros cristianos, hemos optado por una alternativa histórica –en términos de la problemática aquí mencionada– que en general llamamos "socialista". Nuevamente se necesitarían en este punto una cantidad de precisiones del término. Pero, para expresarle en forma un tanto polémica: el socialismo como estructura social es para mí hoy en América Latina mi correlación activa con la presencia del Reino en lo que hace a la estructura de la sociedad humana. Es, en este terreno, mi obediencia de fe. Dicho esto de esta manera, con unas acotaciones: 1. – Esta afirmación no sacraliza un orden social. Yo no diría (aunque en algún sentido pudiera ser cierto) que Dios está construyendo una sociedad socialista en lugar de la capitalista. La estamos construyendo los hombres en el espacio de pensamiento y acción que Dios nos ha dejado para que ejerzamos una obediencia inteligente. Es por consiguiente una acción humana y ambigua, cuya única esperanza de permanencia reside en la purificación y transformación y recuperación escatológica. Por tanto, es un orden a ser trascendido tanto histórica como escatológicamente; su valor actual estriba, para el cristiano, en que ofrece condiciones para una calidad de existencia más acorde con el Reino que la que reemplaza".[123]

Para ser justos con este teólogo debemos señalar que al comienzo de su ponencia señaló que esperaba redactar una segunda versión con fines de publicación. Veamos su propia explicación:

"El manuscrito sigue, por lo tanto, simplemente las notas hechas a medida que pensaba en el asunto y se limita a consignar aquellas cuestiones que, en mi propio pensamiento, requieren más estudio e investigación, o en las que no tengo una opinión formada. No conozco mucho, en términos de su pensamiento teológico, a los hermanos que participan de este simposio, y me pareció que este estilo ofrecía mejores posibilidades de una conversación franca y abierta. A la vez, y por la misma razón, he seguido en las formulaciones teológicas una línea «de máxima», es decir, arriesgando fórmulas cuestionables y desprotegidas que den a la articulación de puntos de vista divergentes. Una segunda versión (especialmen-

---

[123] Publicación a mimeógrafo de la Fraternidad Teológica Latinoamericana, Págs. 16, 17. Próximamente aparecerá un libro con la temática del Reino de Dios como producto de esta Consulta.

te si se piensa en publicación) deberá ceñirse a un estilo más cuidado y formulaciones más precisas y protegidas".[124]

En la discusión de la ponencia se levantaron preguntas como esta: ¿Cómo puede el socialismo ofrecer condiciones "para una calidad de existencia más acorde con el Reino" cuando el ponente no ha definido el Reino? Y comentarios como este: "La crítica que el ponente hace al capitalismo y al comunismo no es justa. Parte de una evaluación teórica o ideológica del socialismo y condena al capitalismo en base a consecuencias históricas. Debería partir de premisas iguales. ¿No está historizando su fe? La alternativa en América Latina es una opción entre un capitalismo concreto (Argentina, Brasil) y un socialismo concreto (Chile,[125] Cuba) y no entre un capitalismo concreto y un socialismo teórico y utópico". Otro comentario: "Falta referencia al otro reino, el de los poderes demoníacos. ¿Cuál es la relación entre este otro reino y la historia? ¿Cómo afecta esto la relación entre el Reino de Dios y la historia? ¿Cómo afecta el reconocimiento del reino demoníaco a nuestra comprensión de las opciones históricas y concretas? El ejemplo de la Iglesia de los cristianos alemanes que sacralizó al hitlerismo es una clara advertencia para la Iglesia en la América Latina".

Consideramos que no es necesario que sigamos sobre este tema. Sin acusar a alguien de ser un neo–gnóstico puro, vemos la realidad de que algunos tienen una tendencia neo–gnóstica en el

---

[124] La Consulta Teológica se efectuó en Lima del 11 al 19 de diciembre de 1972. Sugerimos al lector que procure leer la segunda versión de la ponencia tan pronto aparezca el libro, que será publicado por la Casa Bautista de Publicaciones, El Paso, Texas, E.U.A.

[125] En el momento de la Consulta, en Chile había un régimen marxista.

sentido de que tratan de identificar la fe cristiana con la filosofía de nuestro tiempo. Cullmann expresó sus temores de que la teología de Bultmann era una especie de neo–gnosticismo. Hoy señalamos el mismo peligro, no referido al existencialismo, sino al marxismo. El lector debe hacer sus propias conclusiones; yo le pregunto: ¿Cree usted que existe hoy un resurgimiento del gnosticismo muerto y enterrado hace tantos siglos? ¿Hay un serio peligro de neo–gnosticismo en la Iglesia de Hoy? ¿Existe el intento de identificar la revelación cristiana con las corrientes ideológicas del presente siglo? ¿Existe el propósito consciente o inconsciente de presentar la resurrección de Jesucristo como irreal o ridícula? ¿Existe el intento de eliminar el plan de salvación personal que nos muestran las Escrituras? ¿Existe la idea de que la ética cristiana, especialmente la sexual, es solo una transculturación de ideas judías que no tienen vigencia ni autoridad hoy?

Imagino que muchas de estas preguntas encontrarán en el lector una respuesta positiva. Si así es, podemos concluir que, un análisis objetivo de la situación de la Iglesia nos conduce a descubrir un movimiento neo–gnóstico. ¿Significa eso que debemos irnos al otro extremo para compensar? ¿Significa que debemos oponernos al **aggiornamento** de la Iglesia? Creo que no, vivimos en un mundo cambiante y no podemos viajar en carretas cuando el mundo ya viaja en naves espaciales. El contenido básico del Evangelio es el mismo, pero las formas de comunicarlo y aplicarlo a la nueva realidad debe ser diferente. ¿Cómo distinguir el verdadero **aggiornamento** del otro, del falso? Para el teólogo Oscar Cullmann "el **aggiornamento** falso es aquel que abandona la sustancia del Evangelio".[126] En el mismo artículo Cullmann hace las siguientes afirmaciones: "El ataque gnóstico

---

[126] Revista Etudes Théologiques et Religieuses, Montpellier, France, año 1969, N° 2, Pág. 87.

contra la historia de la salvación era un ataque contra la existencia misma del cristianismo".[127] Después añade: "Vemos (en la teología de Bultmann) un peligro muy grande, tan grande como el del gnosticismo de la antigüedad: la absorción del Evangelio por una filosofía, no ya la filosofía griega, sino la filosofía existencialista".[128]

Para clarificar los conceptos ante el lector, creo que es necesario recordar que la teología de Bultmann tiene como trasfondo la filosofía existencialista de Heidegger. En América Latina la Iglesia no se ve amenazada por la filosofía existencialista sino por la marxista. Una última reflexión de Cullmann creo que ha de abrir los ojos ante un gran peligro: "Es necesario servirnos para estar en guardia contra un ecumenismo basado sobre el abandono común de la sustancia del Evangelio en beneficio del mundo moderno. Es cierto, es necesario predicar el Evangelio al mundo moderno, pero debemos predicar verdaderamente EL EVANGELIO. ¿De qué sirve predicar al mundo, lo que el mundo ya dice por sí mismo y mejor que nosotros? Constatamos que demasiados teólogos de uno y otro lado (católicos y protestantes) en el fondo sienten vergüenza del Evangelio..."[129]

3. La tendencia evangélica

Los términos evangélico y evangelización se prestan a confusión. Por mucho tiempo se utilizó el término "evangélico" por oposición a los católicos que se suponía no eran evangélicos. Sin embargo, creo que casi todos los lectores estarán de acuerdo en

---

[127] Ibid, Pág. 93.

[128] Ibid, Pág. 93.

[129] Ibíd, Pág. 94.

que la afiliación a una iglesia protestante no lo convierte a uno en evangélico.

En este trabajo incluimos la posición evangélica como una tendencia diferente a las dos antes señaladas, solo para indicar que los que militamos en esta tercera posición tendemos a ser evangélicos, aunque no hemos alcanzado la culminación. Pero no podemos afirmar que los que tienden a ubicarse en las otras posiciones sean anti–evangélicos.

Las tendencias anteriores enfatizan aspectos importantes del Evangelio, pero tienden a desconocer elementos fundamentales. En fin de cuentas las tres posiciones son parcialmente evangélicas, ninguna lo es a plenitud. Ser evangélico implica haber logrado vivenciar el Evangelio de tal manera que éste se ha encarnado plenamente en uno, y lo ha convertido en un Evangelio Vivo: "No vivo ya yo, más vive Cristo en mí" (Gálatas 2:20). Evangélico es aquel que –por la gracia de Dios y por haberse abierto a la acción del Espíritu Santo– ha alcanzado la introyección del Evangelio en su vida. A partir de esta definición arribamos a la conclusión de que la evangelización es el proceso a través del cual un hombre se convierte en evangélico. Luego su objetivo no se agota en el trabajo con los inconversos, la conversión es solo el inicio en un proceso.

La tercera tendencia no es más que el intento de conciliación entre las dos anteriores. La primera y la segunda se necesitan mutuamente. Ambas son actitudes reaccionarias frente a la otra. Quizás los neo–fariseos no se atrincherarían en sus posiciones si no existiera el peligro de la desnaturalización del Evangelio. Por otro lado, hay intereses creados que se benefician con el anuncio de los peligros del comunismo, recuérdese el caso del estanciero –Capítulo IV–, y que conduce a algunos cristianos honestos a una reacción hostil hacia toda forma de cambio. Los representantes de ambas tendencias asumen las mismas actitudes: Acusación a los otros de no ser cristianos auténticos, actitud sectaria o herética al poner énfasis solo en algún aspecto de la redención cristiana y de hecho desconocer las demás, pasión en la argumentación, etc. Veamos un caso concreto. El pastor Emilio Castro reacciona contra el neo–fariseísmo cuando dice: "Andamos por el mundo en excursión de comandos; buscando a quien cazar para llevar como rehén a la Iglesia. Buscamos asegurar un buen número de almas que tengan buen destino hacia la eternidad. Pero sin darnos cuenta, en el mismo camino perdemos de vista el genuino amor de Dios por el mundo, por el hombre".[130] Si pensamos en ciertos contextos "evangélicos" y si somos honestos ante la Palabra de Dios, no nos queda más remedio que darle la razón. El interés por el hombre es parcial en el neo–gnosticismo. Pero como ocurre siempre en las polémicas, solemos tender a convertirnos en extremistas. Donde no podemos darle la razón a Castro es cuando asume una actitud neo–gnóstica y sincretista y afirma: "Que ateos o espiritistas, de un partido o de otro, puedan estar colaborando para crear mejores condiciones de vida. Allí la Iglesia es llamada a discernir la acción de Dios y colaborar en esa acción... la Iglesia es llamada a contemplar los acontecimientos seculares, discernir en ellos el movimiento del Espíritu de Dios, en juicio y misericordia y colaborar gozosamente con Dios allí donde le descubramos obrando".[131] Tenemos el derecho de preguntar: ¿En qué podemos colaborar con los espiritistas y ateos? ¿Qué podemos esperar de ellos? ¿Cómo distinguir la acción de Dios de la de Satanás? ¿Cómo puedo colaborar gozosamente con los que están oprimiendo a los cristianos en varias partes del mundo? ¿Cómo puedo estar seguro de que no estoy cumpliendo el rol de idiota útil?

No es nuestro propósito condenar o alabar a una de las tendencias extremistas. Solo queremos subrayar que ambas posiciones

---

[130] Id por el mundo, Buenos Aires, Methopress, 1966, Pág. 17.

[131] Ibid, Pág. 27.

no son contradictorias sino complementarias. Cada una debe agradecer a la otra el hecho de que le señala sus errores, pero también necesita la humildad para reconocer las faltas propias. El Señor nos habla hoy a través de nuestros hermanos, a pesar de sus errores, para movernos a reconocer los nuestros.

Hoy necesitamos, más que nunca antes, un ministerio de reconciliación con Dios, con el prójimo y con nosotros mismos. Es necesario que nos pongamos a edificar puentes sobre los abismos que separan ambas tendencias. El Señor necesita pontífices (fabricantes de puentes) para hacer posible la comunicación entre las partes en pugna. Podemos estar movidos por las más nobles Intenciones, pero por cuanto nos encontramos más cerca de una tendencia que de la otra, consciente o inconscientemente tendemos a rechazar por apóstata al que está en otra posición. Las motivaciones inconscientes son muy tercas y recurrentes y se expresan a nivel consciente con toda honestidad, aunque en profundidad no ocurra lo mismo. Necesitamos reconocer el valor dialéctico de las diferencias entre los cristianos y orar mucho, hasta que esa convicción pueda penetrar en los estratos más profundos de nuestra mente.

4. La hora de la síntesis

Es justo reconocer que, a nivel histórico, la Iglesia de Jesucristo en América Latina tiene contraída una deuda de gratitud con teólogos como Emilio Castro,[132] quienes han tenido la valentía de asumir el rol de antítesis frente a una interpretación de la fe cristiana que cercena su dimensión social. Por otro lado, parecería que I.S.A.L.[133] y el M.C.E.[134] han fracasado en su propósito de

---

[132] Por mencionar solo el único teólogo de esta línea de reflexión citada, por nombre, en esta obra.

[133] Iglesia y Sociedad en América Latina, entidad dependiente del Consejo Mundial de Iglesias con sede en Ginebra.

presentar un proyecto histórico que fuera aceptado por la Iglesia en América Latina. Es necesario aceptar que ambos movimientos han fracasado como tesis al no ser asumidos por la Iglesia los postulados propuestos. Sin embargo han cumplido a plenitud con la misión histórica de antítesis de una Iglesia preocupada solo por el "más allá".

Hemos señalado ya el peligro de una polarización creciente entre neo–fariseos y neo–gnósticos y la necesidad de un ministerio de reconciliación. Hegel nos ha enseñado que la tensión entre una tesis y su antítesis se disuelve en una síntesis. Confiamos que, en este momento de la historia de la Iglesia, se pueda concretar la reconciliación que le permita a la Iglesia realizar su ministerio integral. También debemos reconocer que, en una perspectiva cristiana, sin cruz no puede haber reconciliación, ni síntesis. Ese fue el mensaje final del obispo anglicano Festo Kivengere, de Uganda, Africa, en el Congreso Internacional de Evangelización Mundial celebrado en Lausanna, Suiza, del 16 al 25 de julio de 1974.

El Congreso de Lausanna pretendió ser inclusivo a fin de que todo aquel que tuviera algo pertinente que aportar pudiera hacerlo. Es por eso que las conclusiones del Congreso –plasmadas en el Pacto de Lausanna– hacen justicia a todas las dimensiones del Evangelio.

LA CRUZ EN LA EVANGELIZACIÓN

"Si alguno quiere venir en pos de mí, niéguese
a sí mismo, tome su cruz y sígame".
San Marcos 8:34

---

[134] Movimiento Estudiantil Cristiano, también con sede en Ginebra.

El imperativo con que encabezamos este capítulo está dirigido a todo aquel que pretende ser, o convertirse en, un discípulo de Jesucristo. La reconciliación con Dios se logra por medio de la cruz de Cristo. Como el Señor nos reconcilia en su doble humillación (Filipenses 2:1-11), debemos procurar la reconciliación entre neo-gnósticos y neo-fariseos por la crucifixión del orgullo. La evangelización del mundo exige la unidad de todos los cristianos, de ahí la perenne oración de Jesucristo: "que todos sean uno... para que el mundo crea que tú me enviaste" (Juan 17:21).

1. ¿Qué significa negarse a sí mismo?

"Negarse a sí mismo", parecería ser la emulación que Jesús desea de sus discípulos. Como El asume la cruz, negándose a sí mismo para cumplir los designios del Padre para realizar la redención de toda la humanidad, el creyente debe renunciar a su yo egoísta y orgulloso para cumplir su misión en el mundo.

El mandamiento a "negarse a sí mismo" no implica la aniquilación del yo, lo cual traería como lógica consecuencia la pérdida de la identidad propia. Lo que Jesús desea de cada uno de sus seguidores es la aceptación de la dependencia absoluta, de la sumisión y entrega a Dios. Cuando San Pablo dice "y ya no vivo yo, más vive Cristo en mí (Gálatas 2:20) no quiere decir que su personalidad ha sido absorbida por el Ser divino. Pablo se encuentra en el clímax de su obra misionera y en el pleno ejercicio de su yo.

Negarse a sí mismo significa negarle al yo la posibilidad de convertirse en un absoluto, en un ídolo. En otras palabras: Negarse a ser un dios, aceptar la dependencia absoluta del Dios Verdadero en ejercicio de la libertad que confiere el Evangelio, y ser consciente de la responsabilidad inherente a esa libertad.

Cuando el yo se convierte en absoluto el individuo cae en idolatría. El orgullo es una de las claras manifestaciones de esa idolatría. El orgullo es el convencimiento que tiene un individuo de que es superior a los demás, pretendiendo colocarse en el centro del mundo. En su pecado se considera la medida de todas las cosas. La idolatría es siempre ofensiva a Dios, es justo lo primero que Dios coloca en sus Diez Mandamientos. Pero ninguna idolatría es tan ofensiva a Dios como la idolatría del yo. Hacer un ídolo con objetos o ideas es atribuirle a algo valores absolutos que no tiene. El que adora un pedazo de palo o de piedra –como si fuera un dios– es un ignorante; el que adora una ideología es alguien que no ha encontrado el camino; pero el que se adora a sí mismo desafía a Dios. Ya lo dice la Biblia: "Abominación es a Jehová todo altivo de corazón" (Proverbios 16:5). El orgullo es el peor de los pecados. Una de sus más sutiles manifestaciones es el "orgullo espiritual". La única cura para este pecado refinado es la humildad. Por eso Pablo la aconseja tal como ha sido vivida en forma arquetípica por Jesucristo (Fil. 2:1–11). Por eso hemos ya señalado que no habrá reconciliación entre las tendencias polarizadas y polarizantes del cristianismo ni no relacionamos la evangelización y lo evangélico con la cruz.

Muchos desean evangelizar pretendiendo ser los legítimos intérpretes del Evangelio y rechazando a los que no comparten sus interpretaciones como falsos cristianos. Detrás de una falsa ortodoxia se esconde el orgullo, que nos muestra los dientes del terrible monstruo de la idolatría. Sí, "evangélicos" idólatras, que pretenden proclamar un Evangelio sin Cruz, o con cruz solo para los demás. Que predican la necesidad de arrepentimiento de los jóvenes por los horribles pecados de las chicas que se cortan el pelo y de los chicos que no se lo quieren cortar, y no aceptan que tienen que crucificar su prepotencia y su orgullo, su pecado de idolatría.

En el tercer capítulo nos hemos referido, con bastante extensión, a la actitud de Jesús hacia los fariseos. Una actitud dura, pero movida por el amor. Los que desean emular la actitud de Jesús hacia los escribas y los fariseos deben recordar que el Señor dio su vida en la cruz por ellos. Solo el que dio su vida por el pecador tiene el derecho a asumir esa actitud.

Es evidente que debemos respetar y amar a los hermanos que sostienen posiciones teológicas diferentes a las nuestras. Aun cuando no sea necesario dar la vida por ellos, bien podemos orar por ellos. Por lo general los grandes críticos no son precisamente hombres de oración. También debemos tener presente que compartimos con ellos la falta de completamiento de nuestra condición humana según el arquetipo que Dios nos ha dado en Jesucristo. ¿Quiénes somos nosotros –seres imperfectos– para criticar, condenar y despreciar a nuestros hermanos? Jesucristo puede hablar como lo hizo ante los fariseos, porque es imagen de Dios –hombre perfecto– y porque por amor dio su vida en la cruz por ellos. A nosotros, los cristianos de hoy, nos falta completamiento y también cruz.

En el volumen I[135] nos referimos a la actitud cazadora y a la actitud pastoral para comparar el enfoque pastoral de Jesús hacia los pecadores y el de los fariseos. Ahora queremos expresar ideas similares con otras dos categorías: Los crucificadores y los crucificados. Los primeros son los que predican la cruz para los demás, pero no se aplican el mensaje. Los segundos son los que han crucificado su orgullo en la cruz del Calvario. Llama la atención el hecho de que es en su epístola más dura –a los Gálatas donde San Pablo se refiere a su propia crucifixión.[136] Luego la humildad en San Pablo no es solo un concepto útil para la predicación, es una profunda vivencia personal.

Los "crucificadores" se parecen a aquel personaje de la mitología griega que andaba siempre con una escalera. Cuando podía capturar a un desdichado lo acostaba sobre la escalera para medirlo, si resultaba chico lo estiraba, si grande le cortaba lo que le sobraba y siempre lo mataba. Hay en las iglesias "crucificado-

---

[135] 3a. Edic. Págs. 106–107.

[136] 2:20; 6:14.

res", mentes enfermizas que pretenden tener el monopolio de la verdad y de su interpretación haciendo mucho mal, a pesar de su pretensión de ser "siervos del Señor". Sin CRUZ no puede haber evangelización. Cuando nos comparamos con Jesucristo no hay lugar para el "orgullo espiritual", porque siempre nos encontramos en déficit y nuestra meta es llegar a ser tan humanos como Jesús –la imagen de Dios– para la restauración de la imagen en nosotros que ha sido deteriorada por el pecado. El orgullo es una contribución eficaz para continuar deteriorando la imagen que en nosotros está. Las poses de altanera autosuficiencia y mojigatería son pruebas evidentes de la ausencia de cruz. "Si alguno quiere venir en pos de mí –que es lo mismo que ser discípulo del Señor– niéguese a sí mismo, tome su cruz y sígame",[137] dice el Señor.

2. ¿Qué significa tomar la cruz?

El mandato a tomar la cruz no es una invitación al martirio, ni a asumir poses masoquistas. En el Nuevo Testamento no hay evidencias de que "llevar la cruz" sea una metáfora para el martirologio voluntario, Jesús no pretende que cada uno de sus seguidores muera en forma violenta, pero espera que cada cristiano cumpla el rol que corresponde al discípulo cristiano.

La cruz fue una maldición para los contemporáneos de Jesús. Era muy común ver a un hombre caminando lentamente hacia el patíbulo cargando su cruz, o por lo menos el travesaño. Cuando Judas se sublevó en el año 6 D.C., los romanos crucificaron a 200 judíos. Las ansias de liberación del yugo romano terminaban por lo general en la terrible muerte de cruz. La cruz se convierte en símbolo de una vida más noble solo después que Jesús muere en ella y resucita al tercer día. Es por esta razón que algunos eruditos en cuestiones bíblicas afirman que lo relativo a "tomar la

---

[137] Mateo 16:24; Marcos 8:34; Lucas 9:23.

cruz" es un fragmento de la predicación de la Iglesia Primitiva que fue incluido en el texto del Evangelio cuando éste fue escrito.[138] San Pablo no conoció ninguno de los evangelios que disfrutamos los cristianos de hoy. Los primeros creyentes se maneja-manejaban con tradiciones orales.

Hace unos cuantos años fue descubierto un antiguo manuscrito conocido con el nombre de Códice Nº 2437 el cual omite las palabras: **"y tome su cruz"** en Marcos 8:34. Este documento parecería dar la razón a los eruditos que afirman que se trata de un fragmento de la predicación de la Iglesia Primitiva. Pero creo que no debemos dar a este asunto demasiada importancia. La idea de tomar la cruz –en el sentido que la interpretamos– está implícita en el mandato a "negarse a sí mismo". Es interesante que San Pablo reúne las dos ideas en un solo verso: "Con Cristo estoy juntamente crucificado, y ya no vivo yo, más vive Cristo en mí" (Gálatas 2:20). La cruz, para Pablo, consiste en negarle al yo la posibilidad de convertirse en ídolo que desafíe al Dios Eterno.

Creo que hay mucha confusión en cuanto al significado de la cruz. San Pablo distingue entre **cruz, espina y carga**. Es bueno que veamos las diferencias con toda claridad. Afirma: "Y para que la grandeza de las revelaciones no me exaltase desmedidamente, me fue dado un aguijón en mi carne, un mensajero de Satanás que me abofetee, para que no me enaltezca sobremanera; respecto a lo cual tres veces he rogado al Señor que lo quite de mí, y me ha dicho: "Bástate mi gracia" (II Corintios 12:7-9). La palabra que se traduce por espina es **skolops** que significa: "Porción de madera puntiaguda, estaca clavada, espina". La espina es la imagen de algo que se nos impone y que causa un

---

[138] Es bueno tener en cuenta que transcurrieron alrededor de 35 años entre la muerte y resurrección de Jesucristo y la redacción del Evangelio de Marcos, que es la crónica más antigua que ha llegado hasta nosotros, sobre la vida y ministerio de Jesús.

dolor agudo. Por el contrario, la cruz es algo que uno asume voluntariamente. Luego no es correcto hablar de cruz para referirse a las calamidades que uno tiene que afrontar. No se trata de la resignación estoica ante el sufrimiento. Tomar la cruz significa asumir responsabilidades que nadie nos obliga a tomar.

Con relación al significado de **carga** reflexionamos en el volumen I.[139] En la epístola a los Gálatas parecería que existe una contradicción: "Sobrellevad los unos las **cargas** de los otros (6:2) y "Cada uno llevará su propia **carga**" (6:5). En castellano tenemos una misma palabra, pero en griego tenemos dos: **báros** y **fortíon** La primera, utilizada en 6:2, significa la carga de la existencia humana, sin la cual la vida sería imposible. En ese sentido se utiliza en Mateo 20:12 y Hechos 15:28–29. La segunda, utilizada en 6:5, tiene más bien el significado de responsabilidad. **Fortíon** es usada en Hechos 27:10 en la ocasión en que el barco en que viajaba Pablo estaba a punto de naufragar, se dice que echaron al mar toda la carga (**fortíon**) que llevaba el barco. En el Evangelio se usa fortíon, en sentido negativo, para señalar las cargas que los escribas y fariseos colocaban sobre los hombros de los hombres a pesar de que ellos mismos no asumían esas responsabilidades (Mateo 23:4, Cf. Lucas 11:46). Jesús habla de **cargas** en sentido positivo cuando dice: "Mi yugo es fácil y ligera mi **carga (fortíon)**, Mateo 11:30. En el Vol. I presentamos la imagen de un barco a fin de aclarar la diferencia entre estas dos palabras griegas traducidas por una misma palabra castellana. **Báros** sería el peso indispensable para la existencia del barco, para poder flotar, pues si le falta un pedazo se hunde. Solo cuando el barco tiene asegurada su existencia como tal, está en condiciones de llevar su **cargamento (fortíon)**. Aplicando esta imagen a Gálatas 6:2, 5, debemos interpretar el verso dos en el sentido de que puede haber en la comunidad personas que no

---

[139] Tercera Edición, Págs. 124–125.

pueden mantener su **báros** y por lo tanto su vida cristiana corre serio peligro. En tal situación la Iglesia debe actuar como comunidad terapéutica: "sobrellevad los unos las cargas de los otros". Pero toda nave tiene como finalidad llevar **cargamento**, en Gálatas 6:5 se nos indica que cada creyente tiene una responsabilidad que asumir. El cristiano está llamado a servir y no debe esperar ser servido, el Señor espera que cada uno lleve su propio **fortíon**.

Si alguno quiere venir en pos de mí, es decir, si alguno quiere convertirse en mi discípulo: a) Niéguese a sí mismo, b) Tome su cruz y c) Sígame. El Señor nos invita a dar esos tres pasos. Estos imperativos son básicos para la profundización de la fe de cada creyente y para el fortalecimiento de las relaciones interpersonales en la comunidad cristiana, que haga posible el logro de la unidad necesaria para la evangelización del mundo. Los neofariseos, los neo–gnósticos y los evangélicos necesitan por igual negarle al yo toda posibilidad de idolatría. Una vez vencido el orgullo, síntoma de idolatría, y lograda la humildad, consecuencia de la dependencia divina, se puede encarar la realidad de la división y la unidad de los cristianos.

Es con humildad que debemos preguntarnos... ¿qué es para mí el hermano X? ¿Una espina en la carne que debo soportar porque no me queda más remedio? ¿Una carga en sentido de **báros**. ¿Una carga en sentido de **fortíon**. La respuesta estará determinada por nuestra actitud personal frente a la cruz. Si no se ha logrado la crucifixión del viejo hombre (Romanos 6:6) seguramente tal persona será para nosotros una desagradable espina que nos molesta permanentemente y que desearíamos expulsar de nuestra comunidad cristiana, si pudiéramos. Estar crucificado juntamente con Cristo (Gálatas 2:20) implica la muerte definitiva del orgullo y el crecimiento del amor por todo ser humano, por la dignidad que le confiere la imagen de Dios y porque por él murió el Señor. Si ese ser humano también confiesa su fe en Jesucristo –aunque según nuestra opinión tenga una teología errónea– con más razón ese hermano debe ser respetado y amado. El problema no está en el hermano supuestamente heterodoxo, el problema es nuestro. Depende de nuestra actitud ante la cruz. Muchas veces estamos condenando en el hermano lo que no somos capaces de reconocer en nosotros mismos.[140]. San Pablo está inspirado divinamente cuando dice con toda claridad: "Tú que juzgas haces lo mismo" (Romanos 2:1). Es necesario abandonar la escalera[141] de medir a los demás y medirnos con la cruz de Jesucristo. Necesitamos CRUZ para nosotros y no escalera para los demás. Solo después de haber asumido la cruz podemos predicar su mensaje con eficacia.

Solo de la cruz puede surgir amor por el opositor. El reconocimiento de la grandeza de nuestro pecado nos ayuda a ser comprensivos con nuestros hermanos. Solo cuando hemos sido liberados del pecado del orgullo podemos sentir un profundo interés en ayudar a nuestros hermanos a crecer en la fe y conocimiento del Señor. Muchas veces en lugar de condenar el pecado estamos expresando nuestro odio por el pecador, sobre todo si éste hace lo mismo que hemos hecho antes. Esto no ocurrirá si estamos crucificados con Cristo. El problema no está en el otro sino en nosotros. Una correcta actitud ante la cruz puede convertir la espina despreciada y odiada en carga (**báros**) que, sostenida por un genuino amor, puede resultar en el crecimiento espiritual que permita al hermano en conflicto asumir su ministerio responsable (**fortíon**) para la gloria de Dios y bendición de los hombres.

3. La cruz y la división en el siglo I

---

[140] Véase Vol. I, Cap. II, la proyección, 3a. Edic. Págs. 53–56.

[141] Nos referimos al personaje de la mitología griega al cual hemos hecho referencia.

Juan 17 y Efesios 4 presentan un llamado a la unidad de los cristianos. Antes de que surgiera la herejía gnóstica ya la Iglesia Primitiva tenla que esforzarse por conservar la unidad (Efesios 4:3). ¿Cómo logró conservar el grado de unidad alcanzado? Es necesario reconocer el gran aporte de Pablo en este sentido.

Desde los comienzos de la Iglesia se produjo la división entre los cristianos que provenían del judaísmo y los paganos convertidos. El tema de discusión era la ley mosaica. ¿Debían los pagano–cristianos someterse a los ritos de la ley mosaica: circuncisión, sábado, etc.? Los judeo–cristianos lo hacían... ¿por qué no los otros cristianos? Ante esta dificultad la Iglesia decidió celebrar su primer Concilio Ecuménico a fin de armonizar los grupos en pugna. Hechos 15 y Gálatas 2 presentan dos puntos de vista sobre ese Concilio. Hay coincidencia en que los cristianos se pusieron de acuerdo en que no debían exigir a los gentiles que se convertían a la fe cristiana la observancia de la ley.

Lamentablemente los problemas no siempre se resuelven en un Concilio, siempre hay una minoría disconforme que bajo cuerdas hace su trabajo destructor. Entonces surge un tercer grupo constituido por aquellos que quieren quedar bien con unos y con otros. Parece que en esa posición se colocó Pedro, por lo cual Pablo le fustigó duramente en Antioquía: "Le resistí en la cara porque era de condenar" (Véase Gálatas 2:11–13). Un hombre capaz de hablar en los términos de este pasaje que acabamos de citar es lógicamente discutido y resistido. No es difícil creer que Pablo había sido presentado en Roma como alguien que despreciaba la herencia espiritual del pueblo judío, de la cual la Iglesia es heredera. Es quizás por eso que en la Epístola a los Romanos dedica tres capítulos (9–11) a tratar el tema de los judíos y los gentiles. Parecería que Pablo –en el calor de la disputa– fue acusado de ser un mentiroso, pues en varias epístolas afirma que no miente. En Romanos 9:1 comienza sus reflexiones diciendo: "Verdad digo en Cristo, no miento". La misma afirmación hace en Gálatas 2:10 y en el mismo contexto. El propósito de la epístola a los Gálatas es evidente, desea contrarrestar la influencia del grupo judeo–cristiano en las Iglesias de Galacia.

En Romanos 9 Pablo confiesa con honestidad que esta división le produce una gran tristeza por cuanto ama a sus hermanos de raza. Pablo no cree que la división se evita tratando de quedar bien con todos y restando importancia a los conflictos, como hacía Pedro. El creía que era necesario encarar las dificultades pero manteniendo el amor por todos los hermanos: "Porque desearía yo mismo ser anatema, separado de Cristo, por amor a mis parientes según la carne (Rom. 9:3). Además existía otra división entre los judíos: Los convertidos y los no convertidos al cristianismo.

En el momento en que escribe la carta a los Romanos –está a punto de embarcarse para Jerusalén con una gruesa ofrenda que ha recogido entre las iglesias del mundo gentil para los hermanos necesitados entre los judeo–cristianos. Parece que Pablo esperaba que esta acción de amor sería una –demostración de afecto lo suficientemente explícita como para limar las asperezas que existían entre ambas ramas del cristianismo. Según Gálatas 2:10, en el Concilio de Jerusalén, Pablo se había comprometido a realizar esa tarea. A pesar del peligro que significaba ir a Jerusalén –por el odio que le tenían los judíos no convertidos– por causa del amor que tenía a sus hermanos con opiniones diferentes prefiere afrontar los riesgos y llevar personalmente el importe de las ofrendas colectadas.

Encontramos en Pablo tres cualidades en la polémica que dividía la Iglesia: 1. – Es un extrovertido que dice con honestidad lo que piensa; 2. – Ama a sus opositores y 3. – Tiene la humildad que solo puede venir de la cruz y lo dice justo en su epístola más polémica (Gálatas 2:20; 6:14). Solo la cruz pudo ayudar a Pablo a ubicarse en la posición justa, en la verdad, el amor, y la humildad. Cuando dos partes están en pugna no es posible la reconciliación sin cruz, pues la responsabilidad nunca está de un solo lado, siempre es compartida. No he conocido un solo caso de conflicto en que el 100% de la culpa estuviera en una de las partes. Por lo general una de ellas es más responsable que la otra, pero si ambas asumen actitudes arrogantes y prepotentes jamás habrá reconciliación. Solo después de crucificar el orgullo puede surgir la humildad. Solo en humildad, amor y respeto por el hermano podemos encontrar soluciones a la división de la Iglesia. La evangelización efectiva necesita de la unidad de la Iglesia.

4. Un testimonio personal

Deseando que estas páginas tengan calor humano a fin de que expresen plenamente la autenticidad cristiana, me veo obligado a hacer una confesión al lector. Confieso que durante los últimos años vividos en Cuba y los primeros en la Argentina, algunos hermanos con tendencia neo–gnóstica eran para mí como una espina en la carne, una espina muy dolorosa. Confieso que el odio se anidó en mi corazón. Confieso que he hecho todo lo posible por desprestigiarlos y dañarlos. Creo que no es una excusa decir que lo hacía sinceramente y creyendo servir a Dios. Muchos crímenes e injusticias son cometidos por personas que sinceramente creen que no hay otra alternativa. La sinceridad o las buenas intenciones no son suficientes para el cristiano que tiene a Jesucristo y a su Evangelio como única norma de fe y de conducta. Por eso me he arrepentido de mi pecado.

Debo confesar, además, que mi cambio se debe a las siguientes razones:

1.   **Mi nueva actitud hacia la cruz**. Antes la usaba para crucificar a los neo–gnósticos –lo cual no resulta difícil– ahora que reconozco todo lo que había de orgullo en mi actitud, ahora que he crucificado mi **ego** idólatra puedo comprender cuanto de agresividad y falta de amor había en mi actitud hacia ellos. Por lo menos a nivel consciente he crucificado mi agresividad y el deseo de desquitarme por todo lo que he sufrido por causa de la ideología que algunos de mis hermanos consideran buena, instrumento de Dios, etc. Mi padre murió en Cuba a los 81 años,

cinco años de gestiones no fueron suficientes para obtener un permiso de salida. Qué grande es la Palabra de Dios cuando dice: **"El amor todo lo puede"**, con el amor de Cristo todo es posible, por mí mismo **no puedo perdonar**.

2. **Mi descubrimiento del hombre como imagen de Dios**. He llegado a comprender que esta doctrina es el alfa y la omega, el fundamento y el objetivo de la evangelización. Todo hombre tiene una dignidad especial por ser imagen de Dios. El pecado ha deteriorado esa imagen, pero mediante la cruz de Cristo al hombre se le ha abierto la posibilidad de alcanzar el completamiento de su condición humana según el arquetipo que es Jesucristo (Efesios 4:13). Debo confesar que había leído, reflexionado y aún predicado sobre esta doctrina bíblica, pero todo a nivel que llamaría filosófico, como una especie de calistenia intelectual. Pero cuando pude vivenciar la realidad de quien era yo –imagen de Dios– y que mi prójimo era igual que yo, un pecador con la imagen por restaurar, ya no pude ser la misma persona. Debo también confesar que el impacto de esta convicción del Señor lo recibí mientras predicaba sobre el tema en mi Iglesia local. Al comprender que mi hermano neo–gnóstico o neo–fariseo tiene mi mismo problema. Al darme cuenta de la necesidad de verdadero arrepentimiento, por haberlo vivenciado, ahora me puedo acercar a mis hermanos opositores con amor y humildad. Quizás ellos también necesiten arrepentirse y es posible que mi ejemplo les lleve a esa convicción. Es mediante el arrepentimiento de pecado –sobre todo del pecado del orgullo– que Dios convierte en realidad subjetiva, en vivencia, el hecho objetivo de la cruz de Cristo.

Fue para mí motivo de alegría el poder comprobar que el Congreso Internacional de Evangelización Mundial, celebrado en Lausana, ratificó en el llamado Pacto de Lausana, conceptos fundamentales a los cuales el Señor me había conducido y que reproducimos a continuación: "La humanidad fue hecha a la imagen de Dios; consecuentemente, toda persona, sea cual sea su raza, religión color, cultura, clase, sexo o edad tiene una dignidad intrínseca a causa de la cual debe ser respetada y servida, no explotada. Expresamos además nuestro arrepentimiento tanto por nuestra negligencia como por haber concebido a veces la evangelización y la preocupación social como cosas que se excluyen mutuamente. Aunque la reconciliación con el hombre no es lo mismo que la reconciliación con Dios, ni el compromiso social es lo mismo que la evangelización, ni la liberación política es lo mismo que la salvación, no obstante afirmamos que la evangelización y la acción social y política son parte de nuestro deber cristiano".

3.   **Mi nueva comprensión de la evangelización**. Antes creía que la evangelización estaba limitada a los inconversos. Ahora he llegado a comprender que evangélico no es aquel que ha ingresado en una determinada comunidad cristiana, sino aquel que vive bajo la autoridad de todo el Evangelio, tratando que éste se convierta en carne de su carne y sangre de su sangre. No en una perspectiva individualista, sino participando en una comunidad cristiana con una clara visión de que la misión de la Iglesia es colaborar con Dios para lograr la redención de todo el hombre y de todos los hombres. Luego yo definiría la evangelización como el proceso de introyección paulatina de la totalidad del Evangelio en la totalidad de nuestro ser. Es por eso que en el Vol. II me refiero a la conversión como un proceso.[142] Yo tuve mi primera experiencia de conversión el 2 de Octubre de 1946, en Aguada de Pasajeros, Cuba, pero ahora me doy cuenta que me estoy convirtiendo en evangélico un poquitito cada día. Creo que desde 1946 he sido un cristiano, pero no necesariamente un cristiano evangélico en toda su integridad. Estoy en proceso de convertirme en evangélico integral. Sin mirar lo que queda atrás –como decía Pablo– prosigo al objetivo de lograr el completamiento de mi condición humana en Jesucristo, autor y consu-

---

[142] Véase Vol. II, Capítulo III, Págs. 77–103.

mador de la fe. La evangelización es necesaria para todos los hombres, creyentes o incrédulos. Para los primeros la evangelización consiste en mostrar la necesidad de continuar avanzando en el proceso. Para los segundos consiste en una invitación a dar los primeros pasos en el mismo proceso de completamiento en Cristo.

Para terminar este capítulo debo confesar que el Señor me ha utilizado como agente de evangelización durante más de veinte años y que los resultados han sido bastante buenos, pero a pesar de esa realidad considero que solo a partir de la vivencia de la cruz, en genuino arrepentimiento de pecado, se puede lograr la unidad que la Iglesia necesita hoy para emprender la tremenda tarea de la evangelización del mundo.

EL PROCESO EVOLUTIVO–INVOLUTIVO Y LA EVANGELIZACIÓN

¿Por qué hay personas nacidas en hogares piadosos que no son creyentes? ¿Por qué la agresividad de algunos hijos hacia la religión de sus padres? ¿Qué debo hacer cuando mi hijo no desea ir a la Escuela Dominical? ¿Cuándo debo comenzar a evangelizar a mis hijos? ¿Dónde está el peligro... en hacerlo demasiado temprano o demasiado tarde? ¿Cómo debo hacerlo? ¿Cómo entender a mis hijos adolescentes? ¿Cómo entender la rebeldía del adolescente en relación con la Iglesia? Estas son preguntas que muchos padres cristianos se hacen comúnmente. Este capítulo aspira a dar orientación en cuanto a la evangelización de niños, adolescentes–jóvenes y adultos–ancianos.

Para introducirnos en el tema veamos un caso concreto. María y José constituyen un fiel matrimonio cristiano. Se sienten identificados entre sí, con Jesucristo y con la Iglesia. Participan de un equipo de evangelización que hace trabajo personal, visitan de casa en casa, reparten tratados, participan en reuniones de estudio bíblico y oración, en fin, participan de todas las actividades de la Iglesia. Casi todas las noches tienen que salir, pues si no hay alguna de estas actividades, la hay en otro lado, siempre en el ámbito evangélico. Este matrimonio tiene dos hijos. Llamémosles Pedro y Pablo. Mientras eran pequeños no tenían dificultades, pero ahora nubarrones que anuncian tempestad se han presentado. José encontró cigarrillos en el pantalón de Pedro y éste no pudo explicar su procedencia. Para José este hecho fue un verdadero cataclismo. Su hijo había asumido una actitud cínica. Se hacía el tonto pero él se daba cuenta de que estaba mintiéndole. ¡Cómo un chiquilín de quince años va a hacerme eso a mí, decía el padre atribulado. Su preocupación aumentó cuando descubrió que Pablo, de trece años, hacía causa común con Pedro. La situación empeoró cuando los dos hijos, en lugar de ir a la Escuela Dominical, se fueron a una cancha de fútbol sin el permiso de sus padres. José perdió la paciencia y castigó físicamente a los dos muchachos. Después los llevó al culto de la noche. Allí relató al pastor lo que ocurrió. Este sermoneó a los chicos y todos volvieron a casa. Pedro se callaba frente al padre pero comenzó a dar respuestas violentas a su madre. Un día María quedó estupefacta cuando Pablo, siguiendo los malos ejemplos de su hermano le dijo en forma airada. "Me obligan a ir a la Iglesia y voy porque no me queda más remedio, pero cuando sea grande nadie me va obligar a ir a esa iglesia de porquería, odio a la Iglesia, odio al pastor y no creo en Dios".

Esto era más de lo que José y María podían soportar. Llorando fueron a ver a su pastor: ¿Por qué nos ocurre esto a nosotros? ¿Es que el demonio se ha metido en la mente de nuestros hijos? ¿Cómo es posible que habiéndoles criado en el camino del Señor, ahora tenga un par de hijos renegados?

Ante la impotencia tanto de José y María como la del ministro de su Iglesia, el caso fue derivado a otro pastor, ante el cual se presentaron con mucha esperanza de que éste podría dar la receta milagrosa. ¿Cómo hacer para que mis hijos cumplan el precepto bíblico de obedecer a sus padres? Fue la primera pregunta de José. A lo cual el pastor contestó con dos interrogaciones: 1) ¿Qué han hecho ustedes hasta ahora para lograr ese objetivo? 2) ¿Cómo esperan que los chicos cumplan lo que dice la Biblia si dicen que no creen en ella? José y María ofrecieron una detallada información de todo cuanto habían hecho por la vida espiritual de sus hijos. Según la información, sus vidas eran intachables. Eran buenos padres y ejemplares cristianos y tenían un par de hijos que ahora tenían dieciocho y dieciséis años respectivamente y que amenazaban con irse de la casa. ¿Cómo es esto posible aparte de la obra de Satanás?, preguntaba José.

Una entrevista posterior con los adolescentes puso de manifiesto que Satanás no tenía nada que ver con lo que ocurría en esta familia. Una vez rotas las barreras de desconfianza y temor hacia un pastor y ante la seguridad de que había interés en ayudarles, los jóvenes expresaron su punto de vista. Lo primero que surgió fue que estos jóvenes veían en la Iglesia un elemento de deshumanización. ¿Para qué ir a la Iglesia a aprender a ser como papá y mamá?, dijo el mayor. Para no alargar la historia, resumo los cargos que estos hijos hacían a sus padres: No nos demuestran afecto. Su único interés es la Iglesia. Todas las noches van a ella. Cuando no es a orar, van al ensayo del coro o a cualquier cosa. Nos dejaban solos en casa. Recuerdo, dice Pedro, "que éramos muy chicos y nos dejaban solos, teníamos mucho miedo. Nuestra compañía era un perro grande que teníamos. Nos metíamos en la cama con él y nos sentíamos seguros. El perro era un poco nuestro papá". Pablo añadió: "No creo que nuestros padres sean verdaderamente cristianos. A ellos lo que les interesa es el status, ser reconocidos en la Iglesia como gente fiel y que trabaja". Pedro interrumpe para decir: "Delante del pastor y de la gente de la Iglesia, mi padre es un santo, pero con nosotros es un diablo y nos pega. Hasta a la vieja le pegó un par de veces". "La vieja le sigue la corriente a papá. Pienso que ella es mejor que él. Que va a hacer la pobre", dice Pedro.

Muy doloroso fue para María y José, encarar la dura realidad. ¡Qué fácil resulta echarle la culpa a Satanás! Ellos no habían sabido darle a sus hijos el afecto que necesitaban. El padecía de un gran complejo de inferioridad v necesitaba destacarse, ser apreciado por la gente. Ella tenía una fuerte carencia afectiva y se había aferrado a su marido. Por temor a perderlo lo seguía en todo, aun descuidando a sus hijos. Los problemas emocionales se disfrazaban con un amor al Señor y al prójimo que realmente no existía. No sabían amar. Buscaban que los demás los amaran. El amor de los hijos lo creían seguro, buscaban otros afectos. José no se amaba a sí mismo. Realmente se odiaba. No podía con sus sentimientos de culpa. Él sabía que Dios le había perdonado sus pecados, pero él mismo no era capaz de perdonarse. El que no se ama a sí mismo no puede amar a los demás. El problema de José era que necesitaba recibir afecto pero no podía ofrecerlo. Supuestamente amaba a su – prójimo, pero no se acordaba que su prójimo –lo más próximo– eran sus hijos. Este matrimonio era luz de la calle y oscuridad de su propia casa.

Después de esta introducción tenemos elementos suficientes para plantearnos tres problemas: Cómo evangelizar a los niños, a los adolescentes–jóvenes y a los adultos–ancianos.

1. La evangelización de los niños

En el Congreso Internacional de Evangelización Mundial, celebrado en Lausana, después de presentar mi ponencia sobre "**La conversión, la culpa y la Psicología Moderna**" alguien me preguntó: ¿Cuándo el padre cristiano debe comenzar a evangelizar a sus hijos? Mi respuesta fue: "Desde el momento mismo de la concepción". Estoy convencido de que el amor es el motor de la evangelización. Lo he constatado a nivel de reflexión teológico a partir de la revelación bíblica y también en análisis de cosas espontáneos que se han presentado en mi ministerio pastoral. El caso que acabamos de presentar lo pone de manifiesto. José y María no habrían entrado en conflicto con sus hijos, ni estos habrían rechazado la Iglesia si en el hogar hubiera reinado una atmósfera de amor y comprensión. Pero alguien podría señalar que no fue la falta de amor, sino los trastornos emocionales de esta pareja lo que produjo la dificultad. Veamos otro caso en que no queda lugar para la duda.

Aquila y Priscila son un matrimonio ideal, pero muy sobrecargados de trabajo. Por un tiempo tomaron muchas responsabilidades en la Iglesia. A veces cayeron en la falla de José y María desatendiendo a sus dos hijos, llamémosles: Abelardo y Eloisa. Al quedar embarazada Priscila planteó a su esposo la necesidad de cambiar el ritmo de sus vidas pues estaban descuidando a sus hijos y ahora vendría un tercero. Cuando nació Isabel, la familia no estaba tan comprometida. Pasaron los años y al llegar a la adolescencia, Abelardo y Eloísa hicieron una crisis religiosa, aunque no llegaran al extremo que vimos en Pedro y Pablo. Sin embargo, Isabel demostró una profunda vocación religiosa desde la niñez que la tormenta de la adolescencia no pudo cambiar. Isabel nunca encontró en la Iglesia aquello que le robaba el cariño de sus padres. Abelardo y Eloísa, sí.

Alguien podría argumentar que la vocación religiosa de Isabel se habría manifestado aun cuando fuera la hija mayor. Otros casos –que me tomaría demasiado espacio compartir– me confirman la tesis de que cuando un niño es amado por sus padres y la Iglesia no se presenta como un competidor que le roba ese afecto, la natural tendencia espiritual del hombre –producto de la Imagen de Dios– se manifiesta normalmente.

En el Volumen II[143] presentamos varios pasajes bíblicos que parecerían mostrar que el Espíritu Santo comienza a manifestarse en la criatura desde la etapa intrauterino a través de la experiencia religiosa de la madre. Si una criatura es rechazada por su madre, ésta puede sentir ese rechazo aún en el vientre. Pensamos que la vida espiritual de la madre también puede ser experimentada por el feto. Luego la evangelización de los niños debe comenzar desde que se inicia el misterioso proceso que va de la

---

[143] Vol. II, Págs. 93–95.

fecundación del óvulo al nacimiento. En el niño recién nacido está la Imagen de Dios. También están los catorce millones de neuronas cerebrales que va necesitar cuando sea un adulto, pero estas neuronas necesitan tiempo para desarrollarse. Por eso, todo intento de forzar al niño a realizar algo antes de que esté maduro para realizarlo puede resultar nefasto. Solo cuando se haya logrado la maduración de los enlaces nerviosos se podrá obtener el aprendizaje. Así resulta inútil todo intento de hacer andar a un niño de seis meses. Igual que las neuronas cerebrales, el hombre necesita desarrollar su Imagen de Dios. Aunque el desarrollo espiritual no es inexorable como el desarrollo biológico cuando se dan las condiciones fundamentales: alimento, afecto, seguridad, salud, etc. Algunas personas tienen su imagen enquistada, sin desarrollo.

El motor de la evangelización es el amor, porque éste es el que da sentido a la existencia. Según el relato bíblico el ser humano es polvo de la tierra más el soplo de Dios. La vida se mantiene por la comunión con la tierra y la comunión con Dios. Todos los días ingerimos alimentos, que son elementos materiales que nos mantienen en comunión diaria con la materia. En fin de cuenta somos materia: tierra, agua, aire y fuego en equilibrio. El soplo de Dios que nos hace humanos es el amor. Tiene que ser así porque "Dios es amor" (1 Juan 4:8).

Cuando no hay amor nos fallan las mejores técnicas de evangelización tanto en el niño como en el adolescente o el adulto. Una adolescente me contaba su experiencia. Habla Participado de una reunión evangélica, ni una sola persona había demostrado interés en ella, pero llegado el momento, alguien "se vistió de evangelista" para presentarle el plan de salvación. La adolescente era cristiana y estaba de visita en ese lugar. Recibió la impresión de que aquellas personas estaban cumpliendo un requisito impuesto por su grupo y que en un momento dado, cumplían esa responsabilidad, por obediencia más que por convicción. Creo que si una joven cristiana recibió esa impresión, los no creyentes serán aún más críticos y los resultados no alcanzarán las "metas" previstas, solo por el hecho de faltar lo fundamental: el amor.

Pienso que a los niños del tren subterráneo –a los cuales hago referencia en el capítulo IV– no se les podría presentar el Evangelio de otra manera sino a través de un interés genuino a partir del reconocimiento de la dignidad intrínseca de todo ser humano por poseer la Imagen de Dios.

2. La evangelización de adolescentes y jóvenes

A) Los adolescentes

La adolescencia es una etapa muy conflictiva del desarrollo humano. El joven y la chica –que hasta hace poco ha aceptado gustoso la dependencia de sus padres– ahora se rebela y procura descubrir su propia identidad. Se encuentra inseguro pues está en una edad intermedia. Por momentos se siente niño y por momentos hombre. Al proceso psicológico conocido por adolescencia corresponde un proceso biológico llamado pubertad –la edad en que se alcanza la aptitud para procrear– aunque la adolescencia no termina necesariamente cuando termina la pubertad. Cuando se llega a ésta, se experimenta una serie de transformaciones: se pega el "estirón", la caja torácica crece con mayor rapidez que los órganos internos, surgen las urgencias sexuales. El proceso continúa hasta alcanzar la plena madurez a nivel biológico, el metabolismo[144] es anabólico hasta que co-

---

[144] Metabolismo es el conjunto de procesos químicos que se efectúan en la materia viva y en el curso de los cuales utiliza, transforma y ribera energía. Viene de la palabra griega metabolé, que significa cambio, lo que implica que se refiere a los cambios constantes que se operan en el organismo. Estos cambios tienen dos fases: una constructiva llamada anabolismo y otra destructiva: el catabolismo.

mienza a ser catabólico y se inicia la involución. En la adolescencia se presentan grandes conflictos en las relaciones interpersonales, especialmente con los padres. Justo por el "estirón" y porque sus pulmones y su corazón no han crecido con la misma rapidez que su caja torácica, el adolescente se siente cansado con mucha frecuencia. Entonces es acusado de haragán, de marmota –por estar mucho tiempo acostado–, etc. El adolescente ya tiene suficientes problemas con su cuerpo que ha crecido precipitadamente y con su falta de ubicación. Hasta ayer era niño y ahora no sabe lo que es, a veces se siente hombre (o mujer), en ocasiones se siente y actúa como un niño. Esta etapa evolutiva necesita de la comprensión de los mayores.

La adolescencia es la edad más propicia para la experiencia conocida con el nombre de conversión. Es en esa época donde se establece la identidad biológica y psicológica –hombre o mujer–, debe ser la ocasión para establecer la identidad espiritual. Un desarrollo armonioso de la personalidad debe incluir una profunda experiencia espiritual en el período de la adolescencia. La pubertad es inexorable, no así el proceso psicológico y el espiritual. Así como encontramos muchos adultos emocionalmente inmaduros, también encontramos jóvenes, adultos y ancianos espiritualmente desviados en su desarrollo, pues han seguido en pos de uno o varios ídolos.

En la evangelización del adolescente debemos tener en cuenta que es más proclive a aceptar un llamado a aceptar a Cristo como Señor y Salvador, cuando se lo hace con autenticidad y bajo el impulso del amor. El joven después de los veinte años tiende a hacerse más intelectual y a rechazar lo tendiente a una experiencia emocional o espiritual. Yo mismo hice mi decisión por Cristo a los dieciséis años y cuando arribe a la etapa de más interés en lo intelectual –fue la época en que procuré un doctorado en Filosofía y Letras– lo espiritual estaba fijado en sus aspectos fundamentales.

La Iglesia debe tener en cuenta la realidad del proceso evolutivo en sus esfuerzos evangelizadores. El adolescente está en una actitud de búsqueda en todos los aspectos de su existencia, al mismo tiempo que experimenta una gran confusión. Estando en Lausana, Suiza, en el Congreso Internacional de Evangelización Mundial, me encontré una adolescente que sentada frente al lago, tenía la mirada perdida en la distancia. En su rostro se dibujaba su estado espiritual. En cierta manera reflejaba tristeza, pero también cierta exaltación mística. Me acerqué y le pregunté si tenía algún problema. Sin mirarme contestó que no le pasaba nada. Cuarenta minutos de charla fueron suficientes para qué esta joven con lágrimas en los ojos me dijera: "Vine aquí a buscar a Dios y mientras miraba el lago decía: «Dios, si Tú realmente existes envíame a alguien que me hable acerca de Ti», creo que usted no ha venido junto al lago por casualidad, Dios ha respondido mi oración". La joven dijo algo más que vale la pena mencionar: "A Dios no se lo puede encontrar en la Iglesia,' por eso he venido acá". Al despedirme de Geneviève, ella había decidido hablar con un amigo evangélico quien le había dicho que en su Iglesia las cosas eran diferentes. Ella tenía intenciones de unirse a esa congregación.

En cierto grupo evangélico –que más vale no mencionar cuando compartí mi experiencia con Geneviève, al iniciar el testimonio y mencionar que me dirigí a la joven a charlar con ella, varias personas no pudieron evitar una sonrisa maliciosa. Uno se pregunta: ¿Es que estas personas no podrían acercarse a una chica suiza, solitaria y triste con la sana intención de comunicarle el Evangelio? ¿Acaso no hay muchos que le dan la razón a Geneviève cuando dice que en la Iglesia no se puede encontrar a Dios?

B) Los Jóvenes

Es prácticamente imposible establecer una clara línea de demarcación entre la adolescencia y la juventud. Esta línea –si existiera– variaría enormemente de un individuo al otro. La maduración psicológica del hombre de nuestros días requiere más tiempo que la del hombre de la generación anterior. Esto se debe –entre otras razones– a que la expectativa de vida ha aumentado considerablemente. Treinta años atrás, un hombre esperaría vivir alrededor de cincuenta años. Por eso un joven al salir de la conscripción militar pensaba en la necesidad de encontrar su pareja y fundar una familia. Por el contrario el joven de hoy tiene una expectativa de vida de alrededor de setenta y cinco años y por lo tanto piensa que tiene tiempo para hacer sus grandes decisiones. Esta problemática tiende a extender la adolescencia la cual no coincide necesariamente con la pubertad. También para el joven, la aceptación del compromiso cristiano puede esperar.

Las reflexiones que presentamos a continuación cruzan repetidamente la línea imaginaria de demarcación entre adolescentes y jóvenes, pero se supone que la mayor parte de este material se refiere a personas mayores de veinte años.

En un vuelo trasatlántico el piloto sorprende a sus pasajeros con dos noticias: 1. – Tengo el gusto de informarles que el vuelo se atiene al horario fijado ya que volamos a una buena velocidad; 2. – No obstante, lamento tener que informarles que los aparatos para orientarnos, se han descompuesto y no se hacia dónde volamos. Así se encuentra una buena parte de la juventud de hoy. Están en marcha, en movimiento tratando de hacer cosas, pero muchos no saben hacia donde se dirigen, siendo a veces fáciles presas para otros que sí saben dónde van, conduciéndolos por caminos errados.

1) Los problemas del joven

Muchos afirman y quizá tengan razón; que la juventud de hoy **no sabe lo que quiere**. Pero hay una cosa cierta: que la juventud, por lo general, **sabe lo que no quiere**. El problema mayor del joven contemporáneo es adaptarse a los cambios alterados que estamos viviendo sin haber alcanzado una madurez suficiente. Hay adultos que no se hacen problemas: sencillamente se cierran a toda posibilidad de cambio. Se formaron en una época en que los cambios eran muy lentos. ¡Qué difícil es ser joven en una época de tantos cambios! Hay jóvenes que cuando llegan a adaptarse a una nueva situación, se dan cuenta que ya están de nuevo inadaptados porque los cambios no se detuvieron. El sociólogo H. H. Muchow, después de un largo estudio ha llegado a la conclusión de que en otros períodos históricos cada nueva generación es un producto de la situación cultural.

El pastor búlgaro Popov, quien pasó trece años y dos meses en una cárcel comunista, nos contaba que al recibir su libertad se encontró con que su país había cambiado por completo, sobre todo en el aspecto moral. Se sorprendió porque varios de sus compañeros pastores se habían acostumbrado más o menos a la nueva situación. Popov llegó a la conclusión que el cambio se debía a la influencia comunista, pero cuando logró salir de Bulgaria y radicarse en Suecia, se encontró con una crisis moral similar a la de su país. Entonces se dijo: "no es el comunismo, son los tiempos". ¿Qué tiene la Iglesia que decir a todo esto? ¿Cuál es la actitud que deben asumir los cristianos adultos? ¿¡Cómo entablar un diálogo fecundo entre padres e hijos? ¿Entre adultos y jóvenes? Nos proponemos examinar la situación actual a la luz del Evangelio a fin de que estas reflexiones sean útiles tanto a los jóvenes como a sus padres.

2) La subcultura Hippie

Puede ser que un joven diga: "Yo no soy hippie, ni estoy en relación con ellos". Sin embargo, puede estar bajo la influencia de su filosofía y quizá es un **hippie sin saberlo**, aunque no se vista como ellos. Por eso, nos proponemos presentar las características de lo que algunos sociólogos llaman la subcultura hippie, a fin de que el lector pueda reflexionar sobre las influencias de esta filosofía de vida que se están ejerciendo sobre la juventud. Veamos las siguientes características:

1. El hippie se caracteriza por su individualismo. Hay un tema que se presenta constantemente en su mente: **"Tornar conciencia de sí mismo, autoalnalizarse, autorealizarse, etc."**. Podríamos decir "auto–cualquier cosa", pero siempre está pensando en sí mismo. El hippie por lo general, se vuelca hacia adentro, lo externo le parece cerrado y entonces se encierra en sí mismo. Esta separación es una alienación. El Dr. Seymour Halleck, Director de Psiquiatría Estudiantil de la Universidad de Wisconsin, E.U.A., llama a estos jóvenes: JUVENTUD ALIENADA. Para el Dr. Halleck: "La juventud alienada se halla desvinculado de los valores pertenecientes a su familia y sociedad y siente una sensación de separación o distancia tanto de sus propios sentimientos, como los de los demás. Frustrada ante la realidad del mundo externo, la juventud alienada se dedica, por ejemplo, a las drogas, esperando se altere su mundo interior. La juventud alienada se perturba fácilmente, a menudo es extremadamente libre en cuanto a sus relaciones sexuales, se rebela ante cualquier autoridad y es incapaz de concentrarse o estudiar. No logra comunicarse con sus padres, maestros y otros adultos y desconfía totalmente de ellos. Se dedica a las drogas a fin de turbar a sus padres y encolerizar a las autoridades, sin percatarse mayormente de que en realidad obra por ira y frustración antes que ingerir drogas meramente por obtener una fuga placentera. En síntesis, la juventud alienada no está segura de lo que es, de dónde proviene y hacia dónde se dirige, Denominamos a esto "crisis de identidad" y a quienes sufren de ese mal los llena un miedo terrible". (Estas reflexiones del Dr. Halleck fueron citadas por el Dr. Charles C. Bergman en el Primer Seminario de Religión y Salud Mental celebrado en Buenos Aires los días 27 y 28 de noviembre de 1969). Podríamos afirmar que el individualismo, la soledad, conducen a la juventud a la alienación. El diálogo es hoy más indispensable que nunca antes. Sobre todo, el diálogo entre padres e hijos. También el diálogo entre el joven y su pastor.

2. La anarquía del mundo del hippie es una definición de su soledad. Se siente feliz sin padres, ni policías, ni escuela. Viven en un mundo infantil, se acompañan de árboles, flores, etc., ya que la relación con otros hippies suele ser egoísta, solo para sacar de ellos el placer individual. Para recibir y no para dar.

3. El problema de la libertad. La juventud alienada busca libertad, pero no tiene experiencia para manejarla. Esta llamada libertad, a menudo arruina vidas para siempre. El joven que comete un delito en el ejercicio de su "libertad", va a la cárcel, donde por lo general se deprava mucho más. El que tiene un accidente automovilístico bajo los efectos de las drogas o el alcohol y queda paralítico para toda su vida, después se lamentará por todos sus días, sin que el lamento pueda resolver su problema y curar su parálisis.

4. Aunque se habla mucho de humanización, los jóvenes que siguen esta corriente de pensamiento suelen deshumanizarse. Recurren a un mecanismo inconsciente de regresión a normas infantiles de conducta, que conspiran contra la plena realización del hombre. Cuando miramos a algunos hippies nos hace pensar en un recién nacido que se siente feliz si tiene satisfechas todas sus necesidades materiales. Cuando está satisfecho, está tranquilo y chilla cuando necesita algo, tiene que mamar, alimentarse, vivir. Pero a medida que el recién nacido se va humanizando, va centrando su atención en los demás. Descubre al padre, a la madre, sus hermanos. Ya comienza a sonreír e intenta comunicarse con los demás. Esa es la evolución normal. El hippismo es más bien un regreso a la actitud de recién nacido o aun una regresión mayor, el intento de introducirse en la nada del seno materno. Introducirse en la seguridad, el silencio y la soledad de un seno materno artificial. Pero un adulto no debe vivir como un feto, ni como un bebito: **Usando a los demás para gozar de la vida.** Tal actitud es un divorcio total de la realidad que deshumaniza al hombre.

3) La responsabilidad de los adultos

Si es cierta la afirmación de H. H. Muchow de que "cada generación es el producto de su situación cultural", tenemos que reconocer que los adultos hemos contribuido a formar la situación cultural que está afectando a nuestros hijos. Es muy importante que los padres seamos capaces de reconocer la parte de responsabilidad que nos toca. Muchos padres no se dan cuenta de que están haciendo daño a sus hijos y sin embargo lo están haciendo. En mis tareas de orientación pastoral me he tropezado con muchos padres, cuya primera reacción es de violencia o justificación, cuando se menciona la responsabilidad de los adultos: "Yo no tengo la culpa, lo que pase es...". "Yo he sido un buen padre, me he sacrificado por mis hijos...". Mi experiencia pastoral me muestra que siempre que hay un conflicto entre dos personas, la responsabilidad suele ser compartida. Nunca está de un solo lado. En mayor o menor proporción, cada parte tiene su dosis de responsabilidad. Es bueno que los padres tengan en cuenta los siguientes hechos:

1. Ser un buen padre o una buena madre no significa solo velar porque a los hijos no les falte nada materialmente hablando. No es suficiente con darles cariño. Hay que darles ejemplos. Los padres están fracasando como tales si no logran la armonía conyugal. Los hijos van a tener fe en el matrimonio y en el amor si constatan en su vida cotidiana que sus padres se aman y se comprenden. Los hippies están desencantados con el énfasis en el matrimonio y la familia. Con razón o sin ella, creen que sus padres no son felices en el matrimonio, por lo tanto no tienen intenciones de casarse. Otros sin llegar a ser hippies, temen al matrimonio precisamente por el fracaso de sus padres, por lo tanto no tienen intenciones de casarse. Temen al fracaso. Hace varias semanas recibí una carta de una joven de veinticinco años pidiéndome que la orientara en cuanto a la manera en que debía tratar a su hermana de dieciocho. (Siete años de diferencia y estas dos jóvenes ya no se entienden). La mayor creía en el amor

y en el matrimonio para toda la vida, tiene una formación cristiana. La menor le dice que "no tiene intenciones de «clavarse» con una sola persona toda la vida, que ella está disfrutando su vida". Estos casos se repiten por todas partes. Difícilmente se presenta en un hogar donde los hijos constatan el amor y la armonía conyugal entre sus padres.

2. Los códigos morales que predican los padres y otros adultos a menudo no son cumplidos por ellos. Insistimos que hay que enseñar con el ejemplo y no por medio de dogmas impuestos por la fuerza. Un día me encontré ante una joven de dieciocho años completamente destruida moral y espiritualmente. Había dejado de asistir a la Iglesia y afirmaba que ya no podía creer en nadie, ni en Dios. He aquí la historia: "Su padre era muy estricto, un moralista furibundo y laico muy activo en su congregación. La chica tenía un novio, quien le propuso tener relaciones sexuales prematrimoniales. La joven, muy amiga de su madre, le consultó sobre el asunto. Esta cometió la indiscreción de compartir la confesión de su hija con su esposo, quien asumió una actitud muy violenta, queriendo aún golpear al novio. La joven había decidido no acceder a lo que el novio quería, pero un día, mientras paseaba con él por una de las calles céntricas de Buenos Aires, vio salir a una pareja de un hotel. Él era su padre. Ella no era su madre. ¿En quién podía creer esta jovencita? ¿Dónde está la autoridad? Esta no es inherente a la condición de padre. La juventud de hoy entiende y con razón que los padres **tienen que ganarse la autoridad moral con una conducta moral**.

3. "Cada generación es el producto de su situación cultural", insiste H. H. Muchow. Muchos jóvenes están hartos de la falta de sinceridad de la generación adulta, a quienes se supone que deben admirar, pero no pueden a causa de su hipocresía.

4. Es natural que un joven que haya pasado por una experiencia desilusionante con los adultos: padres, maestros, pastor etc.,

sospeche de cualquier institución, sea religiosa, educacional o política que esté dirigida por adultos, cuyos valores, creencias y prácticas no puede respetar. Entonces no puede creer en las estructuras, ni en las instituciones creadas por los adultos y piensa en la necesidad de una revolución que barra con toda esa inmundicia. Para ellos todas estas instituciones y estructuras están completamente depravadas, pero todo suele partir de una experiencia personal desilusionante, casi siempre en el hogar. El que ha perdido su fe en el padre o la madre, el pastor o el maestro de la Escuela Dominical...– ¿En quién va a confiar? ¿Qué autoridad religiosa respetará? Sobre la base de la desconfianza y el recelo no se puede edificar espiritualmente a la juventud, ni a nadie. Pasemos ahora a analizar otro problema:

4) La Religión Hippie

a) **El amor**. Comparten con la fe cristiana, su énfasis en el amor, pero cuando se refieren al amor están queriendo decir otra cosa. "Hagamos el amor y no la guerra", afirman pero... ¿qué es el amor? El hippismo es una religión sin ética, por lo menos tal como la entendemos los cristianos. Creen que el afecto debe ser libremente compartido. Si dos personas tienen una relación significativa no hay razón para que no mantengan relaciones íntimas. Para los hippies, la relación sexual no necesita una sanción legal, sino humana. Uno tiene derecho a preguntarse: ¿Es humana esa relación? Lo que llaman amor suele ser otra cosa. El amor implica decisión, responsabilidad y sacrificio. Ellos no están dispuestos a asumir ninguna responsabilidad. El sexo es una inspiración momentánea, no durable, sin compromiso ni responsabilidad. No desean casarse porque el matrimonio trae muchos problemas: hay que trabajar, pagar cuentas, cuidar los hijos, en fin, muchas dificultades. Lo que ocurre es que **no se quiere asumir la responsabilidad ni sacrificarse por nadie**, solo glorificar el yo. Donde no hay responsabilidad ni sacrificio no hay amor.

b) **El rechazo de la fe cristiana**. Por lo general, los hippies rechazan la fe cristiana en forma simplista: "Porque la Iglesia habla de amor y no lo practica". Creen que la Iglesia sirve fundamentalmente para reforzar y perpetuar las injusticias sociales a través de la prédica del conformismo. La tragedia mayor de estos jóvenes es que **rechazan la fe cristiana sin saber lo que están rechazando**. A veces se rechaza a la Iglesia como institución sin conocer el Evangelio. Afirma Allen J. Moore en un artículo de la revista Religion in Life (Invierno de 1968) que en los Estados Unidos, donde la mitad de la población está unida a alguna Iglesia, solo el ocho por ciento de los hippies han asistido a alguna Iglesia con regularidad. Esto es en cierta manera alentador en el sentido de que la Iglesia no anda tan mal como muchos se imaginan, pero también es necesario que nos pongamos en guardia ante la creciente influencia del mundo secular sobre la Iglesia. Las estadísticas que nos muestra Moore señalan que los hippies están rechazando algo que no conocen. Rechazan la fe cristiana porque la consideran solo como un sistema moralista. Al rechazar la doctrina cristiana del pecado han perdido toda la comprensión de la afirmación central de la fe cristiana: EL PERDON DE LOS PECADOS MEDIANTE LA OBRA EXPIATORIA DE JESUCRISTO. El hombre necesita liberarse de su culpa como necesita del aire para vivir. La seguridad del perdón de los pecados es la mayor fuerza terapéutica que existe y también la mayor contribución de la fe cristiana a la salud mental de la humanidad. Debemos señalar que entre la gente joven con una filosofía hippie, se ha desarrollado un nuevo interés por el Evangelio en una expresión muy particular. En los Estados Unidos, este movimiento es bastante fuerte.

c) **El uso y abuso de las religiones orientales**. No solo prostituyen el Evangelio sino también las religiones orientales que adoptan. Practican un budismo o un hinduismo distorsionado, prostituyendo la iluminación interior para alcanzar el nirvana, confundiéndola con la experiencia de las drogas. Pero no solo buscan la expresión espiritual en religiones tales como las anteriormente mencionadas. También se inclinan hacia el pragmatismo, el individualismo, el existencialismo y la Psicología Humanística. Quizás uno de los atractivos de las religiones orientales es la ausencia de enseñanzas sobre el pecado y la moralidad. Así Linda Kasabian, testigo en el asesinato de Sharon Tate y otras personas, al preguntársela quién era el padre de su hijo contestó: "Flodría ser cualquiera de los cinco hombres del grupo, pero creo que es de mi esposo porque se parece a él". ¿Es eso humanización? ¿Eso es el ideal de la vida? También leímos en el diario La Prensa la afirmación de Linda: "Buscaba a Dios con el LSD". ¿Son los narcóticos los que lo capacitan a uno para encontrarse con Dios? ¿Puede alcanzarse un misticismo auténtico por medio de las drogas?

5) ¿Cómo evangelizar a los jóvenes?

Ya se ha señalado que los jóvenes suelen tener la tendencia a asumir una actitud intelectualista y por lo tanto la predicación tradicional, por lo general, les resbala como el agua de lluvia en un impermeable. Marx, Darwin y otros pensadores que propenden al desarrollo de un racionalismo, suelen ser los autores preferidos por los jóvenes.

Tratando de comunicar el Evangelio a socios jóvenes de la Asociación Cristiana de Jóvenes de Buenos Aires he aprendido de ellos algunos principios fundamentales para el logro de buenos resultados en la evangelización, a saber:

1.   Los jóvenes tienden a criticar los errores históricos cometidos por la Iglesia. Es necesario señalar que no predicamos a una Institución Eclesiástica sino a Jesucristo. A esta edad suelen escoger ídolos, que sustituyen al Dios Verdadero. La necesidad espiritual se canaliza por un culto idolátrico.

2.   El evangelista debe evitar dar la imagen de ser un fanático. No debe presentar ideas absolutas, dogmáticas. Debe estar

abierto al diálogo en actitud humilde. Si uno no asume esta actitud, los universitarios no tendrán interés en dialogar.

3.   Debe dejar sentado que es un hombre de fe, comprometido con Jesucristo, que no pretende entrar en una competencia de gimnasia intelectual con la pretensión de salir ganador. Que lo importante es descubrir la verdad, la cual no se agota en el nivel intelectual sino que incluye la totalidad del ser humano: Emociones, intelecto, voluntad, cuerpo etc.

4.   Debe dar la impresión de que no pretende tener –Biblia en mano– una respuesta absoluta para cada pregunta. El evangelista no es una computadora con una respuesta apropiada para cada inquietud.

5.   Debe tener una fe auténtica y motivaciones sanas. Debe irradiar vida en comunicación no verbal. La fe no se enseña, se contagia. La identidad cristiana es fundamental. Uno debe ser lo que afirma y no otra cosa.

6.   El otro debe darse cuenta de que uno no tiene una motivación proselitista. Si se muestra interés en "pescar personas" para engrosar las filas de una institución eclesiástica, los jóvenes reaccionarán en contra de lo que llamarán intento de "cosificarlos".

7.   La **evangelización tensor** es la más apropiada para conducir a los jóvenes a una decisión personal frente a Jesucristo. Sobre este tema nos ocuparemos en el próximo capítulo.

8.   El amor, que señalamos como fundamento de la evangelización en los niños, es el trasfondo lógico de todo intento serio y honesto de comunicar el Evangelio Redentor de Jesucristo.

Los jóvenes de hoy tienen que encarar dificultades muy diferentes a las que encaramos los jóvenes de veinte años atrás. Pero ese joven, con tendencia racionalista, también tiene la Imagen de Dios, también es un pecador y por lo tanto necesita redención. ⋄

3. La evangelización de adultos y ancianos

A) Los adultos

El adulto que no es cristiano ha canalizado su necesidad espiritual a través de un ídolo, con el cual pretende satisfacer su necesidad de devoción. Entre los treinta y cincuenta años, las conversiones son menos frecuentes que en cualquier otra edad. Es en ese período donde se inicia la involución. Cuando el desarrollo espiritual no se ha realizado normalmente, coincidiendo con el anabolismo, se produce una crisis en la etapa catabólica.[145]

La vida cristiana es proceso, como lo es también la vida biológica. La diferencia está en que la vida espiritual normal solo tiene anabolismo, está siempre en crecimiento, sin elementos destruc-

---

[145] El metabolismo espiritual es siempre ascendente, anabólico, cuando marchamos hacia el completamiento de la condición humana según el Arquetipo que es Jesucristo. Esta afirmación merece una fundamentación filológica. Metabolismo viene del término griego metabol – que significa cambio– , pero a su vez el término viene del verbo matabalo, que aparece una sola vez en el Nuevo Testamento (Hechos 28:6: "cambiaron de parecer",). A su vez el verbo matabalo "cambiar" está compuesto de la preposición meta y del verbo balo, que significa lanzar, de ahí viene balística, bala, etc. Esto nos da una idea des anabolismo y el catabolismo. La preposición ana da la idea de ascenso, arriba. Por el contrario cata expresa la idea de descenso, abajo. Luego, etimológicamente hablando, el anabolismo es la parte del proceso que lo lanza a uno hacia arriba y el catabolismo, la parte del proceso que lo lanza a uno hacia abajo, hacia la tumba. El metabolismo espiritual es siempre ascendente, cuando marcha hacia el completamente de nuestra condición humana según el arquetipo que es Jesucristo.

tivos. Esto lo plantea claramente San Pablo cuando afirma: "Aunque éste, nuestro hombre exterior se va desgastando, el interior no obstante se renueva de día en día". (II Cor. 4:16). Aquí Pablo nos presenta los dos procesos, el biológico –catabolismo destructivo– y el espiritual que es siempre anabólico.

El anabolismo es característico en el desarrollo biológico del niño y del adolescente. El anabolismo espiritual, el proceso ascendente hacia el logro de la plena humanidad, no tiene fin en esta vida: "Porque sabemos que si nuestra morada terrestre, este tabernáculo, se deshiciera, tenemos de Dios un edificio, una casa no hecha de manos, eterna en los cielos" (II Cor. 5:1). En otras palabras: En el metabolismo espiritual no existe el catabolismo.

Hasta después de los cincuenta años –por lo menos en el cono sur de este continente– el hombre no es consciente de que ha comenzado a declinar y por lo tanto se aferra a sus ídolos: status social y económico, prestigio, sexo, etc. No obstante, la evangelización tensora puede hacer surgir el gran vacío existencial del que no satisface plenamente su vida espiritual, ni tiene como objetivo el completamiento de su condición humana según el arquetipo que tenemos en Jesucristo.

Los adultos suelen encontrar excusas para no asistir a los cultos. Ellos tienen otros intereses. Es más fácil lograr su asistencia a una reunión familiar donde puedan expresarse libremente, sin la rigidez de una ceremonia religiosa.

En los adultos ocurre el mismo fenómeno que entre adolescentes y jóvenes; no es posible establecer una línea clara de demarcación entre adultos y ancianos. La línea varía de persona a persona. Solo por razones metodológicas, hemos hecho estas divisiones.

B) Los ancianos

La vida es un proceso de constante adaptación a situaciones nuevas. Tanto la evolución como la involución crean tensiones que hay que superar. Por ejemplo la menopausia, problema que tiene una gran carga emotiva negativa. Prejuicios y mala información hace que muchas mujeres se creen serios problemas psicológicos ante este proceso biológico que es tan normal como la pubertad. El problema es más psicológico que biológico. El corto espacio de este capítulo no nos permite ampliar sobre este importante tema. Por lo general, la menopausia se presenta después de los cuarenta y cinco años, pero hay excepciones. A veces, este conflicto emocional de los padres coincide con la crisis de pubertad de los hijos. A medida que avanza la involución se va regresando a etapas similares a la niñez. Los sexos se van acercando: El hombre pierde los vellos y la mujer los adquiere. La mujer se masculiniza en sus facciones, se hace dura, mientras que el hombre se afemina en cuanto a sus facciones más "bonitas". Se logra un acercamiento de los sexos semejante al que encontramos en los niños y uno se dispone a terminar sus días sobre esta tierra

La evangelización de los ancianos es un tema nuevo. Por lo general en las Iglesias hay programas para niños, jóvenes, damas, etc., pero no conozco una sola congregación de América Latina que tenga un programa especial para personas mayores de sesenta o sesenta y cinco años.

La evangelización del anciano debe encararse en forma integral. No tenemos experiencia en este campo, pero estamos experimentando. En la Asociación Cristiana de Jóvenes de Buenos Aires, donde hay más de mil socios vitalicios –personas mayores de sesenta años–, hemos programado un campamento a celebrarse en noviembre (1974). ¿Cómo lo encaramos? Teniendo en cuenta la totalidad de la perspectiva y de las necesidades de las personas mayores de sesenta años que por lo general tienen:

A.   **Problemas psicológicos**. El hombre que ayer era el jefe de la familia, tiene que adaptarse a un status muy diferente. Los hijos se han independizado y un poco lo han ido desplazando. Ahora tiene una crisis de identidad y necesita ubicarse en la nueva situación. La adaptación resulta más fácil en la mujer.

B.   **Problemas de salud**. El catabolismo está haciendo estragos. Hay dificultades que superar, las energías han disminuido. La persona se da cuenta que el cuerpo ha cambiado, no puede realizar muchas cosas que desearía.

C.   **Problemas sexuales**. La actividad sexual disminuye en el anciano en la misma proporción que todas las demás actividades, pero no tiene por qué desaparecer. Tabúes creados por una información deficiente crean serios conflictos, sobre todo en la mujer. El anciano suele necesitar orientación como el adolescente. Los dos polos se caracterizan por cambios en el cuerpo y una situación nueva.

D.   **Descubrir el para qué vivir**. ¿Cuál es la razón de la existencia de un anciano? Muchos de ellos mueren porque se sienten inútiles. Es necesario ayudarles a adaptarse a la nueva situación. Necesitan recreación, encontrar vías para expresar su creatividad, quizás desarrollar el sueño que en la juventud no se pudo lograr.

E.   **Encarar la muerte**. En esta edad se comienza a pensar en la muerte como una posibilidad más cercana. Antes, jamás se pensó en ella. Ahora, aun cuando el anciano se esfuerce por cambiar su pensamiento, el tema aparece recurrente.

El campamento planeado atenderá cada uno de esos aspectos. Habrá recreación, según las posibilidades físicas de los acampantes. Serán diez días de esparcimiento pero también de reflexión.

La redención cristiana tiene que ver con la totalidad de la vida: El ajuste emocional, la salud, la canalización adecuada de nuestras necesidades afectivo-sexuales y el descubrimiento del sentido de la vida y de la muerte. En Jesucristo hay respuesta a éstas y a todas las demás necesidades humanas.

Los ancianos son, quizás, las personas que más necesitan del Evangelio y las que más descuida la Iglesia. ¿Es que nos manejamos con criterios utilitaristas?

Parte de mi trabajo en la A.C.J. es investigar permanentemente nuevas formas de comunicar el Evangelio para alcanzar la redención integral del ser humano. Confío que en el Volumen IV de esta colección podré añadir nuevos elementos a los que he señalado hasta aquí.

LA EVANGELIZACIÓN TENSORA

Podemos comprender el concepto de evangelización sólo cuando comprendemos el significado del Evangelio. Hemos señalado que Jesús fundamenta el anuncio de sus buenas noticias, es decir, su Evangelio, en la profecía de Isaías. Las buenas nuevas de salvación para Sión (Capítulo 61 de Isaías) se presentan en la Septuaginta como Evangelio, buenas nuevas de liberación de la cautividad de Babilonia. El sustantivo evangelio no aparece en la Septuaginta pero sí el verbo evangelizar, anunciar las buenas nuevas de Salvación. Según el testimonio de San Lucas, Jesús dice: "Hoy se ha cumplido esta Escritura delante de vosotros" (Lucas 4:21). Que es lo mismo que decir: "Yo soy el Evangelio".

Jesucristo mismo es la buena noticia, el liberador. Luego, evangelizar significa presentar a Jesucristo como redentor divino y como arquetipo humano para imitar. La imitación de Cristo no se logra en forma instantánea por el esfuerzo humano. Es el resultado de un largo proceso bajo la dirección del Espíritu Santo.

Ya hemos expresado que concebimos la evangelización como un proceso de introyección paulatina del Evangelio en la vida del ser humano con el objetivo de lograr su máximo desarrollo según el modelo de Jesucristo. También se ha señalado que la evangelización no debe estar orientada exclusivamente hacia los que no han aceptado a Jesucristo como Señor y Salvador, ni se han arrepentido de sus pecados. Para estas personas la evangelización es un desafío a hacer una decisión personal en respuesta al anuncio del Evangelio. Esta respuesta es el inicio de un proceso de completamiento de la condición humana. Para aquellos que ya han dado este paso, la evangelización consiste en un desafío a ponerse en las manos de Dios para caminar hacia la consumación de la humanidad bajo la dirección e inspiración del Espíritu Santo. La buena nueva primero es conocida y aceptada. Después se encarna en nosotros (Véase Gálatas 4:19).

I. Definición de la evangelización tensora

La palabra "**tensora**" quizás resulte novedosa para el lector. Con ella queremos expresar la tensión característica del Nuevo Testamento entre el "Ya" y el "No todavía", que encontramos en los conceptos de Reino de Dios, unidad de la Iglesia, redención, salvación, hombre nuevo, etc., a las cuales hemos hecho referencia en esta colección. La actitud tensora es característica de nuestro Señor quien es seguido en su enfoque por San Pablo. Por algún tiempo estuve pensando utilizar el término "evangelización dialéctica". Este último término expresa con mayor claridad la actitud evangelizadora de Jesús pero es mal interpretada en algunos círculos evangélicos latinoamericanos que le dan otro sentido. Una teología de la evangelización que haga justicia a la revelación bíblica es necesariamente dialéctica o tensora. Así pues entiéndase por evangelización tensora, un sinónimo de evangelización dialéctica.

Después de estas clarificaciones ya podemos intentar la definición de la evangelización tensora (dialéctica), lo cual vamos a encarar desde dos enfoques diferentes:

A) Como vivencia personal :

Es la actitud que se produce en el cristiano cuando se encuentran y conjugan en él dos elementos fundamentales: 1) Una auténtica vivencia del amor de Dios y 2) La comprensión de la revelación bíblica del hombre como imagen de Dios.

Esta actitud se expresa en dos direcciones: 1) Hacia sí mismo para reconocer con humildad la distancia que existe entre lo que la persona es y lo que debe llegar a ser, y 2) Hacia el prójimo para comprender las limitaciones del otro y las posibilidades ilimitadas de desarrollo y maduración en Jesucristo.

B) Como metodología :

Consiste en ayudar a las personas a comprender la realidad de la tensión que existe entre el completamiento de la condición humana como objetivo de la humanización en Cristo y el sentido de imperfección como realidad presente. Esta **escisión existencial** no es un fin en sí misma, pero es útil para estimular la actitud de búsqueda que haga posible una respuesta positiva al anuncio del Evangelio redentor.

Se pretende ayudar al otro para que pueda vivenciar su ambivalencia existencias. Entonces el evangelista podrá proveer los elementos que contribuyan a la edificación espiritual.

Esta sencilla definición es la primera aproximación al tema. Ampliaremos estos conceptos al referirnos a los principios generales y en casos y situaciones específicas.

II. Principios generales

A) Dos hipótesis fundamentales de trabajo :

1. El hombre es imagen de Dios . Creemos que en el trasfondo de la metodología evangelizadora de Jesús subyace su comprensión del hombre como imagen de Dios. Quien ha venido a revelarnos los misterios de Dios conoce muy bien los misterios del hombre. Por eso, personas despreciadas por ser pobres, por haber cometido pecados sexuales, políticos, etc., son recibidas por Jesús con todo respeto. Porque El ve en ellos no solo lo que son, sino también lo que pueden llegar a ser si se ponen en sus manos.

Este concepto del hombre debe ser la hipótesis fundamental del trabajo de todo evangelista –entendemos que cada cristiano debe ser un evangelista– para hacer posible el respeto por el pecador. Todo ser humano tiene la dignidad inherente a su condición de imagen de Dios y objetivo del sacrificio expiatorio de Jesucristo en la cruz. Pero el hecho objetivo de Cristo debe ser hecho subjetivo por cada individuo por la fe y el arrepentimiento.

Hemos señalado que las tres actitudes de Jesús: Amor, humildad y respeto por el pecador se resumen en el amor.[146] El que no ama no puede ser humilde ni respetuoso de su prójimo. Luego el amor es una condición fundamental para el evangelizador. El trabajo de éste puede fracasar si no es consciente de sus propias limitaciones como imagen de Dios en proceso de completamiento. La evangelización debe realizarse sin perder de vista que el propio evangelista está en proceso de crecimiento y maduración.

Difícilmente un evangelista podrá respetar al pecador –como persona creada a la imagen de Dios– si ese respeto no es parte integrante de la estructura de su personalidad. Es decir, si el evangelista no se respeta a sí mismo como persona en proceso de crecimiento hacia el objetivo que el Señor le ha presentado.

El presunto evangelizado no es un objeto para manipular, sino una persona a quien se nos ordena anunciar el Evangelio en el espíritu de Cristo.

La fe en el hombre como imagen de Dios debe ser una especie de hipótesis científica para el cristiano. Científica por dos razones: Primero porque la revelación bíblica es una forma de conocimiento. En segundo lugar porque esa revelación bíblica se ve

---

[146] Véase Pág. 53.

confirmada por la realidad de que todo ser humano tiene necesidad de lo absoluto, de Dios.[147]

2. El hombre es un ser pecador . Como hemos señalado al principio del segundo capítulo, en todo hombre, además de la imagen de Dios, está presente el pecado. Estas dos realidades contradictorias producen una ambivalencia existencias que el evangelista no debe olvidar. Muchos humanistas tienen una confianza desmedida en las posibilidades del hombre. Les cuesta aceptar la realidad del pecado.

Si cien años atrás un médico se hubiera atrevido a afirmar que la fiebre amarilla era transmitida por un mosquito, habría recibido las burlas de sus colegas. Pero si éste –a pesar de las burlas– hubiese tenido fe en lo que afirmaba y se hubiese cuidado de los mosquitos, habría conservado la salud en medio de una epidemia. Lo que no lograrían sus colegas que miraban su hipótesis con desprecio. Después de los descubrimientos del sabio cubano Dr. Carlos J. Finlay, hoy nadie duda que la fiebre amarilla es transmitida por un cierto tipo de mosquito y con la eliminación del insecto, se elimina la enfermedad. Hoy la situación se repite. Cristianos y no cristianos creemos en las posibilidades ilimitadas de crecimiento y desarrollo del ser humano. Pero sufrimos una terrible epidemia de deshumanización acelerada. Los cristianos afirmamos que el pecado es el causante de la escalada de injusticias, violencias, vicio y corrupción. Algunos miran ese concepto con menosprecio. Quiera Dios que la verdad sea conocida a tiempo para liberarnos de la destrucción.

B) Un conjunto de actitudes

------

[147] Véase el Cap. II del Vol. II: "Lo religioso en el hombre" .

La evangelización tensora no es una técnica sino un conjunto de actitudes inspiradas en la vida y ministerio de Jesucristo. Una técnica es el conjunto de procedimientos de que se sirve una ciencia o arte. Además se entiende por técnica, la habilidad para manejar esos procedimientos. La evangelización tensora es básicamente una relación humana, luego no puede ser una fría técnica. Pero el conjunto de actitudes inspiradas en la vida y ministerio de Jesucristo configura cierta metodología, de ahí que a veces se haga referencia a la técnica evangelizadora de Jesús. Sería más correcto hablar de actitud evangelizadora.

En nuestra opinión, el evangelista –que pretende regirse por una técnica o por un método rígido está destinado a fracasar. Pero cuando este "método" concuerda con las actitudes evangelizadoras de Jesús y es utilizado con autenticidad, el Señor da los frutos.

Las actitudes evangelizadoras de Jesús han sido presentadas en el capítulo tercero. Estas no solo tienen un valor histórico, son tan válidas hoy como en el tiempo de la Iglesia primitiva. Las actitudes de Jesús hacia el pecador se resumen en una sola palabra: Amor.[148]

C) Algunos principios generales

Jesús da por sentado que existen contenidos espirituales en el hombre. Todo parece indicar que su enfoque evangelizador se basa en la realidad de la presencia de la imagen de Dios y del pecado en todo ser humano.

En el capítulo tercero hemos visto como Jesús escinde los contenidos existentes en aquellas personas a las cuales desea comuni-

---

[148] Véase Pág. 53 donde se resumen en el amor, las tres actitudes fundamentales de Jesús hacia el pecador: Amor, humildad y respeto por el ser humano.

car el Evangelio, a fin de poder edificar sobre los fundamentos existentes. Ningún ser humano es semejante a una bolsa vacía del conocimiento de Dios. La humildad del evangelista le hace ver que él no es una bolsa llena de sabiduría divina. La humildad y el respeto por el otro son expresiones del amor por sí mismo y por el prójimo.

A continuación presentamos algunos principios generales que resumen la evangelización tensora como metodología:

1. Como Cristo se encarnó para hablar el lenguaje de los hombres a los que anunciaba el Evangelio, el evangelista debe insertarse en el grupo humano y acercarse al individuo con el mismo amor con que el Señor se identificó con su realidad. No nos referimos a una encarnación poética o sentimental del evangelista, pues Cristo se encarnó en forma bien concreta.

2. El evangelista debe procurar un acercamiento a nivel humano. Abrirse al otro, estar dispuesto a escucharlo y comprenderlo[149] sobre todo en la evangelización que no se realiza por la predicación. Las entrevistas evangelizadoras de Jesús que hemos considerado en el capítulo tercero nos dan un ejemplo de este acercamiento humano.

3. No ser pasivos ante el otro. La comprensión no debe interpretarse como la adopción de una política de dejar hacer. Además de la imagen de Dios, en cada ser humano está el pecado. El ejemplo de Cristo es bien evidente, su actitud ante escribas y fariseos y los mercaderes del templo es bien activa. La firmeza en las convicciones –nuestra condenación del pecado– y el genuino amor por el pecador, nos conducen a veces a tomar actitudes que no resultan agradables al principio, pero que en fin de cuentas son apreciadas por las personas envueltas.

---

[149] Véase Vol. l, Cap. IV. La comprensión; Págs. 95–98 (3ra. edición).

4.   La importancia de clarificar ideas.[150] A partir de nuestra hipótesis fundamental de que el ser humano no puede ser neutral ante Dios por cuanto en él residen el pecado y la imagen de Dios, debemos esperar que de todo ser humano surja una ética y una teología. En mi trabajo de evangelización me he sorprendido muchas veces por los conceptos vertidos por personas ajenas a la Iglesia. El evangelista debe clarificar las ideas que surgen del propio individuo. Una vez que los conceptos de éste son clarificados, entonces podemos edificar sobre ellos. Hace solo unos días, dicté una conferencia sobre el tema: **"El rol de la mujer en una perspectiva cristiana"**. A la hora del diálogo, uno de los concurrentes presentó la tesis de que la poligamia es el ideal humano y trataba de fundamentarlo con el Antiguo Testamento. En lugar de aceptar el debate –recuérdese la actitud de Jesús frente al abogado (Pág. 63–65)– contesté con preguntas clarificadoras sobre su actitud: ¿Práctica usted lo que piensa? Ante una respuesta positiva pregunté: ¿Le da usted la misma libertad a su esposa? Esta pregunta desarticuló toda su argumentación y el hombre respondió: "No, esto es lo que pienso pero no lo que hago". ¿Quiere usted decir que las relaciones sexuales con varias personas está bien para usted, pero no para su esposa? El individuo quedó tan turbado que no se atrevió a contestar. Había comenzado con mucha vehemencia y unas cuantas preguntas tensoras le ubicaron en su realidad. Sin ellas, el debate no habría conducido a algo positivo. Además de pérdida de tiempo habría producido confusión en algunos de los oyentes.

5.   El reconocimiento de nuestras limitaciones. Dice el Evangelio que el joven rico se fue triste porque tenía muchas posesiones que consideraba más importantes que el Evangelio. Jesús le dejó ir, no le rogó que se quedara. Aceptar nuestras

---

[150] Aquí es válido lo que se ha señalado en el Vol. 1 referido al asesoramiento pastoral.

limitaciones es la única forma de ser fecundos. Si la persona a ser evangelizada no está dispuesta a aceptar sus limitaciones existenciales –su condición de pecador– no podemos ayudarle. Por otro lado, el evangelista no convierte a nadie, es el Espíritu Santo el que convence al hombre que es un pecador. Pero debemos contribuir a crear las condiciones propicias para que surja el espíritu de búsqueda que haga posible una respuesta positiva al anuncio del Evangelio. Aún en la fase previa al anuncio, somos efectivos solo cuando confiamos en que Dios ha de utilizarnos como instrumentos y confiamos en el poder del Espíritu Santo y no en nuestra habilidad dialéctica. No estamos tratando de transmitir una filosofía, sino vida en Cristo.

6.   Reiteramos las tres cualidades de Jesús –señaladas en el capítulo tercero: amor por el pecador, actitud humilde y respeto por el ser humano– conceptos que son ampliados en otros capítulos. No existe evangelización sin cruz, sin humillación (ver Cap. 7). El amor es el motor de la evangelización (ver Cap. 8).

III. Objetivos

Los objetivos de la evangelización han sido claramente expresados en la parte final del capítulo tercero y creemos innecesario abundar sobre el tema.

IV. Tipos de evangelización tensora

No pretendemos hacer un estudio exhaustivo de los distintos tipos de evangelización. Lo limitado del espacio nos lo impide. No obstante, en el cuarto volumen al ocuparnos del **Plan de Evangelización Tensora para, la Iglesia Local**, seguramente añadiremos elementos nuevos.

A) La evangelización de persona a persona

En la comunicación de persona a persona tenemos a nuestra disposición el rico material de las entrevistas evangelizadoras de nuestro Señor. Las orientaciones ofrecidas en el primer volumen para el asesoramiento pastoral son también válidos para la evangelización.

Nos limitaremos a presentar un par de casos que creemos ilustran la aplicación de la metodología tensora en nuestra situación: Veamos el primer caso. Una joven provinciana de solo diecisiete años me pide una entrevista. Lo único que deseaba era que yo le bendijera un rosario que había adquirido en la provincia de San Juan. En este caso, aceptamos a la joven sin asumir poses condenatorias de la idolatría. Comenzamos a charlar con ella procurando hacer surgir su ética y su teología. ¿Por qué deseas que te bendiga el rosario?. "Porque me han dicho que no se puede usar sin haber sido bendecido". ¿Cómo lo piensas usar? "Para pedirle a Dios que me bendiga". ¿No puedes pedirle a Dios sin usar el rosario? "Bueno, lo que pasa es que estoy un poco asustada en esta gran ciudad y tengo miedo de que me pase algo malo. Compré el rosario en San Juan porque me venía a Buenos Aires". ¿Has leído la Biblia? "No he tenido oportunidad". ¿Te gustaría tener una? "Sí, me encantaría". Aquí hay una, vamos a leer algunos pasajes.

Cuando leímos el pasaje donde Jesús dice: "He venido para que tengan vida y para que la tengan en abundancia" (Juan 10:10) la joven interrumpió para decir: "Yo quiero esa vida". El resto fue fácil.

El segundo caso no produjo una reacción inmediata, pero pienso que la semilla sembrada a su tiempo brotará y dará fruto. Se trata de un joven que se considera ateo. Sus padres –en su opinión– son profundamente religiosos. Estudió en una Escuela Católica, pero desde la adolescencia discutía con los sacerdotes afirmando su ateísmo. Desde el comienzo de la entrevista el joven procuró entablar la polémica. Partiendo de la hipótesis de que todo ser humano es religioso por naturaleza, por causa de la presencia de la imagen de Dios,[151] procuré descubrir la razón de su actitud. Como Jesús ante el abogado (Págs. 63–65) no acepté la polémica y contesté con preguntas: ¿Qué tal eran los sacerdotes de la escuela donde estudiaste? "Eran tipos macanudísimos"[152] fue la respuesta. ¿Qué tal tu padre? "El viejo es bueno, pero es poco expresivo y siempre está ocupado en los negocios. ¿Siempre ha sido así? "Desde que lo conozco". ¿No crees que tu ateísmo puede ser un problema psicológico, una manera de llamar la atención? "No, de ninguna manera, no puedo creer en lo que no existe y Dios no existe". ¿Cómo puedes estar tan seguro? ¿No estás expresando una creencia?

Pudimos constatar que en su casa tenía problemas con sus padres –desde la adolescencia– por causa del supuesto ateísmo. Me di cuenta de que el joven buscaba "caricias negativas". Si el padre no se fijaba en él para darle un beso, una caricia positiva, se fijaba para pelear y discutir. De alguna manera tenía que llamar la atención.

Decidí usar con este joven una metodología diferente a la de los sacerdotes y la de sus padres. Mostrarle afecto –tenía un gran déficit afectivo–, tratar de ubicarlo en un grupo cristiano donde recibiera apoyo y no sermones. Evitar las polémicas y mostrarle que podría ser alguien sin la espectacularidad de su pretendido ateísmo. Aquí era necesaria la comunicación por **koinonía**. (véase Págs. 25–28) y no solo a través de palabras. Dos entrevistas fueron suficientes para poner muchas cosas en claro. Pero el joven parece haber temido perder el "juguete" que tanto placer le

---

[151] Véase Cap. II del Vol. III "Lo religioso en el hombre", especialmente las diez explicaciones de diferentes tipos de supuesto ateísmo (Pág. 35–76).

[152] Expresión popular argentina que significa amable, agradable, bueno.

había proporcionado y rompió el contacto conmigo. Es lamentable tener que reconocer que no podemos ayudar a quien no se deja ayudar. No obstante la semilla ha sido sembrada. Sugerimos la lectura de un caso similar pero positivo, en el segundo volumen de esta colección, páginas 173–174.

B) La evangelización de persona a grupo

Aquí nos ocupamos de una comunicación no tradicional del Evangelio, es decir, no a través de un culto con un sermón. Para variar vamos a referirnos al trabajo evangelizador de uno de los secretarios de la Asociación Cristiana de Jóvenes de Buenos Aires, el Sr. Manuel Rupérez, ya que su metodología se encuadra en lo que denominamos evangelización tensora.

Es Semana Santa de 1974. Un grupo de 30 jóvenes sale hacia Sierra de la Ventana para un campamento. Ni uno de ellos es cristiano practicante. Algunos son de tradición católica, otros judíos. Algunos decían ser ateos. Es evidente que el contacto con la naturaleza y la posibilidad de ubicarse en la pequeñez del hombre ante la inmensidad de la creación son factores muy positivos. Como parte del programa estaba planeando celebrar ateneos en cada puesta de sol. En lo alto de una colina se tiene el primero de ellos. No hay sermón. Ni siquiera una lectura bíblica. Solo una charla de no más de cinco minutos, donde se contrastó la pequeñez del hombre y la inmensidad de la creación y del Creador. Para terminar se leyó la poesía "Escucha, Dios", de autor anónimo, encontrada en el bolsillo de un soldado muerto durante la Segunda Guerra Mundial.

Después vino el diálogo. Un joven dijo: "Yo creo en lo que veo: las piedras". Rupérez: "Tú eres hijo de tu madre y ella de tu abuela y así hasta el primer hombre...". ¿Quién hizo al primer hombre? "Alguien", contesta el joven. ¿Quién es ese alguien? "Una energía, una fuerza extraña". A esa energía yo la llamo Dios. Entonces el líder del grupo da su testimonio personal sobre una experiencia que le dio la seguridad de que Dios lo habla utilizado como instrumento. Ante la vivencia personal no hay argumentos, sobre todo si el que testifica se -ha ganado el respeto de los oyentes.

El grupo recibió el impacto, la necesidad espiritual surgió y se comenzó la edificación. Dos chicas de dieciséis años dieron su testimonio a Rupérez. Mientras bajaban de la colina una le dijo: "Nunca había creído en Dios, pero a partir de este momento he comenzado a creer". La otra: "Sentí una emoción muy fuerte, sentí algo adentro y ese algo me llevaba a pensar que Dios existía y que en cierta forma estaba llegando a mí".

Posteriormente se celebró otro campamento. En esa ocasión eran 25 jóvenes de los cuales 10 habían participado del anterior. El programa espiritual fue similar. La diferencia estuvo en que una de las jóvenes a que hemos hecho referencia, en forma espontánea, dio su testimonio de esta manera: "Quiero compartir mi experiencia con ustedes por si puede serles útil. Yo no tenía religión, aunque mi padre es judío y mi madre católica. Había crecido sin Dios hasta que en el Campamento de Sierra de la Ventana sentí la presencia de Dios en mi vida. Les pido que hablen de Dios sin temor y sin vergüenza como lo hago yo". Uno de los jóvenes sugirió: Hace mucho frío... ¿por qué no nos vamos adentro? Era invierno, "yo mismo estaba temblando de frío" me decía Rupérez. Pero otro joven dijo: "Si nos movemos de aquí se romperá el encanto de la reunión", y nadie se movió por dos horas más.

El día siguiente era domingo y se preparó un devocional. No se cantaron himnos porque los chicos no los conocían. Habiendo preparado el ambiente el líder habló brevemente sobre el Nuevo Testamento y dijo: "Del Nuevo Testamento les voy a leer el código ético–moral del cristianismo" y leyó todo el Sermón de la Montaña. Los jóvenes escucharon con mucho interés estas enseñanzas nuevas para ellos.

Terminada la lectura vino el diálogo. A petición de los jóvenes se hizo el análisis de cada una de las bienaventuranzas. El grupo estaba en actitud receptiva, en auténtica adoración.

Yo utilizo este tipo de evangelización a partir de temas muy diversos: Comentarios sobre películas, charlas sobre parapsicología, psicología, etc. Hace poco fui invitado a dictar una conferencia sobre el tema: "La Comprensión Mundial" en una institución de tipo fraternal. Bien manejado, el tema se convirtió en una reunión evangelizadora sin que los presentes se dieran cuenta.

En una reunión en que dicté una conferencia sobre parapsicología ante diez matrimonios, todos profesionales, eludí el tema religioso porque estaba seguro de que éste iba a surgir del grupo. Aún en cierto momento –ante una pregunta– me animé a decir: "Pongamos la religión aparte, ahora estamos hablando de parapsicología". La reunión comenzó a las 21 Hs., lo mejor comenzó a las doce de la noche. A esa hora emergió con fuerza el tema religioso, tan reprimido. Por una hora y media nos ocupamos del asunto. En el curso del diálogo nos enteramos que muchos de los presentes se habían educado en colegios religiosos, pero ahora decían ser escépticos. Una sola persona se mostró identificada con la Iglesia. Una de las conclusiones a que arribó el grupo es que: "El hombre de hoy necesita de Dios, pero está desilusionado de la Iglesia como institución". Por esta razón, en algunos círculos existe cierta aversión hacia los temas religiosos, lo cual no significa que haya ausencia de necesidades espirituales.

Recuerdo una experiencia muy singular vivida en la Asociación Cristiana Femenina de Buenos Aires. Se me había pedido que presentara una charla sobre el Evangelio según San Juan, pero debido a un error de alguien, en los diarios del día apareció la noticia de que yo disertaría sobre el tema: "Los conflictos humanos". A la hora de iniciar mi charla me encontré con un auditorio dividido; unos habían venido a escuchar sobre el Evangelio y otros sobre los conflictos humanos. Una señora estaba muy enojada, afirmaba que había sido engañada y que querían "meterle la religión de contrabando". Ante tal situación decidí referirme a los conflictos humanos. Dirigiéndome a la señora enojada le dije: "Vamos a complacerla... dígame... para usted ¿qué es un conflicto humano? Su respuesta me sorprendió: "Básicamente el conflicto humano consiste en una tensión interior creada por la diferencia que hay entre lo que uno es y lo que sabe que debe ser". Continuando el diálogo descubrimos una tremenda necesidad espiritual en esta persona que no quería que le "metieran la religión de contrabando". Después se puso de manifiesto que esta persona no condenaba la religión, ni las necesidades espirituales del hombre, sino a la Iglesia Institución.

La comunicación de persona a grupo, por medio de la reflexión y el diálogo, debe tener las siguientes características:

1.   Preferiblemente el grupo no debe ser de más de 20 personas. De esta manera se facilita el diálogo. A veces no queda más remedio que trabajar con grupos mayores.

2.   El grupo debe reunirse en un local silencioso y cómodo. Preferiblemente sentados en círculo. El evangelista debe ser uno más en el grupo. El predicador –tan acostumbrado al púlpito– no debe colocar una mesa o algo para esconderse detrás. Una mesa es útil solo si todos están sentados alrededor de ella. Pero nunca debe utilizarse como sustituto para el púlpito.

3.   Para la disertación el evangelista puede estar de pie o sentado, según las circunstancias. Pero a la hora del diálogo es preferible que esté sentado, que sea uno entre iguales.

4.   Debe haber un motivo para la reunión que atraiga el interés de todos. Como la fe cristiana se relaciona con la totalidad de la existencia y de las actividades humanas, siempre habrá oportunidad para evangelizar.

C) La evangelización de grupo a persona

La tarea evangelizadora es misión de todos los creyentes, por lo tanto debe realizarse con la participación de toda la congregación. Este tema ocupará nuestra atención en el Vol. IV, ahora solo lo mencionamos.

Una vez lograda la inspiración y movilización de la congregación hay que canalizar la creatividad de todos. Un buen método consiste en la organización de pequeños grupos de miembros que viven en la misma zona a fin de integrarse como comunidad edificante, terapéutica y evangelizadora. Cada comunidad debe crecer por la evangelización y no debe estar integrada por más de diez personas. Cuando una comunidad crece debe dividirse en dos y así sucesivamente.

Cada comunidad debe tener un coordinador, preferiblemente elegido por el mismo grupo, de acuerdo a los dones recibidos de Dios. Los coordinadores deben reunirse por lo menos una vez al mes a fin de intercambiar experiencias y estudiar bajo la dirección del pastor u otra persona capacitada. Nadie puede dar lo que no tiene, luego la capacitación permanente de los coordina dores en las múltiples facetas de la vida cristiana es impostergable.

El funcionamiento de cada comunidad está determinado por sus objetivos. Estos deben contemplar tres líneas de acción: 1. – La edificación de sus miembros por el estudio bíblico, la oración y el análisis de materiales de reflexión. 2. – El asesoramiento pastoral a los hermanos en conflicto, y 3. – La evangelización.

Este último objetivo es el que nos interesa ampliar ahora. Brevemente presentamos algunas sugerencias:

1. – El grupo debe estar bien integrado a fin de poder actuar como equipo de trabajo. A tal fin algunas reuniones de la comunidad deben tener como objetivo el crecimiento personal de sus integrantes.

2. – Las reuniones de evangelización deben seguir los lineamientos que hemos presentado al referirnos a la comunicación del Evangelio de persona a grupo. Alguien trae un tema, puede ser el coordinador de la comunidad u otra persona. La diferencia está en que a la hora del diálogo es una comunidad la que influye

sobre una o más personas. En el método anterior solo influye una persona.

3. – Es evidente cine el ambiente condiciona al individuo. Una comunidad Plenamente identificada con los Principios de la evangelización tensora puede realizar una gran tarea en la comunicación del Evangelio.

D) Evangelización por la predicación

El análisis de los cuatro Evangelios nos muestra que Jesús proclamó sus buenas nuevas por diversos medios: Entrevistas personales, diálogo con grupos y predicación.

El hecho de que ensayemos nuevos modelos de comunicación del Evangelio no significa que intentamos abandonar la proclamación cúltica. El culto tiene un lugar irreemplazable en la Iglesia y dentro del culto la predicación.

Lo que no debemos hacer es limitarnos a un solo modelo, sea nuevo o tradicional. Debemos estar abiertos a la posibilidad de reforma de las estructuras del culto. También debemos estar abiertos a la participación masiva de toda la congregación. Porque la evangelización no es la responsabilidad exclusiva del pastor. A continuación comparto la metodología que utilizamos, en mi iglesia local, en los cultos especiales de Semana Santa, 1974.

1. Se insistió mucho en la movilización de todo el laicado para la evangelización. La predicación se centró en este tema cinco meses antes de Semana Santa.

2. Tres meses antes de Semana Santa se presentaron varias predicaciones sobre la oración y se insistió en que cada creyente debía confeccionar una lista de oración donde colocaría los nombres de aquellas personas que desearía se convirtieran al Señor. Se insistió en que se debía orar todos los días por esas personas.

3.   Quince días antes de la iniciación de los cultos especiales de evangelización se celebró un solemne acto de entrega de tarjetas–invitación para los mismos. La distribución se hizo como parte del culto. Los platillos de ofrendas estaban repletos con sobres conteniendo tarjetas desde antes de comenzar el culto. Comenzando por los primeros bancos los económos de guardia pasaban los platillos. Los feligreses debían tomar una para cada persona por la cual estaban orando. Al llegar al último banco se retiró el material sobrante. Entonces se levantó la ofrenda comenzando por los últimos bancos. Después se hizo la oración de dedicación de la ofrenda y de las tarjetas.

En esta campaña de evangelización no se hizo promoción en los diarios, no se repartieron volantes ni tratados y nadie se puso a la puerta del templo para tratar de hacer entrar a los transeuntes. Tampoco se enviaron invitaciones, ni cartas circulares por correo. Solo se confió en la oración y en el trabajo personal de los hermanos de la congregación.

4.   La predicación estuvo a cargo del pastor local. Creo que esta es una buena práctica, pues las personas que hacen profesión de fe pueden continuar en contacto con el instrumento de Dios que les llevó a Cristo. Los sermones fueron preparados teniendo en cuenta los principios de la evangelización tensora.

5.   **Resultados**. Quizá lo más significativo de todo este proceso es que se logró la movilización de la feligresía en la oración y en la acción. No siempre se logra todo lo que uno espera. Yo mismo tenía diez personas en mi lista de oración de los cuales solo dos respondieron. En total 136 personas ajenas a la Iglesia y al Evangelio participaron de los cultos. De ellos 32 hicieron profesión de fe. En nuestra congregación –por lo menos bajo mi ministerio– nunca antes se había logrado traer tantas personas nuevas en una campaña de solo cuatro días. Esto muestra que la participación de toda la congregación en el esfuerzo evangelizador ofrece mayores posibilidades. Además, la movilización y participación de los creyentes en actividades evangelizadoras les capacita para alcanzar un mayor rendimien-

to en próximos esfuerzos. Además, el servicio al Señor siempre es un medio eficaz para el crecimiento espiritual del que trabaja.

6.   **Seguimiento**. Se pidió a los feligreses que siguieran orando por las personas que tenían en sus listas. Se insistió en que los que habían hecho profesión de fe debían recibir el cuidado pastoral de aquellos que oraban por ellos y los habían invitado a venir a los cultos.

V. Entrenamiento del laicado para la evangelización

Hay muchos miembros de la iglesia que desearían participar en la evangelización comunitaria, pero no saben cómo hacerlo. Algunos hacen lo que pueden y a veces no lo hacen tan bien como sería necesario. Otros se ven inhibidos por problemas psicológicos o por falta de una fe radiante. Sugerimos la creación de **Cursos de Entrenamiento** a nivel interdenominacional a fin de capacitar a la feligresía para la evangelización a través de nuevos modelos y también por medio de los métodos tradicionales. Creemos que la Iglesia derrocha esfuerzos y se priva de los líderes más capaces por encerrarse en fronteras denominacionales. Creo además que el trabajo evangelizador debe hacerse a nivel congregacional, con calor humano, no por medio de campañas masivas en canchas o plazas públicas. Así los convertidos nacen a la vida cristiana en una familia –como debe ser– y no en medio de una multitud, para después ser remitidos a una iglesia integrada por gente desconocida.

Grupos de las iglesias locales deben capacitarse para ser los líderes de primera línea en la movilización congregacional. Se deben ofrecer las posibilidades de capacitación también a nivel de iglesia local. ¿Por qué una capacitación de primera línea a nivel interdenominacional? Porque así se puede movilizar –en una ciudad pequeña– a todo el pueblo cristiano orientado hacia objetivos comunes. De esta forma se da un testimonio unido y se saca el mayor provecho de los valores humanos con que la Iglesia cuenta. Los cristianos necesitamos reunirnos en torno al objetivo común de la evangelización, así –además de evangelizar juntos– aprendemos a conocernos, amarnos y respetarnos.

En ciudades grandes, como Buenos Aires, resulta muy difícil la movilización de todas las iglesias. En tal caso sugerimos esfuerzos evangelizadores por zonas, con invitación a las iglesias del resto de la ciudad a orar por las congregaciones –de diferentes denominaciones– que están movilizadas y unidas en un esfuerzo evangelizador.

La capacitación de grupos de líderes de cada congregación, la posterior movilización de todas las congregaciones de la zona, todo en espíritu de oración, hacen posible el éxito de jornadas de evangelización. Aunque proponemos reuniones intercongregacionales e interdenominacionales para la oración y la capacitación, sugerimos que la evangelización misma –por nuevos modelos o por medios tradicionales– se desarrolle en el ámbito de la iglesia local. Como ya hemos señalado, para que los nuevos convertidos nazcan en una familia. Aunque es necesario que éstos tengan conciencia de pertenecer a una familia más amplia, la Iglesia Universal de Jesucristo.

Estos cursos de capacitación básica para la evangelización –si se toman con seriedad– deben durar por lo menos, dos cuatrimestres con dos horas semanales. Debe cubrir las siguientes unidades:

A) Un estudio profundo del hombre al cual Dios nos llama a servir

El que va a trabajar como piloto de aviación debe conocer todo lo referente al aire. El que se encarga de la seguridad acuática en un balneario debe conocer lo más posible sobre el agua. El que es médico debe estar al tanto de todos los nuevos descubrimientos científicos. ¿Quién pondría un hijo enfermo en manos de un médico que "es un buen hombre", pero que está tan ocupado que ni siquiera ha tenido tiempo para leer algo sobre los antibióticos. Y nosotros... ¿cómo nos atrevemos a evangelizar sin procurar un mayor conocimiento del ser con el cual tenemos que trabajar por mandato divino? Por lo general lo que ocurre es que no nos atrevemos, ni nos capacitamos. De ahí la gran crisis de la Iglesia en su misión evangelizadora. Sugerimos los siguientes temas:

a) Interpretación teológica del hombre referida a la evange-lización.

b) Interpretación psico–teológica del hombre referida a la evangelización.

c) La dimensión religiosa en el ser humano.

d) El proceso evolutivo–involutivo y la evangelización.

B) La metodología bíblica para la comunicación del Evangelio

Antes de señalar los aspectos que debe cubrir una unidad, debemos hacer una aclaración. El asesoramiento pastoral –tema central del Primer Volumen– no es una tarea diferente de la evangelización, sino una expresión de la misma. Por lo general se ocupa de aquellas personas que ya se han iniciado en la vida cristiana, pero es válida para todas las personas. Es difícil esta-blecer una línea de demarcación entre ambas partes de la teolo-gía pastoral. Ambas –si son bien manejadas– se refieren tanto al inicio como al avance en el proceso de completamiento de nuestra condición humana según el modelo de Jesucristo, El Evangelio. Para esta unidad sugerimos los siguientes puntos:

a) Jesús como evangelista.

b) Jesús como pastor.

c) San Pablo como pastor.

C) La evangelización como proceso que marcha hacia la meta: Evangelio–Jesucristo

Varias veces nos hemos referido a la evangelización como inicio y como marcha hacia la consumación de un proceso.[153] Justo porque la buena nueva es presentar a Jesucristo como nuestro redentor por medio del cual podemos reconciliarnos con Dios y alcanzar el completamente de nuestra condición humana, la plena restitución de la imagen de Dios desdibujada por el pecado. Si Jesucristo es el Evangelio, ser evangélico significa ser como Jesucristo y la evangelización consiste en el proceso que nos conduce a esa meta. Para esta unidad sugerimos este orden:

a) La conversión.

b) La duda en el creyente.

c) La lectura de la Biblia en el crecimiento personal del creyente y en su trabajo de evangelización y asesoramiento pastoral.

d) La oración en el crecimiento espiritual.

D) Interpretación teológico de la Iglesia de hoy y de la evangelización

La evangelización se ve impedida por la falta de unidad. Una iglesia dividida pierde su energía en luchas intestinas y no puede encaminar todas sus potencialidades hacia la evangelización. Es fundamental que podamos comprender que es lo que está ocurriendo en la iglesia de hoy. Pero aún más importante es que cada creyente descubra cual es la ubicación que le corresponde para expresar su fidelidad al Evangelio. Sugerimos este orden:

a)   La vida en Cristo es vida en comunidad.

b)   Tendencias evangelísticas actuales.

c)   La cruz en la evangelización.

---

[153] Véase Págs. 135–136, 149–150.

E) Una metodología tensora para un mundo en tensión

  a) La comunicación del Evangelio hoy.

  b) El asesoramiento pastoral –como expresión de la comunicación del Evangelio.

F) Un plan de evangelización tensora para la Iglesia local

Incluimos aquí algunos elementos con los cuales estamos trabajando para producir el cuarto y último volumen de la **Colección Teología Pastoral**. No colocamos el orden de capítulo porque, si bien tenemos todo el material para este libro, todavía no hemos decidido como lo vamos a encarar, qué elementos incluiremos y cuáles dejaremos fuera. Los siguientes nos parecen puntos básicos para un plan de evangelización:

a)   Administración pastoral del patrimonio congregacional:

  1.   Aprovechamiento de los valores humanos para la evangelización.

  2.   Aprovechamiento de las posibilidades económicas de la congregación para financiar esfuerzos evangelizadores de envergadura.

b)   Cómo establecer una política de trabajo.

c)   Cómo organizar un plan de acción y dirigirlo según las más modernas técnicas de administración pastoral.

Bibliografía

1. Crane, James D., El Sermón Eficaz, página 69, Ed. CBP.

2. F., Lincicome: Por Qué no Llega el Avivamiento, página 36, Editorial Vida.

3. Jeter de Walker, Luisa, Evangelismo Para Hoy, Editorial Vida, página 7.

4. Kuiper, R. B., Evangelismo Teo-Céntrico, página 13, Editorial TELL, Grand Rapds, Michigan, U. S. A.

5. Lyon, Roy L., Evangelismo Según la Gran Comisión, Casa Bautista de Publicaciones.

6. Ibid, página 172.

7. Vila, Samuel, Citas Morales y Religiosas, página 172, Ed. CLIE

8. Ibid.

Otros libros consultados:

9. La Teología del Evangelismo, por: E. E. Amaya, Ed. Editorial Vida.

10. El Evangelismo Dinámico, por Luisa Jeter de Walker, Editorial Vida.

11. Evangelismo Persanal, por Myer Pearlman, Editorial Vida.

12. J. I. Packer, El Evangelismo y la Soberanía de Dios, trans. Glenn A. Martínez (Graham, NC: Publicaciones Faro de Gracia, 2008), 1–123.

13. Jorge A. León, La comunicación del evangelio en el mundo actual (Buenos Aires, Argentina: Ediciones Pleroma, 1974), 3–140.

Bibliografía selecta

Barclay, William. 1975. The Daily Study Bible Series: The Gospel of Matthew Vol. 1. Rev. ed. Philadelphia, Pennsylvania: Westminister Press.

———. 1975. The Daily Study Bible Series: The Gospel of Luke. Rev. ed. Philadelphia, Pennsylvania: Westminster Press.

Barrett, David B. 1997. International Bulletin of Missionary Research (January), 21:1.

Castle, Tony. comp. l985. The Hodder Book of Christian Quotations. London: Hodder and Stoughton.

Cho, Paul Yonggi. 1984. The Leap of Faith. South Plainfield, New Jersey: Bridge Publishing.

Edersheim, Alfred. 1973. The Life and Times of Jesus the Messiah. Grand Rapids, Michigan: Wm. B. Eerdmans Publishing Co.

Harris, Ralph W. ed. 1989. The Complete Biblical Library. Vol. 2, The New Testament Study Bible Matthew. Springfield, Missouri: The Complete Biblical Library.

———. 1988. ed. The Complete Biblical Library. Vol. 4, The New Testament Study Bible Luke. Springfield, Missouri: The Complete Biblical Library.

Hastings, Edward. ed. 1978. The Speaker's Bible, Vols. 6 and 7. Grand Rapids, Michigan: Baker Book House.

Hastings, James. 1914. The Great Texts of the Bible. Vol. 8, St. Matthew. New York: Charles Scribner's Sons.

Hewett, James S. ed. 1988. Illustrations Unlimited. Wheaton, Illinois: Tyndale House Publishers.

Quentin McGhee y Willard Teague, Los Evangelios Sinópticos: La vida y enseñanzas de Cristo, ed. Maximiliano Gallardo, trans. Noemí Gallardo, Primera edición. (Springfield, MO: Global University, 2006), 165.

Meyer, F. B. 1972. Great Verses Through the Bible. Grand Rapids, Michigan: Zondervan Publishing House,

Naismith, A. 1987. 1200 Notes, Quotes and Anecdotes. Great Britain: Pickering Paperbacks.

Ryle, J.C. n.d. Expository Thoughts on the Gospels: Matthew–Mark. Grand Rapids, Michigan: Zondervan Publishing House.

Tan, Paul Lee. 1984. Encyclopedia of 7700 Illustrations: Signs of the Times. Rockville, Maryland: Assurance Publishers.

Walvoord, John F. 1997. The Bible Knowledge Commentary. Wheaton, Illinois: Victor Books.

Wiersbe, Warren. 1994. The Bible Exposition Commentary. Vol. 1. Wheaton, Illinois: Victor Books.

Made in the USA
Columbia, SC
04 December 2024

47330176R00198